青少年毒品预防教育

贾东明　陈钊鑫
王大安　张学秀　主编

U1006628

长江出版传媒
湖北科学技术出版社

图书在版编目（CIP）数据

青少年毒品预防教育 / 贾东明等主编. -- 武汉 :
湖北科学技术出版社，2021.6（2022.5重印）
ISBN 978-7-5706-1541-4

Ⅰ. ①青… Ⅱ. ①贾… Ⅲ. ①禁毒－中国－青少年读
物 Ⅳ. ①D669.8-49

中国版本图书馆 CIP 数据核字（2021）第 110703 号

责任编辑：韩小婷　　　　封面设计：胡　博

出版发行：湖北科学技术出版社　　　　电话：027-87679468
地　　址：武汉市雄楚大街 268 号　　　　邮编：430070
（湖北出版文化城 B 座 13-14 层）

印　　刷：三河市明华印务有限公司　　　　邮编：071000

700×1000　1/16　　　　15 印张　245 千字
2021 年 6 月第 1 版　　　　2022 年 5月第 5次印刷
定价：30.00 元

本书如有印装质量问题 可找本社市场部更换

《青少年毒品预防教育》编委会

编委会主任：

张河林（海南省戒毒协会　会长）

编委会副主任：

陈钊鑫（海南省琼山强制隔离戒毒所　党委书记、所长）

韩正欣（海南省琼山强制隔离戒毒所　党委副书记、政委）

胡　敏（海南省戒毒协会　秘书长）

王千学（海南华侨中学　副校长、高级教师）

张学秀（海南农垦直属第二小学　校长、高级教师）

主编：

贾东明（浙江警官职业学院　副教授）

陈钊鑫（海南省琼山强制隔离戒毒所　党委书记、所长）

王大安（海南热带海洋学院体育与健康学院　博士）

张学秀（海南农垦直属第二小学　校长、高级教师）

编委会成员：

李　晰（海南省琼山强制隔离戒毒所　党委委员、副所长）

李艳峰（海南省琼山强制隔离戒毒所　二级高级警长）

徐　猛（海南省戒毒协会　副秘书长）

吉　晓（海南省琼山强制隔离戒毒所　戒毒科科长）

符懿天（海南省琼山强制隔离戒毒所　教育矫治科科长）

马　骁（海南省琼山强制隔离戒毒所　心理健康指导中心主任）

郭　崧（浙江省拱宸强制隔离戒毒所　一级警长）
吴文杰（甘肃省第二强制隔离戒毒所　康复训练中心主任）
李全军（山东省乐陵市实验中学　中学一级教师）
申凤娟（海南省琼山强制隔离戒毒所　“蒲公英”禁毒宣讲团副团长）
陈恩泽（海南热带海洋学院体育与健康学院　学生工作办公室副主任）
田金辉（山东省乐陵市实验中学　中学一级教师）
何　平（海南省琼山强制隔离戒毒所　教育矫正中心主任）
李　海（海南省琼山强制隔离戒毒所　戒毒科副科长）
王文芳（海南省琼山强制隔离戒毒所　“蒲公英”禁毒宣讲团成员）

序

近年来，中国防治毒品滥用形势持续好转。随着青少年毒品预防教育“6·27”工程的深入推进，全国新吸毒人员滋生问题得到有效缓解，全年新发现吸毒人员中青少年占比呈下降趋势。当前禁毒形势下，我们既要继续巩固青少年毒品预防教育的成效，同时又要总结一些好的经验做法，探索更有效的面向青少年毒品预防教育的新方式、新方法。

青少年群体朝气蓬勃，追求个性，乐于接受和体验新鲜事物，有其自身生理和心理特点。受家庭经济条件变好，社交圈逐渐扩大，以及网络等媒体对涉毒事件报道增多等诸多因素影响，青少年对毒品的认知、态度以及行为模式也在悄然变化。因此，我们务必要清醒认识到，毒品预防教育的内容一定要与时俱进，既要聚焦青少年关注的重点，更要及时纠正其认识的偏差，从而帮助他们树立正确的毒品观。这既是我们开展毒品预防教育工作的重点，更是我们义不容辞的责任。

本书由我国毒品预防教育领域理论基础扎实的教师、青年学者及戒毒所毒品戒治实践经验丰富的一线民警共同完成，“理论”“实践”“成效”兼具，内容科学准确，可读性强。

衷心希望此书能为我国青少年毒品预防教育工作贡献一份微薄力量！

中国司法行政戒毒工作协会副会长

2021年4月

前　言

党中央历来高度重视青少年毒品预防教育工作。按照习近平总书记对禁毒工作的重要指示要求，为保护和促进青少年学生健康成长，从源头上遏制和减少青少年新吸毒人员的产生，早在2014年，国家禁毒委员会会同中宣部、公安部、教育部等14个部委联合制定了《全国青少年毒品预防教育规划（2016－2018）》（以下简称《教育规划》），旨在构建完善的青少年毒品预防教育工作体系。

在2018年第31个国际禁毒日来临之际，习近平总书记又对禁毒工作作出重要指示，强调“禁毒工作事关国家安危、民族兴衰、人民福祉，毒品一日不除，禁毒斗争就一日不能松懈……要坚持关口前移、预防为先，重点针对青少年等群体，深入开展毒品预防宣传教育，在全社会形成自觉抵制毒品的浓厚氛围”，为我们开展毒品预防宣传教育工作指明了方向。

从近年来的禁毒工作实践看，青少年毒品预防教育工作确实取得了长足进步，青少年涉毒人群快速增长的势头得到了扭转，但某些方面仍相对滞后。比如，青少年对毒品的理解和认识仍然存在某些误区，存在易于被诱惑、被误导的问题；青少年毒品预防教育工作的系统化、理论化、科学化仍显不足，大部分青少年对毒品的认知仍处于“非专业化”的朦胧状态，增加了涉毒的危险性等。《2019年中国毒品形势报告》指出，截至2019年底，全国现有吸毒人员214.8万名，登记在册的18岁以下吸毒人员有7151名，占全国吸毒人口总数的0.3%。这表明青少年毒品预防教育工作仍需加强。

为有效治理毒品问题，海南省自2016年起启动“全省禁毒三年大会战”。海南省琼山强制隔离戒毒所切实履职，创新思路，主动作为，充分发挥戒毒工作专业优势，把毒品预防教育工作关口前移，主动融入社会毒品治理体系，建立“三位一体”毒品预防宣传教育工作机制。三位即“蒲公英禁毒宣讲团”进课堂＋“省级青少年禁毒教育基地”、青少年“第二堂课”＋“毒品预防教育网络直播平台”；一体即“学生走进戒毒所，聆听戒毒故事”活动，在青少年毒品预防教育工作中积累了丰富的实践经验。

当今世界正经历百年未有之大变局，我国正处于实现中华民族伟大复兴的关键时期，海南省作为世界最大的自由贸易港，担负着中国全面深化改革开放的重任；而青少年是国家未来发展强大的中坚力量，继续加强青少年毒品预防教育工作至关重要。这既可以为中华民族伟大复兴提供健康人才，又可以为营造海南省自由贸易港良好的营商环境助力。

为此，根据海南省琼山强制隔离戒毒所毒品预防教育工作的实践和多年来的教学实践，我们按照《教育规划》的脉络编撰此书。全书分为“认清毒品”“拒绝毒品”和“禁毒教育”三篇，共九章，讲述了毒品的历史沿革，我党的禁毒斗争史，突出了青少年对毒品危害场景的辨识和防范能力教育。我们力求为广大青少年编写一本内容丰富、系统科学、注重实用的毒品预防教育读本。

本书以毒品预防宣传教育和社会公益为主要目的，同时也是浙江省教育科学规划课题成果（项目编号：2018SCG309）。本书编撰过程中使用和参考了国内外一些专家学者撰写的书籍、论文和网络资料，得到了杭州云戒公益性质服务平台的支持，在此一并致谢。

2021 年，正值中国共产党建党百年，谨以此书向党的百年华诞献礼。由于时间仓促，水平有限，不足和疏漏之处，敬请专家学者批评指正！

编者

2021 年 4 月

MULU

目 录

第一篇　认清毒品

第一章　“毒”为何物 …………………………………… 003

第一节　“毒品”的概念及分类 …………………………… 003

第二节　毒品与药品的区别 …………………………… 013

第三节　常见毒品简介 ………………………………… 014

第二章　毒品演变 …………………………………… 037

第一节　成瘾物质的出现 ……………………………… 037

第二节　提取技术的变革 ……………………………… 041

第三节　吸食方式的变化 ……………………………… 042

第四节　种植泛滥　流通全国 ………………………… 043

第三章　毒品危害 …………………………………… 049

第一节　吸毒对人体的危害 …………………………… 049

第二节　吸毒对家庭的危害 …………………………… 056

第三节　吸毒对社会的危害 …………………………… 059

第二篇　拒绝毒品

第四章　吸毒与成瘾 …… 067

第一节　吸毒的概念 …… 067

第二节　吸毒方式 …… 069

第三节　何为“成瘾” …… 071

第五章　毒品诱惑 …… 077

第一节　现场毒品的快速辨别 …… 078

第二节　涉毒及毒品犯罪 …… 084

第三节　误区与解惑 …… 093

第六章　拒毒防艾 …… 102

第一节　拒毒训练 …… 103

第二节　艾滋病预防 …… 120

第三篇　禁毒教育

第七章　禁毒斗争 …… 127

第一节　近代中国禁毒斗争概述 …… 127

第二节　中国共产党禁毒斗争概述 …… 136

第三节　国际禁毒斗争概述 …… 144

第八章　立志戒毒 …… 159

第一节　从毒难戒到毒能戒 …… 159

第二节　名人戒毒故事与成功案例 …… 165

第九章　预防教育……………………………………………… 180
第一节　青少年毒品预防教育 ……………………………… 181
第二节　青少年毒品预防对策 ……………………………… 186

附　录

中华人民共和国禁毒法 …………………………………… 199
戒毒条例 ……………………………………………………… 210
国际禁毒日主题与禁毒经典语录 ………………………… 218
全国青少年毒品预防教育规划（2016—2018）………………… 222

参考文献……………………………………………………… 227

第一篇

认清毒品

本章导语
BENZHANG DAOYU

最毒的蛇具有最美的花纹，最毒的花有最绰约的风姿。想要认清毒品的真面目，必须要揭开毒品那或“美丽”或“朴实”的面纱，让我们一起来看看毒品的真实面目。

第一章 “毒”为何物

“毒品”一词的内容和含义是随着时代、国度、民族、文化传承、经济变化及所有者、使用者的角度不同而不断变化的，那么“毒品”到底是什么？它的概念和定义究竟是什么？本章就来着重说明这些问题。

第一节 “毒品”的概念及分类

一、“毒品”一词的来源

（一）国外对“毒品”的定义及其发展过程

“毒品”作为一个社会用语，使用至今不超过两三百年的历史。在欧洲，“毒品”最早是指用来注射的麻醉药剂，在英语中不存在汉语中严格意义上“毒品”的同义词，常用词汇为“drugs”。在英文的语境下，“drugs”本身并无“毒物”的含义。同时，与汉语中“毒品”相应的英语名词有“非法药物”（illicit drugs）、“非法麻醉品”（illicit narcotics）、“管制药物”（controlled drugs）、“精神活性物质”（psychoactive substances）、“成瘾物质”（addictive substances）等，这些词语的释义都与“毒”字无关，也并非用于吸食。后来，由于这类药剂具有使人产生依赖而导致大量滥用，进而危害人体并引发犯罪，欧洲的一些国家才把“吸食麻醉品”的行为视为“吸毒”，因此才有了大量对“毒品”的重新定义。这些定义从不同角度和立场，对“毒品”进行了全面的解释和界定。《牛津英语词典》初版第三卷（1987 年出版）对“毒品”这个名词做了如下定义：“一种原始的、简单的药物，有机的或是无机的，其既可以在天然状态下使用，又可以经过加工使用，还可以作为药物或是毒品的原料。”

（二）中国对“毒品”的定义及其发展过程

《现代汉语词典》（第 7 版）将“毒品”解释为：“作为嗜好品用的鸦片、吗啡、海洛因、冰毒等，极易成瘾，危害健康。”因此我们可以理解“毒品”一词在中文中是彻头彻尾的贬义词，并带有强烈的感情色彩，这与西方对待“毒品”类物质（作为违禁的药物、成瘾的药物等）较为平和的表述不同。同时，国人对于因吸食毒品而导致的各类对身心、家庭以及社会造成的危害深恶痛绝。

在中国，最早出现的毒品是鸦片，因此毒品最早的专属称谓是“烟毒”，自 1729 年清朝雍正皇帝颁布第一个禁烟条例以来，禁毒法律、法规中长期混合使用“鸦片”“烟毒”“毒品”等词语，缺乏统一和严格的区分。对“毒品”概念也没有单独、明确的界定，只是在具体法律规则中，为了限定违法行为模式的对象范围，采取简单列举的方式，再加上类似“或者其他毒品”以及“等毒品”的概括性规定，大约 20 世纪 20 年代我国才开始使用“毒品”一词。

中华人民共和国成立之后，“毒品”一词已在社会上开始使用，但有关法律文件仍称其为“鸦片烟毒”，这里的“烟毒”仍然是专指鸦片类毒品，而没有“鸦片和其他毒品”的含义。1979 年《中华人民共和国刑法》（本书简称《刑法》）第 171 条将“毒品”界定为海洛因、鸦片、吗啡或其他毒品。到 1982 年，虽然当时已将杜冷丁（哌替啶）、咖啡因、安纳加等囊括在“毒品”的范围之内，但仍以“鸦片烟毒”代指鸦片类毒品，也正是因为如此，1979 年的《刑法》并未对“毒品”一词给定出一个具体、明确的法律定义，而仅仅规定了“毒品”这个专有名词。1985 年 6 月，中国加入了经 1972 年议定书修订的联合国 1961 年《麻醉品单一公约》以及 1971 年《精神药物公约》。1989 年 9 月，中国又加入《禁止非法贩运麻醉药品和精神药物公约》，成为最早的缔约国之一。1987 年《麻醉药品管理办法》和 1988 年《精神药品管理办法》将“毒品”界定为“能使人形成瘾癖并为国家依法管制的麻醉药品和精神药品”。

20 世纪 80 年代后，受国际毒品形势的影响，甲基苯丙胺（冰毒）的滥用在我国出现，它成为我国毒品家族中的“重要成员”。1990 年 12 月 28 日，第七届全国人民代表大会常务委员会第十七次会议通过的《全国人大常委会关于禁毒的决定》（下文简称《决定》）中明确规定：“毒品是指鸦片、海洛因、吗啡、大麻、可卡因以及国务院规定管制的其他能够使人形成瘾癖的麻醉药品和精神药品。”首次在第一条中规定了“本决定所称毒品之含义”，进行了诸多颇具前瞻性的立法尝试。首先，彻底废除了“烟毒”等措辞的使用，统一了“毒品”的法律用语。其次，开创了在总则中以“列举 + 概括”的形式明确毒品实质内涵的立法模式。重要的是，《决定》第一次将毒品界定为麻醉药品和精神药品，这种粗糙的二分法是对毒品种类、理化性质、药理特征尚未完全厘清的情况下的权宜之策，但却直接影响了 1997 年《刑法》、2008 年《中华人民共和国禁毒法》（本书简称《禁毒法》），乃至其间附属设置毒品定义的其他部门法。

虽然《决定》在司法实践中发挥了巨大的作用，但随着甲基苯丙胺的出现，其所规定的毒品的定义已远远不能适应实际工作的需要，因此，1997 年修订的《刑法》在第三百五十七条规定：“毒品是指鸦片、海洛因、甲基苯丙胺（冰毒）、吗啡、大麻、可卡因以及国家规定管制的其他能够使人形成瘾癖的麻醉药品和精神药品。”目前，我国法律规定中一直采取列举的方法对“毒品”一词进行界定。2008 年 6 月 1 日正式施行的《禁毒法》，是第一部全面规范我国禁毒工作的重要法律，是指导我国禁毒工作的基本法。它的颁布实施，进一步彰显了我国政府厉行禁毒的一贯立场和坚定决心，完善了我国预防和惩治毒品违法犯罪的法律体系，对于依法全面推进我国禁毒事业具有重要意义，是我国禁毒史上的重要里程碑。

这里还要提一下易制毒化学品。无论是大麻、可卡因等植物天然毒品，还是冰毒、摇头丸等合成化学毒品的加工，都离不开易制毒化学品，从某种意义上说，没有易制毒化学品就没有毒品。简单来说，易制毒化学品就是指国家规定管制的可用于制造麻醉药品和精神药品的原料和配剂，它既广泛应用于工农业生产，也用于群众的日常生活，但若流入非法渠道也可用于制造毒品。我国列管了三类化学品，第一类主要是用于制造毒品的原料，第二、第三类主要是用于制造毒品的配剂。

二、毒品的概念

实际上很难从毒品和医用药品本身的概念上对其进行严格地区分，只是应用目的上不同而已。有专家认为，毒品是出于非医疗目的而反复连续使用并能够产生依赖的物质，它迫使使用者无止境地追求，并由此造成健康损害以及严重的社会、经济等问题。因此，许多药品，若不是用于医疗、科研、教学，而是为了满足个人某种嗜好，寄托某种精神安慰，被迫长期应用，就成为毒品。鉴于此，有人提出将凡能使人成瘾的物质都叫毒品。

从严谨的角度上讲，“毒品”这个词语具有医学、社会学以及法学等三重属性。医学概念中“毒品”是指能够影响人类认知、情绪、行为，改变意识状态，具有依赖潜力的化学物质；社会学概念中“毒品”是指具有依赖潜力并在社会上被禁止使用的化学物质；法学概念中的“毒品”是指国家管制的，违规违法使用的，能够使人成瘾癖的麻醉品或是精神药品。

按照《国际禁毒公约》规定：“毒品是指受管制的麻醉药品和精神药品。”我国根据国际公约及本国实际使用情况，对毒品的范围及特性进行了特定的描述。目前，我国法律规定中一直采取列举式的方法来对“毒品”进行界定。1997 年修订的《刑法》作出新的定义。2007 年 12 月颁布的《禁毒法》对毒品的界定与《刑法》相一致，同时进行了补充：“根据医疗、教学、科研的需要，依法可以生产、经营、使用、储存、运输麻醉药品和精神药品。”2008 年 6 月 1 日正式施行的《禁毒法》规定：“毒品是指鸦片、海洛因、甲基苯丙胺（冰毒）、吗啡、大麻、可卡因以及国家规定管制的其他能够使人形成瘾癖的麻醉药品和精神药品。”2015 年 10 月颁布《非药用类麻醉药品和精神药品列管办法》，其附设的《非药用类麻醉药品和精神药品管制品种增补目录》成为我国管制新精神活性物质的依据，一次性就增加了对 116 种“新精神活性物质”的管控，所有被列管的物质均属于毒品，并且在不断地更新当中，为国际禁毒工作提供了重要的参考。

三、毒品的特征

毒品具有三大属性，即医学、社会学、法学三重属性。与此对应的是，毒品也具有与医学、社会学、法学相关的四个基本特征，即依赖性（或成瘾性）、耐受性、危害性和非法性。依赖性、耐受性是毒品的医学特征；危害性是毒品的社会学特征；非法性是毒品的法学特征（对应戒毒人员的三重身份：病人、受害者和违法者）。这四个基本特征是相互关联的。

（一）依赖性

依赖（dependence）分为躯体依赖（physiological dependence）和精神依赖（psychological dependence）两种，躯体依赖又称生理依赖，精神依赖又称心理依赖。

躯体依赖，是指毒品作用于人体，使躯体产生适应性改变，形成在毒品作用下的病理性平衡状态。躯体的正常功能必须依赖于毒品的存在，一旦停止使用毒品，生理功能就会发生紊乱，出现一系列严重反应，称为戒断综合征，吸毒人员称之为"毒瘾发作"或"发瘾"。吸毒人员为了避免戒断后的身体难受、不舒服等症状，会不计后果、不顾一切地寻求和使用毒品。

精神依赖，是指毒品使人产生一种舒适、愉快、兴奋、放松等特殊的心理效应（感觉），使吸毒人员在精神上依赖毒品，出现对毒品的强烈"渴求"（俗称"心瘾"），驱使吸毒人员不顾一切地寻求和使用毒品。吸毒者对毒品的精神依赖很难消除，所谓"一朝吸毒、十年想毒、终身戒毒"，主要是指心瘾的顽固性与长期性，这也是大多数戒毒人员反复复吸的重要原因之一。

（二）耐受性

当吸毒人员反复使用毒品后，躯体会发生一系列适应性改变，对毒品耐受性增强，敏感性下降，吸毒人员必须增加毒品使用剂量和频次才能获得所需的效果。

（三）危害性

吸毒不仅对吸毒人员本人，而且对其家庭、对社会都造成有巨大的危害。吸毒人员容易感染和传播多种疾病，特别是性病和艾滋病，危害巨大；毒品对家庭的危害主要是对家庭经济的消耗、家庭成员间亲情的疏远以及对子女教育造成的不良影响；毒品对社会的危害主要表现在诱发违法犯罪、阻碍社会经济正常发展和败坏社会风气等方面。

（四）非法性

毒品的非法性，是指毒品是受国家法律管制的、禁止滥用（这里的滥用是指非医疗目的的使用）的精神活性物质，种植、生产、运输、销售、使用毒品等都受到国家法律法规的管制。

四、毒品分类

目前，毒品种类繁多，按照不同方式，常见的分类方法包括按国际公约、按来源、按药理学作用、按对人体的危害性等进行分类。

（一）按国际公约分类

这是一种国际共识的分类方法，遵循药理学的分类。按照国际公约［《麻醉品单一公约》（1961 年）和《精神药物公约》（1971 年）］可以将具有依赖性的药物（或物质）分为两大类：一类是麻醉药品，如海洛因、大麻和大麻脂、阿片和吗啡制剂、可待因等；另一类是精神药物，如各种致幻剂和四氢大麻酚、中枢兴奋剂、巴比妥类药物、苯二氮䓬类药物等。此外，还有一些物质如烟草、酒精、挥发性有机溶剂等，也具有依赖性特性，但未被列入国际公约管制。根据我国食品药品监督管理局发布的《麻醉药品品种目录》《精神药品品种目录》，我国把毒品分为麻醉药品和精神药品两大类。

1. 麻醉药品

麻醉药品又称麻醉品，是指连续使用能成瘾产生依赖性的药物，如鸦片、吗啡、哌替啶（杜冷丁）。麻醉乙醚、普鲁卡因等是麻醉剂，和麻醉药品不同，麻醉剂不会使人成瘾。麻醉药品类毒品可分为三大类：

（1）阿片类（opioid）。包括阿片（鸦片）、吗啡、海洛因、美沙酮、丁丙诺啡、哌替啶、盐酸二氢埃托啡（DHE）、可待因等。阿片类药物具有镇痛、镇静、镇咳、止泻、致欣快作用，当前我国吸毒主要是指吸食此类毒品中的海洛因。

（2）可卡因类（cocaine）。包括古柯叶、可卡因、克赖克等，由生长于南美洲的灌木古柯树的叶片加工提取而成。此类毒品的精神依赖性非常强，耐受性形成迅速，反复使用可引起躯体依赖，但不及阿片类严重。目前我国针对此类药物滥用的报告极少，但在沿海地区吸毒人员特别是在华外国人中有一定的吸食比例。

（3）大麻类（marijuana，cannabis）。包括大麻烟、哈希什、玛莉华纳、大麻脂、大麻油等，均来自一种叫作大麻的植物。大麻烟由大麻直接干燥后制成，玛莉华纳由大麻茎及叶加工制成，哈希什由大麻雌株顶部的花和部分叶片加工制成，其主要成分均为Δ^{9}- 四氢大麻酚。大麻的耐受性和躯体依赖性产生较慢，也不严重。我国的大麻滥用已由新疆等流行地区扩散到全国，滥用率逐步上升。

2. 精神药品

精神药品又称精神药物，是指能直接作用于中枢神经系统，使大脑兴奋或抑制，连续使用能够产生依赖性的药品，例如咖啡因、安钠咖、去氧麻黄碱（冰毒）、巴比妥、安定、三唑仑等。依据国家对精神药品的管制级别不同，分为一类精神药品和二类精神药品。精神药品类毒品按药物对人体大脑中枢神经所产生的作用又分以下三类。

（1）中枢神经兴奋药。包括苯丙胺（AA）、甲基苯丙胺（冰毒、MA）、匹莫林、哌甲酯（利他灵）、3，4- 亚甲二氧基甲基苯丙胺（摇头丸、MDMA）、3，4- 亚甲基二氧基苯丙胺（MDA）、咖啡因等。这是一类人工合成的化学物质，具有令中枢神经兴奋的作用，使用后可引起高度警觉、注意力集中、活动增加、睡眠减少、食欲抑制、心慌和血压升高等。利他灵和匹莫林主要用于治疗突发性猝倒、嗜睡综合征和儿童多动症。

（2）中枢神经抑制药。指用于镇静、催眠、治疗焦虑、解除肌肉痉挛、控制癫痫发作的一类处方药——镇静催眠药。此类药物品种众多，可以分为两大类：巴比妥类和苯二氮䓬类。在我国，此类药物依赖者大部分是因治疗失眠而成瘾的，在吸毒人群中镇静催眠药滥用和依赖的发生率远远高于一般人群。社会上被滥用的主要为三唑仑。2005 年三唑仑已被国家药品监督管理局列为一类精神药品进行管理。

（3）致幻剂。这是一类在不影响意识的前提下改变人的知觉、思维和情感活动的药物，包括麦角酸二乙基酰胺（LSD）、二甲基色胺（DMT）（图 1-1）、苯环己哌啶（PCP）、麦司卡林（南美仙人球碱）、西洛西宾等。滥用后可产生幻觉、错觉、空间定向障碍、情感反应强烈、活动增多、记忆力减退、自我评价受损、被害妄想和

图 1-1　二甲基色胺

冲动伤人行为。目前，我国关于致幻剂滥用的报告较少。

（二）按来源分类

1. 天然毒品

天然毒品来源于植物，可将植物某一部分直接吸食、饮用，或提取分离含量较高的有效毒品成分。常见天然毒品有鸦片、大麻、古柯等。

2. 人工合成毒品

人工合成毒品是以化学物质为原料，经化学合成反应加工而成的。常见的合成毒品有：苯丙胺类兴奋剂（冰毒、摇头丸等）、人工合成阿片类（杜冷丁、美沙酮等）、致幻剂类（PCP、氯胺酮等）、抑制剂类（巴比妥类、苯二氮䓬类等）。

3. 半合成毒品

半合成毒品是指先从天然植物中提取出有效成分，然后再进一步经过化学合成加工出的毒品。海洛因是典型的半合成毒品，它是用罂粟提取物吗啡合成的。此外，合成冰毒主要有两种途径：一种是用化学原料直接合成出冰毒产品；另一种是以麻黄草（图 1–2）为原料提取麻黄碱，再经过化学反应加工成冰毒。后者制造的冰毒属于半合成毒品。

图 1–2　麻黄草

（三）按药理学作用分类

1. 麻醉剂

麻醉剂是指医疗上具有麻醉、镇痛等作用，连续使用后易使身体和精神产生依赖性、能形成瘾癖的药品。常见的麻醉剂有海洛因（除用于科研，不得有任何用途）、吗啡、可待因、杜冷丁（哌替啶）、美沙酮、芬太尼、丁丙诺啡、大麻、可卡因等。

2. 兴奋剂

兴奋剂是指对中枢神经系统呈现兴奋效应的、可致依赖性的药物。主要有古柯类、苯丙胺类、咖啡因等。

3. 致幻剂

致幻剂是一类在不影响意识和记忆的情况下改变人的知觉、思维和情感活动的药物，主要有麦角酰二乙胺（LSD）、麦斯卡林、苯环己哌啶（PCP）等。大麻、氯胺酮（K 粉）、3，4- 亚甲二氧基甲基苯丙胺（MDMA，摇头丸）等也具有一定的致幻作用，可列入其中。

4. 抑制剂

抑制剂是指对中枢神经系统呈现抑制效应、并且可致依赖性的药物。主要有巴比妥类、苯二氮䓬类等。需要说明的是，一些毒品同时兼具麻醉、兴奋、致幻或抑制等多重药理作用，可根据不同的滥用功能表现将其归为不同类别，也就是说，同一种毒品可以同时归属在不同的类别中，如大麻、可卡因等。

（四）按世界卫生组织规定进行分类

1973 年，世界卫生组织（WHO）根据国际公约规定的麻醉品和精神药品，并考虑到酒、烟草、挥发性溶剂等三类未被列入国际管制的精神活性物质，将可致依赖性和滥用性的药物分为 8 类。

第一类是酒精 – 镇静剂类：乙醇、巴比妥类及其他镇静催眠药，如苯二氮䓬类；第二类是阿片类：阿片、吗啡、海洛因、美沙酮和哌替啶等；第三类是苯丙胺类：苯丙胺、右苯丙胺、甲基苯丙胺和利他灵等；第四类是可卡因类：可卡因、可卡糊和古柯叶等；第五类是大麻类：大麻制剂；第六类是致幻剂类：麦角酰二乙胺（LSD）、麦斯卡林和裸盖菇素等；第七类是挥发性化合物类：丙酮、四氯化碳和其他溶剂，如嗅胶；第八类是烟碱类：烟草、鼻烟。

（五）按对人体的危害分类

1. 硬性毒品

硬性毒品又称为烈性毒品，是指对中枢神经系统具有高度毒性的毒品，如海洛因类、苯丙胺类等。

2. 软性毒品

软性毒品又称为温和毒品，是指对中枢神经系统毒性作用相对较缓和的毒品，如大麻、咖啡因等。

（六）按毒品流行的时间顺序分类

1. 传统毒品

一般指鸦片、海洛因等阿片类流行较早的毒品。

2. 新型毒品

它是相对传统毒品而言，主要指冰毒、摇头丸等人工化学合成的致幻剂、兴奋剂类毒品。新型毒品多出现在娱乐场所，所以又被称为“俱乐部毒品”“休闲毒品”和“假日毒品”。

3. 新精神活性物质

新精神活性物质（new psychoactive substance，NPS）又称为“策划药”或“变制毒品”，也被称为“第三代毒品”。它是不法分子为逃避打击而对管制毒品进行化学结构修饰而得到的毒品类似物，具有与管制毒品相似或更强的兴奋、致幻、麻醉等效果。

新精神活性物质包含合成大麻素、兴奋剂（苯乙胺、卡西酮、哌嗪等）、致幻剂或分离性致幻剂（氯胺酮及苯环利定）、镇静剂、色胺、氨基茚及芬太尼类合成阿片等（详见第三节）。近年来，欧美国家已报告发生过上百起因吸食新精神活性物质致死的案例。许多新精神活性物质的毒理作用比海洛因、吗啡等传统毒品更加强烈，如我国列管的 U–47700 的药效约是吗啡的 7.5 倍。2018 年 3 月被我国列管的卡芬太尼的药效为吗啡的 1 万倍，成人的致死量约为 2 毫克。

新型毒品与传统毒品最大的区别就是新型毒品大部分是通过人工合成的化学合成类毒品。新型毒品对人体主要有兴奋、抑制或致幻的作用，而传统的麻醉药品对人体则主要以“镇痛”“镇静”为主；传统毒品多采用吸烟式或注射等方法吸食滥用，新型毒品大多为片剂或粉末，吸食者多采用口服或鼻吸式，具有较强的隐蔽性；新型毒品吸食者在吸食后会出现幻觉、极度兴奋、抑郁等精神病症状，从而导致行为失控，造成暴力犯罪。新精神活性物质，顾名思义，滥用时会使人的中枢神经兴奋，而戒断后会造成中枢神经抑制。它不像传统毒品主要危害人体的免疫系统，损害脏器等，而是直接破坏大脑功能，导致神经中毒反应和精神分裂症状，过量服用会诱发急性精神障碍或急性心脑疾病，并且这种危害是很难恢复的。新精神活性物质自 2009 年兴起以来，在全球迅速泛滥，且愈演愈烈，危害更为严重。

相关知识链接

毒品范围的界定与划分具有时代性，随着毒品滥用范围的扩大和新药合成的不断发展，“受管制的麻醉药品和精神药品”内容会不断增加。目前，根据我国《刑法》对毒品的定义和《麻醉药品和精神药品管理条例》的规定，我国按照《麻醉药品品种目录》和《精神药品品种目录》，将毒品分为麻醉药品和精神药品两大类计 271 种。其中，麻醉药品共 121 种，精神药品共 150 种。麻醉药品目录中，我国生产和使用的麻醉药品共有芬太尼、可卡因、美沙酮、福尔可定等 27 种；我国精神药品目录中，截至 2019 年 8 月，其品种共包含 150 种，其中第一类精神药品为 68 种，第二类精神药品为 82 种。

第二节　毒品与药品的区别

从“毒品”概念与分类我们可以了解到，在医学临床上使用的许多具有依赖潜力的药品在特定的情况下也可以成为毒品，毒品与这些药品的分界线并不是十分明确，如何区别这些具有依赖潜力的药品与毒品，在执法实践中显得十分重要，我们可以从以下几个方面来综合判断并加以区别。

一、是否具有医疗价值

药品的使用出于医疗需要，满足医疗用途；而毒品本身在临床上不具有医疗价值，其生产也不是出于医疗目的，是被各国法律严格禁止生产的，如海洛因、甲基苯丙胺（冰毒、MA）、3，4- 亚甲基二氧基甲基苯丙胺（摇头丸，MDMA）、可卡因等。当然，上述所列毒品如鸦片、海洛因、盐酸二氢埃托啡在最初是作为治疗用药品开发并使用的，具有一定的医疗价值，只是在后来的使用中发现这些药品的成瘾性要远远高于它的医疗价值，且人类已开发出可以替代的、更可靠的、危害相对较小的药品，故已不认为它们具有医疗价值。

二、使用目的、动机不同

用于医疗目的、解除病痛、依照医疗规范使用的是药品；用于寻求快感、贩卖的就是毒品。如果一个人通过医师处方得到吗啡并按规定的剂量与用法用于癌症镇痛时，吗啡是一种药品；但如果这个人使用吗啡只是想体验吗啡带给他的欣快感受，可能会产生依赖，我们就认为这个人在使用毒品。对于使用目的、动机的判断在实践中可能比较复杂，甚至连吸毒人员本人也并不清楚其吸毒涉及的所有动机。在临床上、执法中判断使用目的、动机的方法之一，就是寻找吸毒行为发生情境中的一致性，即何时用，何地用，和什么人一起用？是否存在该药的治疗适应证。

三、使用方式不同

由于对使用目的、动机的判断比较困难，很少有人会承认他使用这些药品是在寻找欣快感。因此，使用方式（途径、用量）就成为判断一种致依赖性药品是否成为毒品的一个重要依据，特别是改变临床上规定的使用途径与用量时更要注意。如一个人将美沙酮粉剂用规定剂量维持治疗时，这是一种药品；如将该药磨成粉溶于水，并大剂量用于注射时，我们就认为这个人是在吸毒。又如，使用止咳药水，当一个人每天口服5瓶用于寻找欣快感时，我们也会认为这个人是在吸毒。再如丁丙诺啡含片，舌下含服用于戒毒时我们认为是一种药品，而当将它磨成粉溶于水后进行注射时，我们就可以认为这个人是在吸毒。这一条在执法实践中显得尤为重要。

四、生产、流通方式不同

本条主要与禁毒执法相关，对于在临床上使用的具有依赖性的药品，如哌替啶，如果它是由国家认可的企业生产，在国家有关规定范围内流通的，是在医疗规范范围内由医师开具处方使用的，我们称它为药品；反之，就是毒品，不能进行生产及流通的。

第三节　常见毒品简介

为了强化毒品知识的普及，本节对当前社会上常见毒品的基本情况、吸食后的身体精神反应以及成瘾情况进行一个简要的介绍，以增强青少年对涉毒物品的认知和警惕。

一、麻醉类毒品

（一）鸦片及其衍生物

鸦片类毒品包括鸦片、吗啡、海洛因等，它们主要是通过罂粟植物（图 1–3）来提取的。目前世界上生产鸦片类毒品最多的国家是阿富汗。

图 1–3　罂粟花

1. 鸦片

鸦片（opium）又叫“阿片”，俗称“大烟”，是从一种 1 年生草本植物罂粟未成熟的蒴果经割伤果皮后，渗出之白色乳汁干燥凝固而得。鸦片含多种鸦片生物碱，鸦片分为生鸦片和熟鸦片。

生鸦片呈褐色，有些品种则呈黑色，可制成圆块状、饼状或砖状，一般表面干燥而脆，里面则保持柔软和有黏性，有刺激性气味如陈旧的尿味，味很苦。生鸦片中除了 15% ~ 30% 的矿物质、树脂和水分外，还含有 10% ~ 20% 的特殊生物碱。生物碱可分为三类：第一类是吗啡类生物碱，其中又包括三种成分，吗啡（10% ~ 14%），可待因（1% ~ 3%），蒂巴因（约为 0.2%）；第二类为罂粟碱类生物碱（0.5% ~ 1%）；第三类是盐酸那可汀类生物碱（3% ~ 8%）。

生鸦片经加工处理后，成为吸毒人员使用的“熟鸦片”。它多制成条状、板片状或块状，其表面光滑柔软，有油腻感，呈棕色或金黄色，通常包装在薄布或塑料纸中。现在吸毒人员常直接吞服鸦片小丸，或把鸦片溶于水中直接用针进行静脉注射，而静脉注射成为艾滋病传播的主要途径之一。

鸦片的主要用途是在医疗上，其每年进口数量依据各国所申报的并缴纳药品进口税之后方可输入。一般而言，输入的合法医用鸦片都是半熟鸦片，主要用途是麻醉及染色。

鸦片具有镇痛、麻醉作用，易成瘾。合成鸦片制剂是指含鸦片的化合物药品，如美沙酮、杜冷丁等。吸食鸦片后，其主要成分吗啡迅速在胃肠道黏膜、鼻黏膜及肺等部位被吸收，通过血液分布到脑、肝、肺、肾、脾等实质器官和全身肌肉、脂肪组织。一般来说，最初几口鸦片的吸食令人不舒服，可使人头晕目眩、恶心或头痛，但随后可体验到一种欣快感。吸食鸦片者在相当长的时间内尚能保持正常的职业和智力活动，但如果长期吸食，可使人精神颓废、瘦弱不堪、面无血色、目光发呆、瞳孔缩小，极易感染各种疾病，寿命也会缩短。过量吸食鸦片可因急性中毒或呼吸抑制而死亡。

相关知识链接

正确区分罂粟壳和草果

由于对鸦片危害性的宣传时间比较长，人们对鸦片以及原产物罂粟、罂粟壳、罂粟籽等的危害性基本都能知晓，在日常生活中也能加以警惕。曾经，街头巷尾的各类火锅店、排档铺的部分不法经营者为了所谓的“提鲜”，借以聚拢人气、增加餐饮人数，而不惜违法使用罂粟壳，为人们所深恶痛绝，对于部分餐馆违法添加“罂粟壳”等违禁物品的新闻时有报道。为强化普通人群的识别度，在此讲述下罂粟壳（图 1–4）和草果（图 1–5）的区别。

图 1–4　罂粟壳和罂粟籽

图 1–5　草果晒干后的果实

草果是一种调味的香料，乍看起来跟罂粟壳很相像，但草果的确不是罂粟壳。草果其实是一种香料植物的果实，具有特殊浓郁的辛辣香味，是烹调作料中的佳品，被人们誉为食品调味中的五香之一，并非违禁品。草果在烹饪中使用不仅可以去腥气，并且还可以增强人的食欲。草果性温，有去湿和促进消化的功能。

罂粟壳顶端有放射状排列成圆盘状的残留柱头，在它的顶端具有一个扁盘，边缘呈放射状，好似戴了一顶皇冠。这其实是罂粟的柱头彼此联合而成的。当罂粟果实成熟之时，这顶“皇冠”之下会裂开一圈孔道，褐色的小米般的种子就从这些孔道中掉落出来，同时罂粟果基部有短柄；而草果缺少罂粟那标志性的“皇冠”，截面略呈三菱形，而且果壳的纹路也有显著的纵沟及棱线，并不像罂粟壳表面平滑，切开草果可以发现，里面含有的是几十粒聚在一团有棱有角小黑石子一般的种子，且有浓郁的香味。

2. 吗啡

吗啡（morphine）（图 1–6），是从鸦片中提取出来的一种生物碱。在非法毒品交易中常遇到的是粗制吗啡、吗啡硫酸盐等。吗啡常被压缩成块状，也有粉末状及片状吗啡，它是鸦片中最主要的一种生物碱。粉末粗制吗啡在东南亚地区亦被称为“一号”海洛因。

图 1–6 吗啡

吸食吗啡对神经中枢的副作用表现为嗜睡和性格的改变，引起某种程度的惬意和欣快感；在大脑皮层方面，可造成人注意力、思维和记忆性能的衰退。长期大剂量地使用吗啡，会引起精神失常的症状，出现谵妄和幻觉；在呼吸系统方面，大剂量的吗啡会导致呼吸抑制而死亡。吸食吗啡后戒断症状有流汗、颤抖、发热、血压高、肌肉疼痛和挛缩等。

3. 海洛因

海洛因（heroin）（图 1–7），来源于鸦片，是吗啡二乙酰的衍生物，其化学名为二乙酰吗啡。1874 年，英国伦敦圣玛莉医院的化学家莱特（R.Wright），在吗啡中加入醋酸酐等物质，首次提炼出镇痛效果更佳的半合成化衍生物——二乙酸吗啡，这就是最早合成的海洛因。1897 年，德国拜尔药厂化学家荷夫曼（Felix Hoffmann）将海洛因制成药物。在药理上，海洛因的镇痛效力是吗啡的 4 ~ 8 倍。海洛因的名字由德国拜尔药厂注册，该词或源自德文 heroisch，意指英雄。目前海洛因在我国医疗上已不再使用。

图 1–7 海洛因

海洛因纯品为白色粉末状物质，俗称“白粉”“白面”，有的为红色液体，俗称“红鸡”，效价与成瘾性是吗啡的 3 ~ 5 倍，依纯度不同而以一号、二号、三号、四号、五号海洛因区分。通常用锡箔包装或以封口塑胶袋方式流通市面。海洛因作为具有强烈成瘾性和巨大危害性的吗啡类衍生物，被认为是当今毒品中的精品，目前被世界各国将其列为“头号毒品”“毒品之王”。中国海洛因的主要毒源地是位于泰国、缅甸、老挝三个国家接壤的“金三角”地区。

海洛因中毒的主要症状是不安、流泪、流汗、流鼻水、易怒、发抖、寒战、厌食、腹泻、身体蜷曲、抽筋，瞳孔缩小如针孔，皮肤冷而发黑，呼吸极慢，乃至深度昏迷，呼吸中枢麻痹，衰竭致命等。海洛因吸毒人员极易发生皮肤菌感染，如脓肿、败血症、破伤风、肝炎、艾滋病等，甚至会因急性中毒而死亡。阿片类（海洛因）使用过量容易因呼吸神经麻醉而导致生命危险。

（二）可卡因及其衍生物

可卡因（cocaine）俗称“快克”“可可精”，学名古柯碱，是以植物古柯树提炼制成的白色结晶状生物碱，无气味，味略苦而麻，属于天然毒品，是天然毒品中最强的中枢神经兴奋剂。可卡因的原料为“古柯”（图 1–8）。古柯为灌木，是美洲大陆的传统种植作物。古柯产地被滥用的是古柯叶和古柯浆，而其他地方被滥用的是可卡因。古柯树叶嚼起来是苦的，为了减少苦味，人们常常把古柯叶和石灰、植物灰或贝壳灰混合后嚼，在登山时尤其如此，以消除或减轻高山反应的症状。古柯叶含有多种生物碱，其中古柯碱含量只有 0.25% ~ 0.77%，含量很低。一般嚼食古柯叶或是饮用古柯茶不会出现毒性反应，或造成生理上的问题。

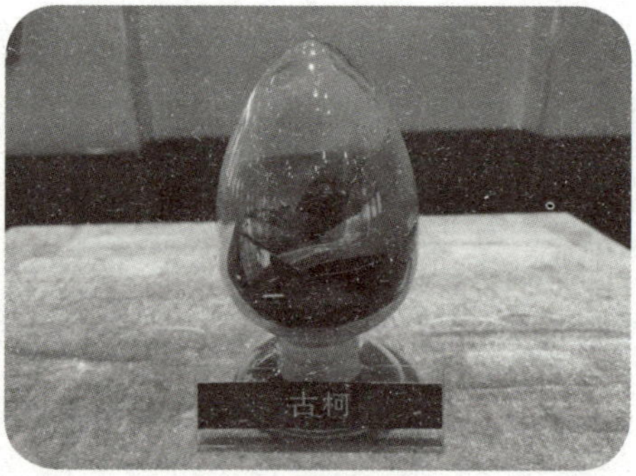

图 1–8　古柯

1855 年，德国化学家弗里德里希（G. Friedrich）首次从古柯叶中提取出麻药成分。1859 年，奥地利化学家纽曼（Albert Neiman）又精制出更高纯度的物质，命名为可卡因。现今，除了用于某些眼、耳和喉部外科手术的局部麻醉剂外，可卡因在临床上已很少使用。作为一种强烈的天然中枢兴奋剂，可卡因是世界上滥用的主要毒品之一，多在美洲和欧洲使用。

小剂量的可卡因导致心律缓慢，剂量增大后则心率加快、呼吸急促，可出现呕吐、震颤、痉挛、惊厥等现象。如果大剂量使用则可导致死亡。一剂 70 毫克的纯可卡因，可以使体重 70 千克的人当场丧命。可卡因成瘾者高剂量使用可卡因可诱发偏执性精神病，出现妄想、幻觉。在被害妄想的驱使下，把一切人视为敌人，把别人的一举一动都视为对自己的威胁，便采取“先发制人”、攻击他人的行为，伤害他人，危害社会。产生幻视、幻触，感觉看到而实际没有出现的东西，或感觉身体某一部分有“虫子”钻进去在涌动一般的难受，常常“采取措施”而自残肢体，这被称作 “可卡因中毒性精神病” 。

古柯碱药力与用量、纯度、用药途径、使者心理及生理状态、周期、使用场合等皆有关系，有些用药者甚至觉得他们能控制自己，判断力也不会受影响。古柯碱会阻碍脑部神经传递物质多巴胺，并影响去甲肾上腺素、血清素的正常摄取，加速大脑老化。除此，可卡因还会严重影响神经系统、血管的收缩、眼球的膨大及导致心律失常。

服用大量古柯碱之后，有些用药者产生迷幻现象，有些则举止怪异，甚至有暴力行为。连续服用一二天之后，用药者会觉得饥饿、疲倦、易怒、沮丧，需要沉睡。单一剂量的古柯碱作用期间非常短，15 ~ 30 分钟，药力过后用药者觉得易怒，1 小时之后这种情绪也会消失。

（三）大麻及其衍生物

大麻、海洛因、可卡因并称为国际三大传统毒品，其中大麻因价格低廉、吸食方便、毒性相对较小，成为世界上滥用最广泛的毒品。今天世界上多数毒品大麻是在墨西哥和哥伦比亚种植的。就我国而言，大麻滥用人数排第四（前三位分别是冰毒、海洛因、K 粉），主要集中在新疆，尤其是新疆天山以南地区。但近年来，大麻在青少年群体中滥用增长快速。

图 1–9　大麻叶

大麻（学名 Cannabis sativa L.），桑科、大麻属植物，原产于中亚，在北温带地区种植较为广泛。1 年生直立草本，高 1 ~ 3 米。枝具纵沟槽、密生灰白色贴伏毛，叶掌状全裂（图 1–9），裂片披针形或线状披针形。大麻分为纤维型和毒品型两种。作为毒品的大麻主要指矮小、多分枝的印度大麻，其主要有效化学成分为四氢大麻酚（简称 THC），是产生致幻作用的主要成分。大麻植株有雌、有雄，雄株叫枲，雌株叫苴。雄性植株的茎和叶中不含 THC 或含量很少，雌性植株中 THC 含量较高。

常见的大麻制剂有大麻烟、大麻脂（图 1–10）、大麻油。大麻烟由雌性大麻植株或植株的一部分，比如花和毛状体晾干后压制而成，THC 含量 0.5% ~ 5%。大麻脂用大麻的果实和花顶部分经压搓后渗出的树脂制成，THC 含量 2% ~ 10%，在西方通常被称为“哈希什”，在印度被称为“Charas”。大麻油是从大麻植物或大麻籽、大麻树脂中提纯出来的液态大麻物质，THC 含量 10% ~ 60%。

图 1–10　大麻脂

与冰毒、海洛因等硬性毒品相比，大麻被称为软性毒品，服用后可影响中枢神经系统，引起欣快感，并引起嗜睡。大麻的成瘾性、危害性相对“硬性毒品”而言较小，但是长期吸食大麻可诱发精神错乱、偏执和妄想，对记忆和行为能力造成损害，使大脑记忆力混乱、判断力减退、反应迟钝；还可引起退行性脑病，人体免疫系统受损，对疾病的抵抗力下降，极易受病毒、细菌感染，而且易患口腔肿瘤；也会导致呼吸器官受损，引起气管炎、咽炎、哮喘等疾病；还会影响运动协调，损伤肌肉运动的协调功能，造成站立平衡失调，手颤抖，失去复杂的操作能力和驾驶机动车的能力。

相关知识链接

目前不论在美国还是欧洲，呼吁大麻合法化一直没有中断过。因为在一些人看来，大麻是“软性的”吸食，它是一种个人自由。他们认为，在一个啤酒、威士忌、葡萄酒以及烟草都合法的社会里，没有理由禁止大麻这样消遣性的药物。他们认为吸食大麻的主观感受类似于喝酒，是成年人的个人选择。其中“吸食大麻合法化”最为的典型代表国家是荷兰和加拿大。其实大麻并非传说中那么“可靠”，大量或长期使用大麻，会对人的身体健康造成严重损害，具体症状表现如下。

（1）引起精神障碍。吸食过量可发生意识不清、焦虑、抑郁等症状，对人产生敌意、冲动或有自杀意念。长期吸食大麻可诱发精神错乱、偏执和妄想。

（2）损害记忆和行为能力。滥用大麻可使人脑记忆力及注意力、计算力和判断能力减退，使人思维迟钝、呆滞、记忆混乱，长期吸食还可引起流行性脑病。

（3）影响免疫系统。吸食大麻可破坏机体的免疫系统，造成细胞与体液免疫功能低下，易受病毒、细菌感染，所以大麻吸食者患口腔肿瘤的较多。

（4）吸食大麻烟可引起气管炎、咽炎、哮喘、喉头水肿等疾病。吸食一支大麻烟对肺功能影响比一支香烟大 10 倍。

（5）影响运动协调功能。吸食大麻过量时可损伤肌肉运动的协调功能，造成站立平衡失调、手颤抖，失去复杂的操作能力和驾驶机动车的能力。

（6）降低智商。大麻可以重新校准大脑奖励系统对其他药物的敏感性，甚至可能造成智商下降。

（7）戒不掉。在滥用大麻的人群中，滥用其他药物的风险也更高。有研究显示，大麻可以增加大脑对其他药物的反应兴奋程度，从而使其成为通往药物滥用道路的“催化剂”或是“守门药物”。

（四）合成类麻醉品

1. 杜冷丁

杜冷丁是人工合成的吗啡代用品，其盐酸盐称为哌替啶（pethidine），为白色、无臭、结晶状粉末，一般制成针剂的形式（图 1–11）。作为人工合成的麻醉药物，普遍地应用于临床，对人体的作用和机理与吗啡相似，但镇痛、欣快作用较吗啡小，具有成瘾性。

使用过量可出现阿托品样中毒症状，如瞳孔散大、心跳加快、兴奋、谵妄，还可产生肌肉痉挛、反射亢进、震颤、惊厥。停药时出现的戒断症状主要有精神萎靡不振、全身不适、流泪、呕吐、腹泻、失眠，严重者也会产生虚脱。

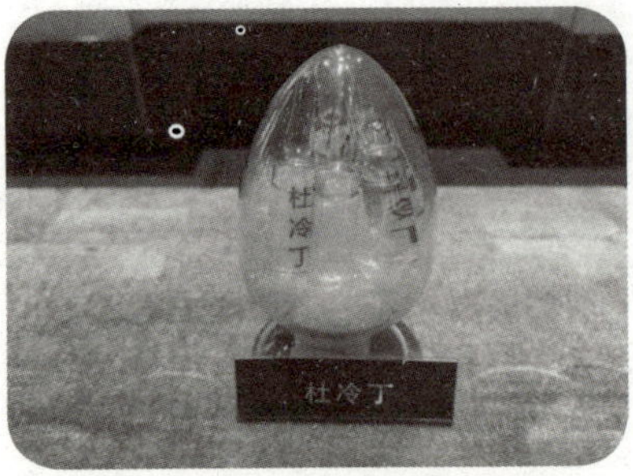

图 1–11　杜冷丁（针剂）

2. 美沙酮

又称美散痛，属人工合成的麻醉药品。其盐酸盐为无色或白色结晶状，无臭，味苦，常见剂型为胶囊（也有口服液）（图 1–12）。在临床上用作镇痛麻醉剂，与吗啡比较具有作用时间较长、不易产生耐受性、药物依赖性低的特点，是“二战”期间德国合成的替代吗啡的麻醉性镇痛药。20 世纪 60 年代初期发现美沙酮可作为脱毒药物，美沙酮替代治疗能帮助重度鸦片类（例如海洛因）成瘾者戒断毒瘾。

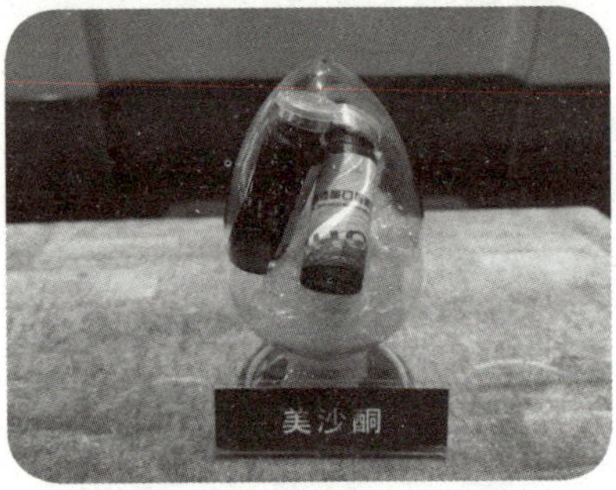

图 1–12　美沙酮（口服液）

3. 埃托菲

全称盐酸二氢埃托菲（DHE），是近年来我国新研制的一种高效麻醉性强镇痛药，多被制成片剂。埃托菲属于人工合成的药物，在医疗上主要用于晚期癌症病人的缓解疼痛，属化学合成的阿片受体激动剂。使用 DHE 可造成生理和心理依赖性，其精神和心理依赖性至少比海洛因大 100 倍，且耐受性形成快，用药量和用药次数增长很快。因此被国家列为麻醉药品进行严格管制。

二、精神类毒品

（一）兴奋剂类毒品

1. 兴奋剂类

（1）苯基丙胺（amphetamine），简称苯丙胺，又名去羟基麻黄素，俗称安非他命或安非他明。原药为白色粉末，合法生产的有药片、胶囊、糖浆或针剂，对中枢神经系统有类似于可卡因的强烈兴奋作用。苯丙胺影响中脑边缘系统欣快中枢，产生欣快体验，中枢兴奋作用，使活动增加、疲劳感消失、睡眠减少。刺激延髓呼吸中枢，使呼吸频率和呼吸深度增加；抑制摄食中枢，导致食欲下降；对心血管系统产生兴奋作用可使血压增高，心率加快，可导致体温升高；作用于瞳孔括约肌，可使瞳孔扩大。滥用过量可产生幻觉、妄想和认知功能的损害，长期大量滥用可导致神经系统永久性的损伤，如神经末梢的退行性改变等。

20 世纪末的奥林匹克竞技比赛中，为了赢得更好的比赛成绩，它曾经一度被美国短跑、拳击等项目的运动员广泛滥用，并造成部分运动员最终患上急性心脏病或脑血管疾病引发猝死。

（2）冰毒（methamphetamine），简称甲基苯丙胺，又名去氧麻黄素，俗称甲基安非他明，形状为白色透明结晶体（图 1–13），与普通冰块相似，故称之为“冰”，亦称“艾斯”（ICE）。该药少量使用时有短暂的兴奋、抗疲劳作用，故其丸药又有“大力丸”之称。

图 1–13　冰毒

冰毒是目前流行最广、危害最严重的毒品之一。冰毒的毒性相当大，很容易上瘾，致幻力强，毒性发作快，用药后精神兴奋，性欲亢进，食欲减退，睡眠要求降低，常导致情感冲动和产生暴力行为。对人体损害大，长期吸食可产生呕吐、腹痛、腹泻、慢性中毒，并出现肠胃功能障碍等症状，严重时可导致肾功能衰竭及精神失常，甚至造成中毒死亡。戒断症状包括精神呆滞、昏睡、易怒、烦躁不安、忧虑，甚至产生自杀的倾向。

苯丙胺精神病是成瘾者长期过量使用冰毒后导致的一种精神类疾病，其主要表现是易激怒、抑郁等情绪障碍，视听幻觉，敌对等。就算是停止复吸或戒断很久以后，都容易出现幻听、幻觉、被害妄想等精神病稽延症状，这是苯丙胺类毒品的精神病态特征。

（3）摇头丸（3，4– 亚甲二氧基甲基苯丙胺，MDMA）多指 MDMA 丸片，是安非他明类衍生物，属中枢神经兴奋剂，俗称“摇头丸”，又称“快乐丸”“劲乐丸”“狂喜”“忘我”“疯药”等。也有按药片、药丸的不同颜色或不同图案、字母称为“蓝精灵”“白天使”“蝴蝶”“鸽子”“小鸟”“恐龙”“M 药片”

等。摇头丸有强烈的中枢神经兴奋作用和精神依赖性，对大脑有严重的损害。吸食摇头丸后，人们受到音乐的刺激时，就会随着音乐的节拍不由自主地手舞足蹈、疯狂地摇头，音乐节奏越强烈，头晃动得越厉害，感觉越舒服，故此被称为“摇头丸”。

摇头丸是目前我国流行最广、危害最严重的毒品之一。其既具有三甲氧苯乙胺的致幻作用和苯丙胺的兴奋作用，又具有很强的精神依赖性，对人体有严重的危害。服用后表现为活动过度、感情冲动、性欲亢进、嗜舞、偏执、妄想、自我约束力下降以及出现幻觉和暴力倾向等，同时，在幻觉作用下吸食者常常引发集体淫乱、自残与攻击行为，并可诱发精神分裂症及急性心脑疾病。该毒品现主要以口服形式被滥用居多。

（4）咖啡因（caffeine）系中枢神经兴奋剂，俗称“咖啡精”，也是世界上最普遍使用的精神药品。是从天然植物咖啡果中提取的生物碱，又称为“咖啡碱”。茶叶、咖啡、可口可乐等饮品都含有咖啡因（图 1–14）。

图 1–14　咖啡因

咖啡因不仅能直接兴奋大脑皮层，还能直接兴奋延髓，有一定的精神依赖。适度使用有祛除疲劳、兴奋神经的作用，临床上用于治疗神经衰弱和昏迷复苏。大剂量或长期使用会对人体造成损害，引起惊厥，导致心律失常，并可加重或诱发消化性溃疡，甚至导致吸食者下一代智能低下、肢体畸形。一旦停用会出现精神萎靡、浑身困乏疲软等各种戒断症状。我国把纯咖啡因列为第一类精神药品管制。

（5）安纳咖，学名苯甲酸咖啡因，是由苯甲酸和咖啡因以近似 1 ： 1 的比例配制而成的，外观常为针剂，也有白色粉末状。其中，咖啡因起兴奋神经作用，苯甲酸钠起助溶作用以帮助人体吸收。安纳咖作为兴奋型的精神药品有一定镇痛作用，临床上用于治疗中枢神经抑制以及麻醉药引起的呼吸和循环抑制等。

长期使用安纳咖会产生药物耐受，有与咖啡因相似的药物依赖性和毒副作用。临床使用的安纳咖是针剂，吸毒者使用的安纳咖多为白色粉末或块状形，故称之为“面面儿”，多用于烫吸。

（6）麻古又称“麻果”，是泰语的音译，其主要成分是冰毒和咖啡因，是一种加工后的冰毒片剂，属于苯丙胺类兴奋剂。外观与摇头丸相似，通常为圆形片剂，有玫瑰红、橘红、苹果绿等色，上面印有“R”“WY”“66”“888”等标记。

麻古具有很强的成瘾性，服用后会使人中枢神经系统、血液系统极度兴奋，大量耗尽人的体力和免疫功能。同时，还表现出健谈、性欲亢进等生理上的反应。服用麻古可以导致慢性精神障碍，又称为苯丙胺性精神病，以妄想为主，可在用药过程中或之后出现，常伴有听或触幻觉、情感不稳、活动增多、敌意、非理性和突然的暴力行为。其在我国最早流行于东北一带，后逐渐向沿海、内陆蔓延。目前沿海一带大有取代“摇头丸”的势头，成为娱乐场所滥用的主要毒品。

2. 抑制剂类

（1）FM2（flunitrazepam）学名氟硝西泮或氟硝安定，俗称“十字架”，属于第二类精神药品品种。属苯二氮草类药物，有催眠、遗忘、镇静、抗焦虑、肌肉松弛和抗惊厥作用，其中催眠和遗忘的作用更为显著，具有“迷奸药”的潜质。其药理作用与其他苯二氮草类药物相似，镇静催眠作用比硝西泮、地西泮强，具有快速安眠（20 分钟内安眠）、作用强烈、效果持久（8 ~ 12 小时）的特点，具有成瘾性。

这种药物溶解后无色无味，使人难以察觉。服用后人会嗜睡、昏迷、语意模糊、无知觉、身体瘫软、自我控制力差；高剂量的吸食会产生低血压、呼吸困难、视觉障碍及深度昏迷。通常与酒精合并滥用，滥用后可使受害者在药物作用下无能力反抗而被强奸或抢劫，并对所发生的事情失忆。与酒精类和其他镇静催眠药合用后，会加强其毒性，严重时可导致中毒死亡。

（2）三唑仑（olorazolam）（图 1–15）又名海乐神、酣乐欣，淡蓝色片，俗称迷药、蒙汗药、迷魂药，属于苯二氮草类药物，是一种强烈的麻醉药品。口服吸收快、见效快、催眠效果好，从体内清除速度快。口服后可以迅速使人昏迷晕倒，药效比普通安定强

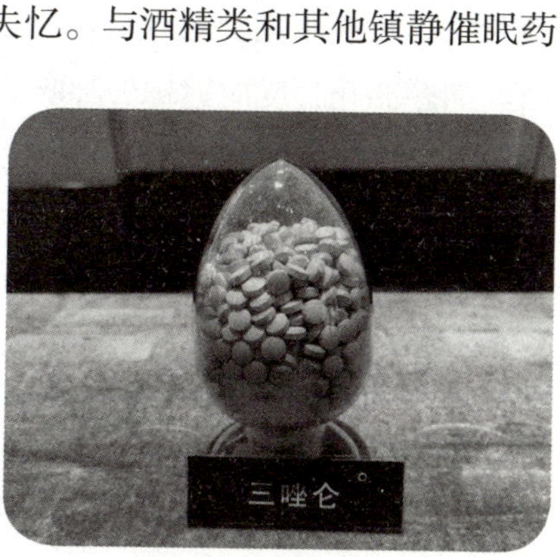

图 1–15　三唑仑

45～100倍，服用5～10分钟即可见效，用药2片致眠效果可以达到6小时以上，昏睡期间对外界无任何知觉。服用后可能出现狂躁、好斗甚至人性改变等情况，过量使用三唑仑会使人进入昏睡状态，甚至死亡。

（3）γ－羟丁酸（GHB）（图1-16），又称4-羟基丁酸，属于我国第一类精神药品，是一种在中枢神经系统中发现的天然物质。纯品为白色粉末，易溶于水，水溶液稳定，其水溶液是一种无色、无味、无臭的液体，俗称“液体迷魂药”“G水（毒）”、Fing霸等。使用后可导致意识丧失、心率缓慢、呼吸抑制、痉挛、体温下降、恶心、呕吐、昏迷或其他疾病发作。特别是当与苯丙胺类中枢神经兴奋剂合用时，危险性增加。与酒精等其他中枢神经抑制剂合用，可出现恶心和呼吸困难，甚至死亡。

图1-16　γ－羟丁酸（GHB）

（4）红中、青发。属于巴比妥酸盐制剂的一种俗称，是一种白色带苦味无气味粉末，作用于中枢神经系统的镇静剂，是属于巴比妥酸的衍生物，其应用的范围可以从轻度的镇静到完全的麻醉，还可以用作为抗焦虑、促进安眠、抗痉挛的药物，长期使用会上瘾。

红中、青发可以抑制中枢神经，短期间低剂量服用大多产生松弛与安宁感，有时则感到兴奋并可能出现思想障碍及动作不协调。重剂量使用欢欣感加重，说话含糊，行动笨拙，出现血压下降及呼吸减慢的状况，常被忽略，导致呼吸停止而死亡。长期服用会导致失眠，长期疲劳，记忆力、判断力及思想受损，抑郁、情绪问题恶化，反应迟钝，呼吸困难，眩晕。易造成心理及生理依赖，耐药性强，产生欢欣感的剂量与致死量差距甚微，长期大量使用者就是小量增加也可致死亡。停药3～5天即有典型戒断症状，包括持续性抽搐、头疼、恶心、呕吐、腹部绞痛、发抖、失眠、躁动及姿态性低血压。

（5）地西泮又名安定，为白色或类白色的结晶性粉末，无臭，味苦。在乙醇中溶解，在水中几乎不溶。适用治疗焦虑症及各种神经官能症与失眠、癫痫。长期大量服用可产生耐受性并成瘾。久服骤停可引起惊厥、震颤、痉挛、呕吐和出汗等戒断症状。用药过量会出现头痛、言语不清、震颤、心动徐缓、低血压、视力模糊及复视等，并伴有嗜睡、疲乏、头昏及共济失调（走路不稳）。超剂量使用可导致急性中毒，表现为动作失调、肌无力、言语不清、精神错乱、昏迷、反向减弱和呼吸抑制直至死亡等，也可引起神经错乱、关节肿胀和血压下降等。

（6）安眠酮，医学上又称为甲喹酮、海米那、眠可欣、甲苯喹唑酮，俗称“佛得”，西北地区称“忽悠悠”（图 1–17）。临床上适用于各种类型的失眠症，该药久用可成瘾，而且有些病人在服用一般治疗量后，能引起精神症状，20 世纪 80 年代我国临床上已停止使用。非法生产的产品中可以看到有药片状、胶囊状、粉状。合成的安眠酮一般为褐色、黑色或黑粒状的粉剂，有的是米黄色粉状。安眠酮通过酒精增强作用，具有一种谵妄性的能力，常作为引起幻觉的代用药。小剂量服用安眠酮使服用者从消沉状态进入极端神经质和兴奋状态；大剂量服用会引起中毒，其中毒症状为头晕、颜面潮红、胸闷、恶心、烦躁不安、四肢麻木，谵语、昏迷，最后呼吸衰竭死亡。安眠酮致死量为 2 ~ 10 克。服用 150 ~ 500 毫克安眠酮后会有一种发麻的感觉，肌肉放松时能诱使运动机能失调、困倦，欣快感和主观感受的变化随之出现。

图 1–17　安眠酮

（7）止咳水，本书中所指的止咳水是指含可待因的复方口服液体制剂（包括口服溶液剂和糖浆剂），主要成分是盐酸可待因、盐酸麻黄碱等成分。可待因属于中枢性镇咳药，一般用于无痰的干咳，具有镇咳和镇痛功能，其作用强度为吗啡的四分之一，能起到兴奋呼吸 中枢神经的作用，大量服用会产生欣快感和幻觉，出现眩晕、心跳过速等不良反应，长期服用可形成心理依赖，戒断症状类似海洛因毒品。现在国内不少娱乐场所内存在将止咳药水与可乐混合制成所谓的“摇头水”滥用的情况，本质上也属于止咳药水滥用亦可导致成瘾。过量滥用可导致抽筋、神志失常、中毒性精神病、昏迷、心跳停止及呼吸停顿引致窒息死亡。此类物质由于管理不善、价格不高、购置途径较多、危害隐蔽性较强，在青少年群体中导致滥用成瘾的问题比较突出。2015 年 5 月 1 日，此类止咳水被我国列为第二类精神药品管理。

相关知识链接

常用的含有磷酸可待因成分的止咳药水有：联邦止咳露、小儿联邦止咳露、联邦泰洛其、新泰洛其、小儿联邦泰洛其、菲迪克、可非、可非止咳露、复方磷酸可待因止咳露、珮夫人止咳露、万辉化痰止咳露、复方福尔可定口服溶液（奥特斯小儿止咳露）、奥亭止咳露、欧博士止咳露、博士小儿止咳露、苏菲止咳糖浆、强力止咳露、可愈糖浆等，其中磷酸可待因的含量一般在 0.10% 左右，如联邦止咳露、菲迪克、佩夫人止咳露中分别为 0.10%，0.10%，0.09%。另外，一些含有罂粟壳的具有止咳作用的中草药糖浆剂如强力枇杷露、麻芩止咳糖浆、清热止咳糖浆等（罂粟壳含量多未注明，但临床用药剂量在安全范围），长期、大量、连续服用亦可成瘾，因为罂粟壳中含有吗啡、可待因、蒂巴因、那可汀等鸦片中所含有的成分。

3. 致幻剂类

（1）D- 麦角酰二乙胺（LSD），也称为“麦角酸二乙基酰胺”“麦角二乙酰胺”“麦角酰二乙胺”，常简称为“LSD”，是一种强烈的半人工致幻剂，纯品无色、无臭、无味，就像清澈的纯水。常掺杂其他物质并被制成粉剂、药片、胶囊等形式非法使用和出售，在地下交易市场上常见的剂量形式是所谓的“窗格”，将预先印好的纸张浸入迷幻剂溶液制得，这样含量较一致，每片呈正方形，大小约 5 平方毫米，含 30 ~ 50 微克。

LSD 被认为是最强烈的迷幻剂，它是从北美和欧洲一种黑麦病菌中提取出的生物碱，有强烈的致幻作用，毒性很大，可产生持续幻觉，包括听幻觉、视幻觉、味幻觉、嗅幻觉等。LSD 开发出来时无任何药用价值。其致幻的典型剂量是 0.1 毫克，相当于一粒沙子重量的十分之一。该药在服用 30 ~ 40 分钟后起效，出现眩晕、头痛、乏力、心跳加速、血压升高、瞳孔放大、恶心和呕吐等反应，2 ~ 3 小时产生各种幻觉，以幻视最常见，同时出现感知觉歪曲，对周围的声音、颜色、气味及其他事物的敏感性畸形增大，对事物的判断力和对自己的控制力下降或消失。其典型体验有“快乐之旅”“倒霉之旅”两种。LSD 的半衰期约 3 小时，主要在肝内代谢，通过肠道排出体外。当药效消失，迷幻期结束后，吸食者往往会感到严重的忧郁，有些人还会出现幻觉重现现象（闪回症状），对这种现象的恐惧性反应有时会导致自杀行为。LSD会使服用者产生顽固的心理依赖性，长期服用会出现药物耐受性，长期或大量服用会使记忆力受到损失，出现抽象思维障碍，还有相当严重的毒副作用，主要是大量杀伤细胞中的染色体，携带着遗传基因的染色体被大量破坏将导致孕妇的流产或婴儿的先天性畸形。

（2）苯环己哌啶（PCP），又名普斯普剂，1956年由美国化学家戴维斯合成的，是一种合法生产的动物麻醉剂（图1–18）。PCP合成方法简单，在非法的秘密实验室内也能制造。由于它具有廉价、易得、欣快感强的特点，20世纪70年代在欧美、亚洲年轻的吸毒者中甚为流行，被称为“天使粉”“天使尘”。

图1–18　苯环己哌啶（PCP）

PCP影响中枢神经系统，少量服用能产生与大多数抑制剂相类似的镇静效果；中等量会出现感觉障碍，产生痛觉、感觉消失现象；大量服用则会导致惊风、昏迷甚至死亡。对人的行为产生的作用往往不可预测，可能是暴力、错乱倾向，也可能是精神分裂，因此更为危险。由于能使吸毒者对疼痛感觉迟钝，精神错乱，在因服用PCP所引起的奇怪举动中，丧生的人数比因这种毒品本身毒性导致死亡的人数还要多。吸食PCP后，有些人会变得好斗，自己觉得力大无穷，由此引发犯罪。

（3）K粉，通用名称是氯胺酮（ketamine），英文名称的第一个字母是K，故俗称“K粉”（图1–19）。其物理性状为白色粉状结晶物或是粉状，常被制成针剂，在医学上一般作为麻醉剂使用。K粉易溶于水，可随意勾兑进饮料。吸食方式为鼻吸或溶于饮料、红酒后饮用，也有注射使用者。

图1–19　氯胺酮（K粉）

K粉能兴奋心血管，具有一定的精神依赖性。成瘾后，在毒品作用下，吸食者会疯狂摇头，很容易摇断颈椎。同时，疯狂的摇摆会造成心力、呼吸衰竭。吸食过量或长期吸食，可对心、肺、神经都造成致命损伤，对中枢神经的损伤比冰毒还厉害，可出现恶心、呕吐，心率加快，血压升高、幻觉和噩梦、举止失常、判断力失准和动作不协调等症状。2001年6月，国家药品监督管理局将氯胺酮（包括其可能存在的盐及其制剂）列入第二类精神药品进行管理，2004年8月将其列为第一类精神药品进行管理。现今，氯胺酮主要吸食者是一些青少年亚文化群体，严重侵害青少年的身心健康，并且容易导致暴力犯罪、聚众淫乱、艾滋病感染传播等一系列问题。目前，K粉也是我国滥用的主要合成毒品之一。

（4）麦司卡林（mescaline），通用名称是三甲氧苯乙胺，别名北美仙人球毒碱，是苯乙胺的衍生物，由生长在墨西哥北部与美国西南部的干旱地一种仙人掌的种子、花球中提取。起效时间比D-麦角酰二乙胺（LSD）稍慢，服用2～3小时后出现幻觉，幻觉持续时间短，1～2小时即可消失。吸食麦司卡林的危害主要是导致服用者精神恍惚，可发展为迁延性精神病，还会出现攻击性及自杀和自残等行为。麦司卡林是强致幻剂，没有医药用途，能使人产生幻觉，导致自我歪曲和思维分裂，引起情绪的抑郁及瞳孔扩大、心动过速、肢体反射亢进、震颤、恶心、呕吐等，长期服用可致器官损害。

（5）迷幻蘑菇，是一类含有裸盖菇素（又名赛洛西宾）和脱磷酸裸盖菇素等迷幻物质的蕈类（psilocybin mushroom），是一个总概念，不是专指一类或是一种蘑菇，在全球各地都有分布，其提取物多制作成粉红色片剂，其中的迷幻成分主要由一种含毒性的菌类植物“毒蝇伞”组成。“毒蝇伞”生长在北欧、西伯利亚及马来西亚一带，属于带有神经性毒素的鹅膏菌科，含有刺激交感神经、与迷幻药LSD有相似的毒性成分。迷幻蘑菇药力持久，有吸食者称比摇头丸、K粉更强烈。吸食后即会出现健谈、性欲亢进等生理异常反应。过量吸食会出现呕吐、腹泻、大量流汗、血压下降、哮喘、急性肾衰竭和休克等症状或因败血症猝死。心脏有问题的人服用后可导致休克或突然死亡。

相关知识链接

迷幻蘑菇在生物属分类上涵盖了田头菇属、锥盖伞属、灰斑褶菇属、盔孢伞属、老伞属、裸伞属、韧伞属、丝盖伞属、小菇属、斑褶菇属、光柄菇属及裸盖菇属，其中以裸盖菇属为大宗。

（6）"浴盐"（bath salt）是一种新型的合成致幻药剂，属于中枢神经系统的兴奋剂，主要成分包括卡西酮、亚甲基双氧吡咯戊酮（MDPV）、甲氧麻黄酮、吡咯戊酮和甲基氨基丙酮（此类均为高效精神类药物），有的还含有咖啡因。坊间也称为"沐浴粉""香草精"或"植物食品"。其成品通常制作成颜色斑斓的各类结晶体或粉状物质，是目前对人体伤害最厉害的毒品之一，其作用与冰毒类似。

图 1-20　丧尸浴盐

吸食后会增加脑部多巴胺及去甲肾上腺素分泌，从而令人兴奋，同时出现幻觉、妄想，还变得孔武有力，令人产生暴力倾向，会感觉自己是个巨人，并且刀枪不入，产生磨牙反应以致"想咬"，想要啃食他人，在美国发生过若干起吸毒人员啃脸事件，都被认为是"浴盐"作祟，遂有又称"丧尸药""丧尸浴盐"（图 1-20）之名。

4. 挥发性有机溶剂

有机溶剂（organic solvents）是一大类在生产、生活中广泛应用的化合物。从 19 世纪 40 年代开始用于工业生产以来，距今已有 100 多年的历史，现今工业用有机溶剂的种类已达 3 万余种。有机溶剂主要包括醇、醛、酯、胺、苯、醚等，分子量不大。常温下多呈液态。有机溶剂中，许多沸点低，在常温常压下易挥发，称为挥发性有机溶剂（volatile organic solvents，VOS）。

有机溶剂可经呼吸道、皮肤、消化道等途径进入人体，其中呼吸道是最主要的接触途径。一次大剂量吸入 VOS 可造成急性中毒，损伤神经系统，麻醉全身，导致行为失常、思维混乱，甚至出现幻觉和昏迷。长期吸入 VOS 可造成慢性中毒，甚至对 VOS 形成耐受和依赖，是世界范围内被广泛滥用的物质之一。由于 VOS 不像麻醉药品和精神药品那样易于被人们认识，所以未受到重视，同时由于价格低廉、容易获取，常常被青年人使用。VOS 的滥用开始主要发生在工业发达的国家和地区，如美国、日本以及西欧一些国家。近年来在泰国、马来西亚、东欧一些国家甚至我国越来越多的青年人也开始滥用 VOS。

同时，长期滥用 VOS 会产生有机溶剂精神病，这种病是长期接触 VOS 之后产生的，患者意识清楚，但有以幻觉和被害妄想为主要症状的精神病状态，与精神分裂症极为相似。

相关知识链接

常见的挥发性有机溶剂有醇类，如乙醇、甲醇和异丙醇；脂肪族碳氢化合物，如汽油、樟脑油；芳香烃类，如苯、甲苯等；还有丙酮、四氯化碳、氟利昂等其他类化合物。将乙酸乙酯、乙酸丁酯、苯、甲苯、丙酮、乙醇、丁醇按一定质量百分比组成配制成混合溶剂，称之为“香蕉水”，又名“天那水”，是无色透明易挥发的液体，有较浓的香蕉气味，微溶于水，能溶于多种有机溶剂，易燃，主要用作油性涂料、喷漆等的溶剂和稀释剂。香蕉水是亲脂性的，特别容易与神经细胞结合，使人神经受损，出现如疲劳、记忆力下降、注意力不集中、失眠、头晕等现象，严重时可致人昏迷。

5.“变种、伪装”类毒品

为了掩人耳目，目前犯罪分子利用各类“变造”手段，为毒品披上伪装的外衣，装扮成日常常见和使用的食品，或是改变外形外观另取个“时髦炫酷”的称呼，借此麻痹吸食者以及逃避执法机关的打击。

（1）“奶茶”。基本情况：一种新型毒品，这类毒品遇水即溶，与各种饮品混合后，口味都不会发生改变，甚至香味都相似。此类新型毒品迷惑性很强，毒品效果持续时间较长，极具诱惑力。真实身份：氯胺酮、冰毒（MDMA）等粉末制剂，作用与K粉、冰毒相似，使人极度亢奋，容易上瘾。

（2）“开心水”。基本情况：开心水也叫HAPPY水，是一种新型液态毒品。它无味、透明、液状，从外观上看与普通饮料无异。吸食“开心水”不需要激烈的音乐刺激和热闹的氛围，使更多人在无意中成为毒品吸食者。真实身份：由冰毒、摇头丸、氯胺酮等毒品混合而成。

（3）“跳跳糖”。基本情况：遇水即溶、即冲即饮，与各种饮品混合后口味都不发生变化，甚至香味都相似。真实身份：主要成分是加入麻古、摇头丸等毒品的混合物质，这种“跳跳糖”只要服用过一次，两天内大脑都会处在兴奋当中。

（4）“邮票”。基本情况：只要将这种“邮票”含在口中，就可以通过唾液将毒品分解吸收。使用后通常会心跳加速，血压升高，并出现急性精神分裂和强烈的幻觉，造成极大的心理落差，因而颇受“摇头族”青睐。真实身份：主要成分为D-麦角酰二乙胺（LSD），毒性一般是摇头丸的3倍。

（5）“聪明药”。基本情况：2018年6月《国际药物政策杂志》一项对美、英、法等15个国家和地区近3万人的调查表明，靠服用“聪明药”来增强认知表现的人数正呈上升趋势。受访者中至少服用过一次“聪明药”的人数，从2015年的5%飙升到2017年的14%。我国媒体报道：“一种号称可以提高专注力、短期提高学习成绩的‘聪明药’，高三女生服用后短期内成绩突飞猛进，不料最后却上瘾。”真实身份：“聪明药”多是海外代购药。这种能够提高认知能力（比如记忆力、创造力、甚至动力）的物质、补充剂或药物有一个更专业的名词，叫作“益智药”。目前市面上的益智药有许多种类，它们有些是自然提炼的，有些是人工合成的，有些甚至不合法。“益智药”包含两大类，一类是治疗多动症的，如阿得拉（adderall）、利他林（ritalin）；一类是针对睡眠障碍的，如莫达非尼（modafinil）和安帕金（ampakines）。严格来讲，咖啡因也可归类于这种药物，由于其益智特性，它被人们广泛使用。

阿得拉、利他林的主要成分为哌醋甲酯，是一种中枢神经系统兴奋剂，可以促进脑内多巴胺和去甲肾上腺素的释放，而这些物质直接与一个人的自控力、注意力有关。临床上主要用于精神科治疗儿童注意力缺陷综合征。含有哌醋甲酯的药物，早已被国家列入第一类精神药品名单进行严格管理，其化学结构和作用机制与冰毒相似，极易成瘾。长期服用，不仅不能使人变聪明，还可能产生副作用，主要是会对心血管系统、呼吸系统和消化系统产生不良影响。尤其是不推荐学生在考试前服用这些药物，因为可能会诱发失眠和消化道症状等副作用。虽然目前已经证实，一些药物（如莫达非尼）效果明显，相对安全，但也有研究指出，莫达非尼的作用机理并不完全明确，并且具有潜在的成瘾性，不应该掉以轻心。

相关知识链接

“笑气”。基本情况：聚会的时候消遣娱乐，年轻人们把小罐里的一氧化二氮抽入奶泡枪中，直接对着枪口吸气；或是将气体打入气球，用嘴吸尽气球内的气体。同时，也是我们经常在咖啡店、甜品店购买饮品时，服务生在咖啡上打奶油的气体，也是制作蛋糕时作为奶油发泡剂的添加剂。

真实身份：化学名叫一氧化二氮，分子式：N_2O。一氧化二氮尝起来是带着甜味、凉丝丝的味道。“笑气”早期被用于牙科手术的麻醉，现用在外科手术和牙科的麻醉及镇痛和奶油发泡。1799 年，英国化学家汉弗莱·戴维发现了它的麻醉作用，能使人失去痛感并发笑，因此被称为“笑气”。一氧化二氮作为吸入麻醉药在医药上应用已久，现在已经很少用它了。“笑气”进入血液后会导致人体缺氧，长期吸食可能引起高血压、晕厥，甚至心脏病发作。长期接触此类气体还可引起贫血及中枢神经系统损害等。如果超量摄入，很可能因为缺氧导致窒息死亡。

6. 新精神活性物质

（1）氯胺酮。是以化学物质为原料，经化学合成反应加工而成。

（2）合成大麻素类。合成大麻是一系列具有类似天然大麻素作用的人工合成物质。吸食合成大麻素能产生比天然大麻更为强烈的快感，这导致合成大麻素迅速蔓延，已成为新精神活性物质中涵盖物质种类最多、滥用也最为严重的家族。该类制品多以香料、花瓣、烟草、电子烟油等形态出现，代表制品包括“小树枝”“香料”“香草烟”等。合成大麻素类物质一般被喷涂在植物碎末表面，制成植物熏香用于吸食，而且往往是多种合成大麻素混合使用，这使得它们的成瘾性和危害性更难以判断，相关的研究也很有限。一般认为它们的成瘾性和戒断症状类似天然大麻，长期吸食会导致心血管系统疾病以及精神错乱，同时也存在致癌的风险。

如新出现的“娜塔莎”的主要成分是合成大麻素，外观呈绿色碎叶状，和以前市面上出售的莫合烟相似，普通消费者很难辨认。贩卖者往往把普通香烟的前半部分烟丝抽出来，然后把“娜塔莎”填充进去，出售给他人。正常人吸食“娜塔莎”后，会出现头晕、呕吐，导致精神恍惚、四肢无力、产生幻觉等症状。“娜塔莎”里面的合成大麻素为新精神活性物质，毒性强于传统大麻数倍，会对人身心造成严重损害，且极易引发社会危害。

（3）卡西酮类。历史上，一些卡西酮类药物曾用作抗抑郁和抗震颤麻痹的药物，但最终都由于成瘾和滥用的问题而禁止使用。吸食卡西酮类物质能导致类似甲基苯丙胺的兴奋作用和类似 D- 麦角酸二乙胺（LSD）的致幻作用，同时还伴有心动过速、血压升高等反应。同时，由于卡西酮类物质通过血脑屏障进入神经中枢的能力较弱，滥用者往往会加大用量并持续吸食，以获得预期的兴奋感，从而导致更为严重的大脑损伤。目前滥用此类药物导致精神错乱、自残及暴力攻击他人的案例报道已有很多。卡西酮类物质已达上百种，常以“浴盐”“植物肥料”“除草剂”“研究性化学品”等名称伪装出售，多是粉末和片剂。吸食方式以口服为主，也有鼻吸、注射、混合饮用的。

（4）芬太尼类。芬太尼属于阿片类物质，在医学上用作麻醉剂。芬太尼类新精神活性物质均为芬太尼的衍生物，是人工合成的强效麻醉性镇痛药，药理作用与吗啡类似。目前有报道的芬太尼类新精神活性物质60余种，目前我国已列管了卡芬太尼、呋喃芬太尼等23种，涵盖国际禁毒公约管制的全部芬太尼类物质。吸食芬太尼类新精神活性物质的副作用是瘙痒、恶心、呼吸抑制。由于此类物质药效较强，极少量的摄入即可对人体造成伤害乃至危及生命，美国已出现上万起因滥用芬太尼类物质致死的案例。

（5）苯乙胺类。在低剂量摄入后，它们主要产生类似吸食苯丙胺类药物的兴奋作用；在高剂量摄入后，则产生类似吸食D-麦角酸二乙胺（LSD）和麦斯卡林的强烈致幻作用。长期滥用该类物质导致精神错乱的案例也已有出现。该类物质具有兴奋能力强、持续时间长的特点，一次大量使用会导致心动过速、血压上升、肝肾功能衰竭等急性中毒症状，甚至可以引发抽搐、脑中风致死。长期滥用则会导致多巴胺能神经元发生退行性病变，使滥用者精神错乱，出现妄想和抑郁等症状。苯乙胺类物质已达上百种，多是粉末口服，2，5-二甲氧基苯乙胺的衍生物类一般吸附于类似邮票的纸片上含食。

（6）哌嗪类。哌嗪类新精神活性物质一般为苯基哌嗪或苄基哌嗪的衍生物。与甲基苯丙胺、MDMA等药物相比，该类药物的兴奋和致幻作用比较温和，且持续时间更长。常以聚会药物出售，多是片剂和粉末，主要通过口服吸食。我国在片剂毒品中有检出过哌嗪类新精神活性物质，其外形和标识与MDMA片剂十分类似，据称吸食后的感觉也与其接近。

（7）色胺类。由色氨酸脱羧形成的胺。由胺氧化酶氧化形成。为哈尔满（harman）形成的前体（→哈尔满生物碱）。5-羟基衍生物（5-羟色胺，5-HT）存在于哺乳类的血浆和两栖类的皮肤中，具有血管收缩作用。色胺类物质吸食后能使人体产生强烈的幻觉。是“零号胶囊”的主要成分，以胶囊、片剂、粉末、液体等多种形式出售，以口服、鼻吸、抽食、注射等多种方式吸食。

（8）植物类。植物类新精神活性物质主要包括恰特草（khat）、卡痛叶（kratom）、鼠尾草（salviadivinorum）。①恰特草。原产于非洲及阿拉伯半岛，又名阿拉伯茶（Arabian Tea），主要活性成分为卡西酮，具有兴奋和轻微致幻作用。由于卡西酮的降解，恰特草一般以新鲜的植物出售，但也有卖干叶子和酒精提取物的。吸食方式一般是咀嚼恰特草的叶子和嫩芽，也有沏茶的。恰特草之所以在国家管制范围，是因为其茎叶含有天然的苯丙胺成分，对人的中枢神经有刺激作用。②卡痛叶。原产于东南亚，为植物卡痛树的树叶，是一种主产于泰国南部的天然毒品。主要活性成分为帽柱木碱和 7- 羟基帽柱木碱，具有类似吗啡的麻醉作用。卡痛叶的新鲜叶子一般是咀嚼，干燥叶子的粉末一般是口服或煮茶。卡痛叶鸡尾酒是一种致幻毒品，通常是由从卡痛叶中提取的汁液与止咳糖浆、可口可乐和冰块混合而成，这是泰国南部最常见和易得的毒品饮料，会让人陷入昏昏欲睡的麻痹状态。卡痛叶本身并未被禁止，但它的两种主要活性生物碱帽柱碱及 7-羟基帽柱碱已被列为受管制的物质。③墨西哥鼠尾草。又称“迷幻”鼠尾草，是一种多年生草本植物，长相和薰衣草很是类似，它的植株较为高大，茎干是四棱形，叶对生，能开出紫红色的花朵。其主要活性成分为二萜类物质，具有强烈致幻作用，比其他任何一类天然迷幻剂都有效力，可以影响情绪、食欲、疼痛，有上瘾行为。因为鼠尾草中的二萜类物质可以致幻，所以常常有人拿它来和 LSD、PCP 等药物进行比较。墨西哥鼠尾草如果滥用就能够导致肢体动作紊乱、眩晕和口齿不清，墨西哥鼠尾草一般以种子或叶子出售，但也有卖液体提取物的。鼠尾草的新鲜叶子一般是咀嚼，或是捣碎冲泡饮用，干叶子以抽烟的方式吸食。

思考题

1. 毒品和药品是什么关系？

2. 换了包装或者“伪装”后的毒品，能称之为“新型毒品”吗？请举例说明。

3. “笑气”易成瘾且危害巨大，它能被认定为“毒品”吗？

本章导语
BENZHANG DAOYU

人们常常将毒品称为“恶魔”，但这位恶魔并不是以一种狰狞恐怖的面目出现的，总是伴随着特定思想和文化思潮的影响，迎合人性的某种自然需要，以潜移默化的形式悄无声息地渗透蔓延。要考察鸦片从药物到毒品的演变，直接的经济和政治因素是非常明显的，但经济和政治因素之所以能够发生作用，却完全是在人们对鸦片的需求程度达到空前基础上的结果，而这种需求程度的出现与人性追求刺激的弱点密切相关。

第二章　毒品演变

毒品问题已经成为人类世界一个沉重的话题，毒品能使人家破人亡，甚至祸国殃民。毒品的演变历史是怎么一个过程？如何从观赏植物、药用植物一步步沦为“毒品”的？人类的无限欲望，对“快乐”的极致追求，在追求此方面特有的“智慧”——“药物提炼技术”的逐渐成熟，以及相关吸食工具的发明和完善，也促使近现代“毒品”更新换代。在此，我们从历史的角度去探寻“毒品”的演变之路。

第一节　成瘾物质的出现

谈及“毒品”，人们更多地会联想到“鸦片”，它也是世界范围内最先被知晓的毒品。所以，要探究毒品的演变历史，自然要先从“鸦片”说起。

一、作为观赏物品输入

鸦片是从罂粟中提取的。在瑞士发掘的公元前4000年新石器时代屋村遗址中，考古学家便发现了罂粟的种子和果实的遗迹，并且属于人工杂交种植的品种。资料记载，早在公元前3400年，如今伊拉克地区的两河流域，人们就已经大面积地种植这种作物了，而且给它取了“快乐植物”的美名。起初，人们栽培罂粟作为植物观赏，以后发现妖艳花叶的罂粟不仅令人赏心悦目，而且其果浆具有麻醉、提神、止泻和辟瘴的医疗效用。于是，人们在罂粟果浆未成熟时，将它的外壳割破，采集乳汁晒干，制成膏状药物而成鸦片。

公元前2160年，鸦片已经成为兽医和妇科用药。在已经发掘的公元前1500年古埃及墓葬中，“底比斯鸦片”已经属于高端品牌。公元前300年，古希腊已经把鸦片作为大众饮料使用。在《圣经》与荷马的《奥德赛》里，鸦片被描述成为“忘忧药”。随着阿拉伯帝国的对外扩张，医生、学者与商人们追随着军队的足迹，将鸦片的知识和贸易拓展到了马格里布、西班牙、印度以及中国。中国人知道罂粟至少有1300年的历史，懂得其药用知识也有900多年历史，会制作鸦片也有500多年历史。

中国人接触“毒品”可以追溯到先秦时期。先秦时期，被视为仙丹一类的“不老药”等毒品大多以壮阳药、保健药的面目出现。魏晋时期的名人嵇康、阮籍等都热衷于服用“寒食散”（五石散），可能就是含有罂粟提取物一类的毒品。

据史料记载，中国人最早接触鸦片是在唐朝初年，那时候鸦片是作为一种珍贵的药品和观赏植物，从中东地区流传到中国来的。当时，中国与阿拉伯交往逐渐频繁，一些阿拉伯商人分陆路和海运将货物运到中国。据《旧唐书·拂霖传》记载：“乾封二年（667年）拂霖遣使献底也伽。”“拂霖”是伊斯兰语突厥文的译音，也称“大食”，属于东罗马帝国，大致在今叙利亚一带。阿拉伯人从中东带来了含有鸦片成分的药品“底也伽”，也带来了罂粟的种子。一位名叫夏德的德国学者解释，“底也伽”是一种众草合成之药，是上古及中古时期著名的含有罂粟成分的万能解毒药。在古罗马帝国时代，医生认为鸦片具有万能的解毒药用。《唐本草》中也记录有“底野（也）迦”，并对之有详细叙述，称其药“主百病”，并特别指出这是一种进口药。所以，拂霖进贡“底也伽”，最大可能就是出于治疗唐高宗李治“风疾”的需要。

不久后，中国人就开始种植罂粟。由于罂粟花异常娇艳，唐代人多将它视为观赏植物。唐代陈藏器所编著的《本草拾遗》（741年），提及“罂粟花有四叶，红白色，上有浅红晕子，其囊型如箭头，中有细米。”说明了罂粟花很美丽；唐代诗人雍陶在《西归出斜谷》中以精炼清婉的诗句，借罂粟花抒发自己的感情：“行过险栈出褒斜，出尽平川似到家。万里客愁今日散，马前初见米囊花。”这里的米囊花就是罂粟花。进入宋代后，罂粟的种植就比较普遍了，时人普遍栽种，“园庭多漪以为饰”。

二、食药用价值的发现

在人们逐渐认识、熟悉了这种植物，欣赏它美丽的同时，也逐渐发现了它的一些药用功能。到五代十国时期，南唐的医家已用罂粟种子作为健胃剂，调肺养胃。宋太祖统一中国后，将它正式作为药物收入《开宝本草》。在宋代，随着罂粟的广泛种植及药用价值的被开发出来，罂粟子逐渐受到百姓的欢迎。人们用罂粟子煮粥，以为有滋补的功效。宋代刘翰（翰林医官使），曾经治好过宋太宗的病，他在《开宝本草》中记载：“罂粟子一名米囊子，一名御米，其米主治丹石发动，不下饮食，和竹沥煮作粥，食极美。”将罂粟子称作“御米”，我们可推断它已进入皇宫，另一方面也可见其珍贵。宋代苏轼曾经写道：“道人劝饮鸡苏水，童子能煎莺粟汤。”可见这时候罂粟已经成为一种美食了。苏轼的弟弟苏辙在《种药苗诗》里面说得更加详细：“罂小如粟，与麦皆种，与麦皆熟……研为牛乳，烹为佛粥。老人气衰，饮食无几，食肉不消，食菜寡味，柳锤石钵，煎以蜜水，利口便喉，调肺养胃……”由此可见，罂粟在宋代就已经受到广泛欢迎，甚至作为一种保健食品被人们接受。

北宋元祐年间（1086—1093），已有用罂粟壳治痢的记载，后又知罂粟有解金石毒的功能。继而发现罂粟不仅能止痢，而且还有镇静止咳作用。同时还注意到它的一些副作用，并且有了减轻副作用的方法。如北宋寇宗奭《本草衍义》（药学著作，1116年）记载：“罂粟米性寒，多食利二便，动膀胱气，服食人研此水煮，加蜜作汤饮甚宜。”南宋杨士瀛的《仁斋直指方》（医学著作，成书于南宋末年）中记载：“粟壳治病，人皆薄之，固矣。然下痢日久，腹中无积痛，当止涩者，岂容不涩？不有此剂，何以对治乎？”宋代王硕的《易简方》（医方著作，成书于12世纪末期）中记载：“粟壳治痢如神，但性紧涩，多令呕逆，故人畏而不敢服。若用醋制，加以乌梅，则用得法矣。”许多医书里都有用罂粟的壳治病的药方。

元代医家承宋朝传统，已普遍用罂粟主治咳嗽及泻痢。元初忽必烈于1270年设广惠司，专制阿拉伯药剂。1292年，元政府又设“回回药物院”，所用之药也包括罂粟。罂粟不仅为医家所重视，还得到了民间百姓的欢迎。人们普遍视罂粟种子煮粥为大补之物。然而，吸食毒品在中国大范围流行当是从元朝开始。蒙古族人在征服印欧的同时，也把鸦片作为战利品从西域带回了中国。据晚清曾留英的陈寿彭考证，元朝时“士农工贾无不嗜者”。

明代人对鸦片医学作用的认识已达到相当的高度。根据明代李时珍的调查和实践，鸦片可以用来治疗各种泻痢、风瘫、正头风、痰喘、久咳、小儿慢脾风等二十余种病痛。其在《本草纲目》中对罂粟的功用、形态及其制品做了较全面、系统的描述。当时鸦片以“阿芙蓉”为正名，收入新增药品之列，主治“泻痢脱肛不止”。此外对罂粟的植物形态也做了较详细的描述，称其嫩苗“甘平无毒，作蔬食，除热润燥，开胃厚肠”。同时还记载了中国人开始掌握鸦片的提取和制作方法。从《本草纲目》来看，明代时中国人对罂粟的认识，仍局限于药用的范围内，鸦片尚没有流变为瘾君子之物。

三、副作用呈现

人们认识到罂粟的药用价值的同时就知道它的副作用了。宋代的不少医家对罂粟的药用功能叙述中已经提及罂粟的副作用，然而对罂粟的毒副作用认识最深并且提出警告的，该是元代名医朱震亨，其在《本草衍义补遗》（药学著作，成书于1347年）一书中指出：“今人虚劳咳嗽，多用粟壳止勤；湿热泄沥者，用之止涩。其治病之功虽急，杀人如剑，宜深戒之。”这是中国人对罂粟危害最早的认识及文字记载。

明朝末年，已有人出现单纯为追求“欣快感”而过量吸食鸦片的情况，此时已经不是单纯医疗上的使用目的了。当时，鸦片“其价与黄金等”，所以，其主要消费者是社会名流和权贵。据史书记载，明神宗朱翊钧即是一位染毒成瘾的皇帝。他当皇帝长达48年，竟然有23年不视朝政，长年宅在深宫大院里，户部主事董汉儒称：“群臣罕能窥其面。”有人认为朱翊钧是“奸臣毒药所蛊”，清代的俞樾《癸巳类稿》则直接认定朱翊钧“中乌香之毒”。乌香，即时藩属国进贡的鸦片。《明神宗实录》中所记来看，朱翊钧经常颁谕旨，称“朕自夏感受湿毒，足心疼痛，且不时眩晕，步履艰难”，显然，这是长期吸食毒品造成的。在定陵发掘后，人类学家从朱翊钧的头盖骨中检出了毒品吗啡成分的残留，这也证实他生前长期吸食毒品。

清代时吸食鸦片已经成为社会的恶习，并在朝野发展成灾。乾隆年间，药物学家赵学敏在他的《本草纲目拾遗》（中医学著作，1765 年）中描述“古拉水”（鸦片制剂）为“水色如酱油，以火燃之如烧酒有焰者真，其性大热，乃房中药也”。对鸦片的药用价值归纳为“主治胃病神速”“价值千金，手蘸少许吸入鼻中，能骤长精神”，而对其吸毒之害以及吸毒方式、毒品来源等有较详尽的描述，共用了 300 余字，可见此时对鸦片的危害已有了警惕。这也是我国历史上将鸦片视为毒品而禁用的较为科学的论述。

相关知识链接

中国唐宋两朝称罂粟花为米囊花、御米花、米壳花；罂粟果的壳名罂粟壳，又名御米壳、粟壳；罂粟的种子名罂子粟，又名象穀、御米、紫囊子、米囊子；用罂粟种子榨出的油叫罂粟籽油。明代称鸦片为乌香；清代以后，鸦片俗称洋药、漳烟、大烟、乌烟，等等。

第二节　提取技术的变革

从明代（约 1403 年）开始，中国人逐渐懂得从罂粟中提取鸦片，并且进一步掌握了鸦片深加工的制作方法。

明成祖永乐年间（1403—1424）就有鸦片制剂“古拉水”行销于市。明代王玺在他的《医林集要》（综合性医书，1515 年）中记载：“阿片提取之法从天方国（即沙特阿拉伯）传入。”并在该著作中收录有罂粟提取鸦片的技术，记载如下：“鸦片治久痢不止，罂粟花花谢结壳后三五日，午后于壳上，用大针刺开外面青皮十余处，次日早津出，以竹刀刮在瓷器内，阴干，每用小豆大一粒，空心温水化下，忌葱蒜姜水，如热渴以蜜水解之。”他采集生鸦片的记录相当详细，是中国有关鸦片制作的最早记载。王玺曾任甘肃总督达二十余年，在那里，他有可能长期与阿拉伯人接触，从他们那里了解到了阿拉伯的物产、医术、习俗等；其后明代名医李挺在《医学入门》（医学全书，成书 1575 年）中提到："鸦片一名阿芙蓉，即罂粟花未开时，用针刺十数孔，其津自出，次日以竹刀刮在瓷器内，待积取多了，以纸封固，晒二至七日，即成鸦片矣，竺急可多用。"从上述这两则记录可以判断，那时的医家已懂得熟练采集罂粟之液，制成鸦片，配作药剂了，虽然两者提取鸦片的具体方式有些出入，但提取的技术基本确定。随着罂粟中提取鸦片技术的完善，直接导致的就是鸦片药效的增强，同时也给鸦片的流行提供了条件。

第三节　吸食方式的变化

鸦片从药品到毒品，其中较为关键的一步就是鸦片使用方式上的变化。鸦片本身味道臭恶，难以入口，最初人们只是在医疗需要时才去吞服鸦片或是含有鸦片的药物，因此明代之前极少有人会因为服用过久成瘾。而到了 16、17 世纪，随着大航海时代的到来，烟草以及吸食烟草的方式随着航海的水手和商业贸易传播到中国。

烟草传入中国后，出现了三种不同的吸食方式，即咀嚼、鼻烟和烟吸。荷兰侵占我国的台湾地区（1642—1662）时，主要采用烟吸方式吸食烟草，这种主要的方式也随着殖民者传入台湾地区，并在当地留存了下来，并影响到其他地区。当时在台任职的黄树琳根据自己在台的见闻，记载了当时台湾地区烟草和鸦片的吸食情况："鸦片烟用麻葛同鸦片土，切丝于铜铛内，煮成伴烟，用竹筒实以棕丝，群聚吸之……"

随着鸦片进一步地扩散传播，最初将鸦片与烟草混合起来的吸食方式又逐渐演变为单纯吸食熟鸦片的方式。相比之前鸦片和烟草的混合物，纯鸦片在燃烧吸食时能摄入更多的吗啡，麻醉效果更好，更加强烈，因此越来越多的吸食者逐渐采取了这种更为刺激的吸食方式。据记载， 17 世纪上半叶，东南亚热带地区的苏门答腊人首先发明了"吸食熟鸦片"的方法。这种吸食法是将提取的鸦片浆汁煮熟，再滤掉残渣，将煮熟提纯的鸦片（汁）与烟草混合搓成药丸状放在竹管里就火吸食，或者直接将熟鸦片制成丸子吸食。这种吸食方法制作工艺简单、携带方便，又能品尝到鸦片烟的芬芳香味，特别是吸食后的效果好，很快就流传开了。

后来制作工艺进一步改进，到了乾隆年间，中国已流行竹管吸食鸦片，即烟枪吸食鸦片了。清代朱仕玠在其著作《小琉球漫志》（1765 年）对这种吸食方式进行详细的描述："凡食，必邀集多人……中燃一灯以食，百余口至数百口为率，烟筒以竹为管，大约八九分，中实以棕丝头发，两头用银镶，头侧开一孔，如小指大，以黄泥做成葫芦，空其中，以火锻之，嵌入头间小孔上，置鸦片烟与葫芦首，烟止少许，吸之一口立尽，格格有声。"这段描述是对吸食纯熟鸦片最为形象和具体的描写，与之前所说的烟草混合吸食已经有很大不同了，类似的记载在俞蛟所著的《梦厂杂著》（1801 年）中也有记录，可见在 18 世纪中后期，吸食单纯熟鸦片的方法已经普及。

康熙年间这种方法又传到了我国东南沿海地区，随着鸦片不断向内地渗透，至雍正时间，鸦片吸食问题已引起朝廷的重视。

吸食方式的"变革"，使用者摆脱了对鸦片恶臭的感官厌恶，鸦片进一步突破药用的范围而走向社会，使得吸食鸦片行为的大规模传播成为可能，最终将鸦片从药用彻底推到了毒品之列。首先，吸食方便、易于仿行，吸食者大大增加，全国每年消费的鸦片数量逐年增加；其次，效果明显，烟吸方式使鸦片中的毒素更易深入人体，刺激大脑，产生自我麻醉、忘却烦恼、昏昏欲仙的感觉，加重了吸食者的成瘾性。

第四节　种植泛滥　流通全国

一、早期国内鸦片的流通和种植情况

元初，蒙古人远征印度。那时印度已盛产鸦片，因此蒙古人得胜而返时，也带回了大量的战利品鸦片，一时，"士农工贾无不嗜者"，这可能是中国社会流行服食鸦片最早的成文记录。

明朝时，尽管中国人已懂得从罂粟割乳浆取鸦片，但主要来源仍来自国外，由于进口"乌香"（即鸦片）急剧增加，明万历十七年（1589 年），鸦片首次

被列入关税货物的范围。随着鸦片输入的增多，民间渐出现了服食鸦片者。成化年间，已有街市上贩卖鸦片的记载了。到了正德年间，在广东、福建沿海，当地富绅地主食用鸦片已屡见不鲜。统治阶层的示范效应也促使了鸦片的流行，鸦片最早从外国进口，皇宫的贵族是最先接触到的，鸦片很容易就上瘾了，“上有所好，下必甚焉”，明中叶后，鸦片就开始从药用转变成了享乐的奢侈品。鸦片特有的醉生梦死且飘飘欲仙的舒畅感，令朝廷贵族为之倾倒。

清朝中期以后，各地民众已知罂粟果制鸦片之法，因此，为生产鸦片而种植的罂粟，便在各地普及开来。当时，罂粟主要通过海陆两条途径流入各地。海路由东南亚诸国传至我国台湾、福建。福建最早种植罂粟的是福宁府的福安县，在嘉庆年间，那里已盛开罂粟花。此后，又由福建传入浙江，浙江的土壤显然比福建更适合罂粟，道光年初，浙江各地几乎遍地是罂粟。1830 年，御史邵正笏指出：“浙江如台州府属，种者最多，宁波、绍兴、严州、温州等府次之，有台浆、葵浆名目，均与外洋鸦片烟无异，大伙小贩到处分销。”同样，在安徽，“徽州宁国、广德等属，毗连江浙，山地居多，恐有外来棚户串通该处业户，私种分肥。”陆路则由印度经东南亚、缅甸灯光传入我国云南。较早记载云南种植罂粟的是乾隆元年《云南府志》（1736 年）。云南天热多雨，是栽培罂粟的理想地，因此“滇省沿边夷民向有私种罂粟”。云南罂粟很快传入四川，道光元年（1821 年），涪陵一带的农民已弃粮种烟了，而且四川还成为罂粟传播的中转站。而后，罂粟由四川南下传入贵州，道光年间，罂粟的种植又从四川北上传入甘肃、陕西、山西等地。这样，仅仅一二十年间，这一广泛区域的农民“废田而种罂粟，岁益浸广”。

鸦片的早期流行一定程度上和明末禁烟有关，明末吸烟已经遍布大江南北了，崇祯十年（1637 年）诏令全国禁烟，但人们烟瘾已经养成，烟草被禁后，鸦片就成了代替品，何况在此之前就有人将烟草和鸦片子混吸了。

二、清朝时期鸦片的种植和流通情况

雍正七年（1729 年），中国颁布了世界上第一个禁烟令。当时中国已初步形成了一个吸食鸦片的阶层，为了解决这个还不算太严重的社会问题，中国政府颁布了查禁鸦片的谕旨，这是世界上第一个禁烟令。谕旨规定：不准销售鸦片，违禁者枷号一月，发配充军；私开烟馆者，首犯判役刑监候，从犯杖责一百，流放边疆。并责令地方官员及海关监督，如有不切实履行职责，纵容私运者，要严加处罚，不得宽贷。这标志着中国禁毒史的开始。然而，这些法令虽对贩卖鸦片及开放烟馆课以重刑，但未对鸦片的输入和吸食做任何禁止，因此，烟商为谋取暴利，公然违反中国政府的禁烟令，发动了大规模的鸦片走私。特别在葡萄牙人贩卖鸦片的200余年中，鸦片输入中国的数量从1729年的200箱增加到1773年的1000箱。之后，荷兰人到我国台湾传播鸦片与烟草拌和吸食的方法，直至发展到单独吸食。从此，殖民者开始大量倾销鸦片，遂使当时的中国陷入了黑潮毒物之中。

道光年间（1820—1850），清朝政府多次颁布制止鸦片流毒的谕旨，但贩入中国的鸦片数量仍在逐年上升。1838年6月，清朝政府中以林则徐为代表的有识之士，纷纷上书请求禁烟。林则徐在给道光皇帝的奏折中指出，鸦片泛滥将使“中原几无可以御敌之兵，且无可以充饷之银”。林则徐等大臣促使道光皇帝下了禁烟的决心。

1838年12月，道光皇帝任命林则徐为钦差大臣，前往广东查禁鸦片。林则徐会同两广总督邓廷桢、水师提督关天培等惩治烟贩，整顿海防，命令外国商人交出鸦片，并将英美商人的2万多箱（约120万千克）鸦片在虎门付之一炬。虎门销烟后，英国商务监督查理·义律为了维持对华的鸦片贸易，请求英国政府对中国采取军事行动。1840年2月，英国政府组成一万五千多人的东方远征军，包括48艘军舰，540门大炮，聚集广州海面，封锁珠江口，鸦片战争爆发。历时两年多的第一次鸦片战争以清政府的失败而告终。8月29日，清政府被迫在英国炮舰上签订了《南京条约》，这是中国近代史上第一个丧权辱国的不平等条约。

1856年10月，英法两国为了扩大其在华权益，实现鸦片贸易合法化，又向中国发动了第二次鸦片战争。战争再次以清政府被迫妥协而告终，清廷签署了一系列丧权辱国的条约，如《天津条约》《北京条约》，丧失了巨大的权益和割让了大片的领土。第二次鸦片战争之后，鸦片贸易合法化，国内开始广泛种植罂粟。

鸦片贸易在鸦片战争后不仅没有被禁止，规模反而越来越大。尽管《南京条约》故意规避了最具实质性的鸦片问题，但实际结果是清政府被迫默认了鸦片贸易的合法性。这是鸦片战争后鸦片贸易在全国迅速扩张的一个根本原因。鸦片战争后，因为清政府对鸦片贸易实行默许的态度，导致国内罂粟种植大面积扩大，鸦片产量迅速提高。而由于国产鸦片价格大大低于进口鸦片，且随着国产鸦片质量的逐步提高，因此国产鸦片在很多地区尤其是内陆地区排挤了进口鸦片。清朝鸦片进口量1879年达到顶峰6700吨，但到了1905年清朝已生产全世界85%的鸦片，但即便如此，1905年清朝仍然在进口鸦片。预估当时清朝鸦片消耗量占全世界的85%～95%。

鸦片贸易合法化的结果不仅使进口鸦片数量猛增，同时也使清朝政府内部"弛禁"鸦片的思潮进一步发展。"弛禁"鸦片的理由有二：一是以土烟代替洋鸦片的进口，减少白银外流；二是以此增加政府财政税收。清政府"弛禁"后，全国范围内开始大面积种植鸦片，到19世纪90年代末期，全国年产鸦片已近60万担，是进口鸦片的10倍。鸦片"弛禁"后的数十年间，烟民人数已由数百万人增加到数千万人，其中吸食过量者约1500万人。而在此1500万人中，大多数为青壮年男性，他们一个个形销骨立，瘦弱不堪。

1884年中国在甲午战争战败后，鸦片问题作为国家耻辱与衰败的象征，越来越受到有识之士的抨击，禁烟呼声空前强烈，不少地区出现了自发的禁烟与禁烟活动。1906年9月20日，光绪皇帝明降谕令，宣布严厉禁烟。此时，随着中国鸦片市场逐渐由土烟所垄断，英国对华鸦片贸易利润逐年减少，加之英国人民反对鸦片贸易的呼声日甚一日，英国政府对鸦片问题的态度也有所转变。清政府经过与英国政府的多次交涉，双方于1908年3月签订了《中英禁烟条约》。

此时，日益泛滥的毒品问题引起世界各国的关注，在美国政府的倡议下，1909年2月1日，中、美、法、德、日、荷、巴、俄等13个国家的41名代表，在上海召开了万国禁烟会议，这是世界近代史上第一次禁毒大会。这次禁毒国际会议推动了清政府禁烟运动的继续发展，全国大部分地区完成了禁种任务，绝大部分烟馆关闭，烟民纷纷戒吸。

三、"中华民国"时期鸦片流通情况

1911年10月10日，武昌起义爆发。并迅速得到全国各地的响应，腐朽的清王朝在一片讨伐声中覆灭，一个新兴的资产阶级共和国——"中华民国"诞生。资产阶级革命家们清楚地认识到中国的种种陋习是国家落后的重要根源之一，要想改造中国、改变国家积贫积弱的命运，就必须改良社会习俗，吸食烟毒是当时中国最为严重的陋习之一。1912年，孙中山就任“中华民国”临时大总统就向全国发布了严禁鸦片的通令。但是1917年后，中国国内再度动荡，各地军阀为增强实力，以鸦片烟税为财源，或是禁驰交替，或是只征不禁，逐渐使毒品开始泛滥，最后竞相开放烟禁，清末民初的成效付诸东流。

四、抗战时期鸦片的种植和流通情况

从20世纪初开始，日本对中国的毒品（特别是鸦片）的输出数量和规模逐渐取代了英国。1915年侵占东北的日本设立了“戒烟部”，将鸦片输入改为关东都督府直接经营的专卖制度。面对国际组织的强烈谴责，日本对华贩毒活动不但没有收敛，反而变本加厉，继续从事有组织的军事贩毒活动。

九一八事变前，日本关东军将从前日本浪人分散、小规模的贩毒活动，发展为关东军直接控制、支持的有组织、有计划、有规模的“毒品战争”。1931年，日本以武力侵占中国东北，在东北地区先后制定并实施一系列鸦片毒害政策，给中国人民特别是东北人民带来了沉重灾难。为了满足其侵略军费及财税上的需要，同时摧残东北人民的民族意识，伪满政府于1932年11月30日颁布并实施了《鸦片法》，妄图通过该法在东北地区建立鸦片专卖制度，进而加强鸦片贸易的垄断和管理。

1937年，七七事变后，日本以天津日租界作为制毒、贩毒的基地，向华东、华南的上海、香港等地大肆走私贩卖鸦片、吗啡、海洛因等毒品；日本针对其在中国面对的军事、政治、经济新形势，调整了鸦片政策，对《鸦片法》及其他法规进行了修正或重新制定。1937年10月，公布了《断禁鸦片方策要纲》，并宣称自1938年起，10年之内根绝鸦片吸食者。但这个对外大肆宣传的“断禁”计划，实际上只是日本政府为了维护和扩大其贩毒权益所做的表面文章。据当时伪满禁烟总局统计，1933—1938年的6年时间，鸦片和吗啡瘾者超过100万人，自实行《断禁鸦片方策要纲》后，新染鸦片嗜好中毒者至少有254.4万人，仅1939年嗜毒者总数就有160多万人，占当时伪满人口总数的5.3%。在行政机构设置方面，将原专卖公署所辖的鸦片事务完全归到伪民生部直辖的禁烟总局，将私营的零卖所改为官营的管烟所。这样做实际上就是把官督民营改为伪满政府直接管理，是为了强化鸦片政府专卖而打出的幌子，使鸦片泛滥更为严重。可见，该政策只是日本欺骗国际社会、抵消舆论压力的一种手段，实质上非但没有起到禁绝鸦片的作用，反而更进一步加深了鸦片的毒害作用。

思考题

1. 在我国古代罂粟鸦片被当作是哪类物质？

2. 在我国古代已经有人提出了罂粟鸦片具有副作用，其具体表现有哪些？

3. 在清朝期间我国的鸦片种植和流通的状况如何？

本章导语

BENZHANG DAOYU

一口毒品一份灾，鬼门关前路自开，身影漂移行不定，内心煎熬苦自来，从此难以归正路，家人抛弃财产败，一心颓废直到死，早日戒毒早日晦。

眯眼养神高枕头，似醉非醒魂飘游。像是享乐实受罪，有体无魄难行走。毒瘾袭来最难受，爹妈妻室都犯愁。无视枉法自难控，送进高墙醒知忧。国际禁毒日：早知今日此下场，悔恨当初瞎乱忙。

家庭越来越美满，毒品恒久离得远；事业越来越红火，毒品一直不去摸；开心生活最重要，毒品远远被甩掉。

第三章　毒品危害

本章主要讲解吸食毒品的危害。首先大家要了解的是，“吸毒”是吸食毒品的简称，是一种严重的违法行为，长期使用毒品，会使人丧失正常的生活与社交能力，危害极大。毒品虽然能够给人带来短暂快感，但是快乐之后带给躯体上的痛苦以及精神上的伤害是无法避免的。吸食毒品除对自身造成危害，对于社会及国家也是危害巨大。毒品问题不仅仅是法律问题，还是一个极其严重的社会问题，我们必须自觉地去抵制它、清除它，共同维护好社会的“清洁环境”。

第一节　吸毒对人体的危害

吸毒给人类所带来的危害是多方面的，对于人体的危害是首当其冲的。毒品可损害人体的重要组织器官，干扰破坏人体正常的新陈代谢。有资料显示，目前世界上每年约有 10 万人因吸毒致死，仅次于因患心脏病和癌症而死亡的人数。

一、对人体健康的危害

有资料表明，吸毒人员的平均寿命比一般人短 10 ~ 15 年。25% 的吸毒成瘾者会在开始吸毒的 10 ~ 20 年后死亡，也就是说，如果 20 岁开始吸食毒品，那么约四分之一的吸毒人员会在 30 ~ 40 岁死于吸毒相关的问题。吸毒人群的死亡率比正常人群高 15%，其中 75% 是 25 岁以下的年轻人。据统计，吸食海洛因成瘾的吸毒人员平均存活率为 3 ~ 5 年，体质差的不到 1 年就会毙命。吸毒人员病死率高的原因主要有以下几方面。

（一）吸毒过量死亡

过量吸毒引起的死亡占吸毒人员死亡总数的 50% 以上。吸毒人员尤其是静脉注射毒品的，每次使用毒品都有过量的危险，很多吸毒人员在吸毒过程中甚至没有来得及把注射器拔出来就已致死。

吸毒过量常见情况：一是耐受性下降。有吸毒人员经脱毒治疗后，对毒品的耐受性下降，而复吸时又急于追求快感，使用脱毒前的吸毒量，此时一旦静脉注射，极易导致中毒；二是用量随意性大。吸毒人员吸食毒品的用量都是“自我把控”或是“口口相传”，所有的用量都是建立在“经验”的基础上，从而使得吸毒人员的使用剂量没有任何标准可言，具体实施过程中极易引起过量中毒；三是毒品质量无法得到保障。毒品几乎都是在地下黑工厂加工制作而成，毒品流通过程中各道毒品贩子不断掺入各类杂质，从而使得毒品的纯度不稳定，吸毒人员无法判断掺杂物的种类及其含量，常常会引起预想不到的不良后果；四是多种毒品混合使用。将多种毒品随意混合，如为增强快感把镇静剂与海洛因混在一起注射，或是将酒精与镇静安眠药、可卡因与海洛因合并使用等，此类多种使（滥）用较单一滥用者更易发生过量中毒；五是超剂量使用。由于吸毒人员存在冒险和急于追求快感的心理，为最大限度地追求快感，常常冒险使用超大剂量毒品，极易引起过量中毒。

（二）吸毒与自杀

吸毒人员的自杀率比一般人群高 10 ~ 15 倍。因为吸毒人员每时每刻都处在严重的应激状态中，如时时刻刻都在忍受吸毒引发的各类身体并发症的病痛；有时常受到戒断症状的折磨，时常为如何获得下一次毒品而谋划和忧虑；他们众叛亲离，被家庭和朋友所抛弃；他们时时受到执法人员的监督和检查；经常受到贩毒者的威胁；有时还会受到自己内疚感的折磨。以上种种原因常常驱使吸毒人员选择自杀来结束自己年轻却又可悲的生命。

（三）吸毒与违法犯罪

由于各国政府对吸毒这一行为的严厉打击，从而使得毒品在流通过程中被层层“加码”，经过几层毒品贩子的“层层盘剥”，最后到了吸毒人员手中购买毒品所需的费用也逐级增加。吸食毒品除了购买毒品花费巨大外，还有其他的费用也是比较高的，如交通费用，住宿费用甚至还有其他消费的费用，往往一次吸毒行为花费几千元是非常普遍的，吸毒人员为此常常倾家荡产。为了获取毒资，他们会冒险参与各种违法犯罪活动，比如铤而走险作为毒贩们的“马仔”，通过体内藏毒的方式进行毒品运输的犯罪活动，或者作为黑恶势力的“爪牙”帮凶为害一方。

（四）吸毒与意外事件

毒品可以影响吸毒人员的精神活动，使吸毒人员出现感知功能障碍、注意力下降、操作能力下降。特别是致幻类的毒品，如大麻、LSD 等，吸毒人员在吸食后不能正确判断高度和距离，如吸毒人员本来在 10 层的高楼之上，在吸食完大麻后他们却感知觉分离了，认为自己不在高楼之上，而错误地认为自己在平地上，于是他们就向着窗户走去，因为在他们眼里这是一扇门、一扇可以让他出去的门，于是最后出现很多吸食大麻的人员坠楼情况的发生。同理，驾驶车辆的人员若吸食合成毒品后，会产生精神极端亢奋甚至妄想、幻觉等症状，导致驾驶人脱离现实场景，判断力低下甚至完全丧失判断，造成严重的交通事故。为此在我国已经出台了关于涉毒人员禁止驾驶车辆的各项法规。如《机动车驾驶证申领和使用规定》第六十七条规定：“被查获有吸食、注射毒品后驾驶机动车行为，正在执行社区戒毒、强制隔离戒毒、社区康复措施，或者长期服用依赖性精神药品成瘾尚未戒除的，车辆管理所应当注销其机动车驾驶证。”

（五）吸毒与身体疾病

吸毒可损害人体重要的组织器官，干扰和破坏人体正常的新陈代谢，对人体的中枢神经系统、循环系统、消化系统、造血系统、免疫系统造成直接损伤，更为严重的可以引起死亡。据调查，注射吸毒的人员化脓性感染的发生率可达40%，此外病毒性肝炎、心内膜炎、肾炎、结核病的发生率显著提高，艾滋病的发病率更是高于一般人群。

吸毒人员生活的中心内容就是获得毒品和使用毒品，他们患病后常常不关心身体健康，诊疗救治不积极，或是通过毒品麻醉自己，或是害怕就医过程中被其他人发现自己吸毒的情况，掩盖疾病主观症状，生活不规律，不遵守医嘱，影响治疗效果。

1. 对呼吸系统的损害

目前烫洗是常见的吸食的方式，这对呼吸系统造成的损害极大。

（1）吸食海洛因和吸烟对气管壁纤毛的运动和白细胞的吞噬功能均有抑制作用，两者协同作用，其后果是使吸毒人员出现支气管炎和肺炎。此外，吸烟还可引起细支气管过度收缩，加上支气管对毒品掺杂物的过敏作用，两者均可增加哮喘和肺气肿的发生率。

（2）以吸烟方式滥用可卡因对肺脏的影响较大，长期抽吸可卡因可使肺脏功能减退。

（3）滥用可卡因可引起“快克肺”，临床表现为肺炎的诸多症状，如严重胸痛、呼吸困难、高热和缺氧，但在 X 线胸片上却无任何肺炎征象。

（4）有些毒品可造成特异性呼吸系统损害。海洛因过量或中毒时可发生海洛因性肺水肿，此病起病较急，如抢救不及时往往引起死亡。

（5）肺结核在海洛因吸毒人员中有较高的发生率。一般来说，吸毒本身不是结核病高发的直接原因，但由于吸毒人员普遍体质虚弱、营养不良，易并发呼吸道感染。

（6）毒贩子为了实现利益最大化，常常在毒品中掺入很多其他杂乱的成分，如淀粉、洗衣粉、滑石粉等，静脉注射后可引起肺栓塞。有的吸毒人员使用棉球或香烟过滤嘴过滤毒品溶液，导致其中的纤维注入体内引起肺栓塞，肺栓塞会使本已严重受损的肺脏功能进一步下降。

2. 对消化系统的损害

绝大多数毒品均有抑制食欲的作用，有的吸毒成瘾者就是误认为毒品可以减肥而开始吸毒的。

（1）毒品有抑制食欲作用，使饥饿感减弱。食物摄入减少会抑制胃、胆、胰消化液的分泌，影响食物消化吸收。消化不良几乎是所有吸毒人员的一大特征，因此“瘾君子”几乎都是“个个瘦骨嶙峋”。

（2）吸毒使中枢神经兴奋，睡眠减少，活动增多，吸毒导致的欣快感、生活规律的改变使进食退居第二位。

（3）毒品抑制食欲的作用不仅可引起身体消瘦，还可引起某些人体必需的维生素和矿物质的缺乏，从而引起一系列营养不良综合征。如维生素B族缺乏会引起记忆力、注意力、学习能力显著下降，严重的还会引起末梢神经炎和各种皮炎；如铁元素缺乏可引起缺铁性贫血，故在吸毒人群中缺铁性贫血也十分常见。

（4）吸食海洛因可引起胃肠蠕动减慢、消化道腺体分泌减少，加上毒品对中枢神经系统的抑制，使吸毒人员的便意减弱，从而引起便秘。这种便秘非常顽固，成为长期令吸毒人员痛苦的痼疾，有的吸毒人员每周或十余天才大便一次，且排便时出血十分常见。某些人利用身体藏匿毒品，吞服装有毒品的避孕套会引起肠梗阻。阿片类毒品成瘾者在突然停用毒品后会出现胃肠道蠕动异常加快，表现为严重腹痛和腹泻，腹泻严重者可出现脱水。可卡因对全身血管均有强烈的收缩作用，对肠道血管的持续高度收缩可引起肠缺血和坏死，需手术切除。

（5）肝炎在吸毒人员中广泛流行，一般认为，乙型、丙型肝炎都是由于共用注射器而感染的。某些毒品特别是含有添加剂（杂质）的，还可引起慢性肝功能损害。海洛因引起的慢性肝功能损害可能与其对肝脏的直接毒性有关。

3. 对心血管系统的损害

毒品对心血管系统可产生直接毒性，引起各种心律失常和心肌缺血性改变，其表现与不同毒品的药理作用有关。

（1）海洛因成瘾者在吸毒后24小时内，55%有异常心电图表现。常见有传导阻滞、去极化及复极化异常、心动过缓、心律不齐、电轴偏移。细菌性心内膜炎是注射使用海洛因者最常见的并发症之一，如不及时治疗，可引起死亡。

（2）可卡因引起心律失常更为常见。注射可卡因短期内即可出现心动过速，此外，还可出现室性早搏、心室颤动及心肌收缩无力，同时还可以引起血管痉挛，冠状动脉痉挛可引起心肌梗死，以及冠状动脉粥样硬化。

4. 对神经系统的损害

吸食任何毒品，都会出现毒品作用于神经系统的症状，还会导致各种神经系统疾病的发生，例如脑膜炎、神经炎、失眠等。这是因为大多数的毒品都具有抑制呼吸的作用，如果呼吸过缓，就会导致脑部氧气供应不足，造成大脑缺氧；吸食的剂量过大，会导致肺部水肿，引起颅内压力升高，造成脑部水肿；如果毒品中的杂物在脑部血管沉淀堆积，会造成脑栓塞。此外，毒品对其他器官的损害会波及大脑，例如身体其他部位器官的感染可能会导致颅内感染，脑脓肿、脑栓塞、横贯性骨髓炎、周围神经炎、肝昏迷、睡眠障碍等。

（1）吸食海洛因可引起一系列神经系统病变，如惊厥、帕金森病、周围神经炎、远离注射部位的肌功能障碍；静脉注射伴有不溶性掺杂物的毒品，会直接引起脑血栓；吸食海洛因过量引起的呼吸抑制，会进一步造成脑缺氧；吸食海洛因还可引起脑白质炎。

（2）可卡因是一种致惊厥剂，滥用可卡因可以引起颅内出血、重复动作、共济失调。同时，可卡因单剂量使用即可诱发癫痫发作，重复使用可引起癫痫慢性反复发作。

5. 对生殖系统的损害

吸毒人员最初吸食毒品的动机除了好奇之外，提高性功能也是一个非常重要的原因。虽然目前还没有足够的医学证据可以证实兴奋剂或麻醉剂等药品可以改善性功能，但在很多被滥用的药物中前期使用较低剂量时，吸毒人员可以体验到性功能改善。这是由于刚开始时此类物质可以降低中枢神经系统对性兴奋的抑制作用，或者是解除了焦虑和紧张情绪，使得性功能得到暂时的改善，然后一旦对某种药物形成瘾癖，最终会导致性功能障碍，以及性功能明显损害。

（1）男性的雄性激素是睾酮，它的合成与分泌受大脑、下丘脑的调节，接受血睾酮水平反馈的信息，通过促性腺激素释放素刺激垂体合成及释放黄体生成激素。如果吸毒，毒品通过下丘脑影响垂体激素的分泌与合成，造成内分泌功能紊乱，一些毒品可抑制黄体生成素的分泌，使得血中睾酮浓度明显下降。

（2）女性由于其生理特征，吸毒受到的伤害将更大。因为女性身体较易积聚脂肪，吸收水分的能力较男性低，毒品容易长期积于体内，造成的后遗症较多。如经期紊乱、闭经和性功能障碍等。此外，女性常常合并生殖系统感染，导致不孕。

（3）吸毒与性病、艾滋病的传播吸毒紧密相连。吸毒人员之间共用注射器、不注意自我保护，使其易患淋病、梅毒、尖锐湿疣、非淋菌性尿道炎等多种性病甚至艾滋病。

二、对精神健康的危害

吸食毒品严重摧残人体健康、腐蚀人的灵魂，带来严重的精神问题。毒品对中枢神经系统和周围神经有直接的毒性作用和恶性刺激，常可导致神经组织不可逆转的病理性改变。

（一）出现各项病理性改变

毒品直接发挥作用的部位大多集中在脑部，长期反复吸毒，对中枢神经系统是一种恶性刺激，不可避免地会产生直接毒性作用，导致神经细胞或组织不可逆的病理性改变，其中尤以阿片类、巴比妥类和甲基苯丙胺类毒品危害最大。毒性作用的范围可能仅限于脑内的某个区域，也可能弥漫全脑，可以仅发生于中枢系统的某个环节，也可能波及外周神经，纵深到颈椎、胸椎区。常见的病理性改变包括弱视、横断性脊髓炎、突发性下肢瘫痪、肢体感觉异常、末梢神经炎等，并可见侵犯白质及灰质的急性坏死病灶。另一种危险是痛觉的消失，由此可能导致严重病症的延误。临床表现为初起时类似神经衰弱，如记忆力下降、智力受损、失眠、焦虑，严重者出现类似重症精神病一样的幻觉，如凭空听见别人讲话、流水声、鸣笛声等；或出现妄想，如无故嫉妒配偶有外遇或别人迫害于他。人格改变更是多见，吸毒人员常常出现冷漠、残忍、过分冲动等病态的生活状态。

（二）诱发各项精神障碍

精神障碍的出现与毒品对中枢系统的毒性作用有着必然的连接，在大多数情况下伴有神经系统的病理性改变。与病理性改变相比较而言，吸毒所致的精神障碍在性质上也许对吸毒人员乃至其家庭和社会的危害更大。吸毒人员诱发的精神障碍有以下方面。

1. 人格障碍

吸毒人员的人格障碍的比例明显高于普通人群，主要类型有反社会型人格障碍（悖德型人格障碍）、偏执型人格障碍、强迫型人格障碍和边缘型人格障碍等。

2. 心境障碍

临床上表现为情感高涨或低落，伴有相应的认知和行为改变，可有精神病性症状，有反复发作的倾向，间歇期可完全缓解。

3. 焦虑障碍

以焦虑情绪为主要的临床表现，主要分为惊恐障碍和广泛性焦虑两种。物质成瘾者中焦虑障碍的比例可高达 60% 以上。

4. 抑郁障碍

抑郁障碍是吸毒人群中最常见的精神障碍之一，药物成瘾中抑郁障碍的比例高达 60% 以上。

5. 双相障碍

双相障碍（即躁狂发作后又有抑郁发作或混合性发作）在滥用兴奋剂性物质如可卡因和苯丙胺类毒品的病人中较为多见。

6. 睡眠障碍

睡眠障碍通常可分为睡眠的发动与维持困难（失眠）、白天过度睡眠（嗜睡）、24 小时睡眠 – 觉醒周期紊乱（睡眠 – 觉醒节律障碍）、睡眠中的异常活动和行为（睡行症、夜惊、梦魇）四大类。阿片类物质成瘾者的睡眠障碍以失眠为多见。

毒品所导致的精神、意志的麻醉和瓦解作用在吸毒人员普遍存在。对于我们正常的不吸毒的人而言，精神障碍是一种疾病状态，但吸毒人员所追求的恰恰是这种几近病态的感受。如幻听、幻视等，对客观环境中并不存在的感官刺激，吸毒人员却能感觉到，并确认这是真的。在幻觉的支配下，吸毒人员会作出危险的动作和意外行为，很容易造成吸毒人员的死亡。吸毒后的另一种精神障碍是思维障碍，主要表现为妄想，其内容多荒诞不经、离奇恐怖，并常有被迫害及罪恶感，在这种思维的支配下，吸毒人员常常会出现伤（杀）人或自杀（伤）的行为。

第二节　吸毒对家庭的危害

古人讲，修身、齐家、治国、平天下。很简单的道理，人是社会最基本的单位，而家庭是国家社会最基本的组成细胞。如果人毁了或没了，那么这个家也就不存在了。“烟枪一支，未闻炮声震地，打得妻离子散；锡纸半张，不见火光冲天，烧尽田地房产。”吸毒导致大量的家庭悲剧，一旦家庭中出现一个吸毒人员，就意味着贫困和矛盾围绕着这个家庭，最后的结局往往是倾家荡产，妻离子散，家破人亡。首先，吸毒耗费大量钱财，到了一定程度必然要靠变卖家中财产换取毒品，致使家徒四壁。一些丧尽天良者甚至卖儿卖女，逼妻卖淫。其次，吸毒会导致婚姻死亡，家庭破裂。因为一个人一旦染上毒瘾，就会失去义务或责任观念，做丈夫的不能尽丈夫的职责，做妻子的不能尽妻子的义务，最终必然导致离婚。再次，吸毒危及下一代。怀孕妇女吸毒将严重影响胎儿的正常发育，有的致使新生儿先天畸形或染上毒瘾。

一、吸毒对家庭经济的损失

曾经有人谏言：“天下之倾家者，莫速于毒；天下之败德者，亦莫甚于毒。入其中者，如沉迷海，将不知所底矣……”毒品对金钱的消耗之大可以用“烧钱”两个字来形容。吸毒人员一旦吸毒成瘾，毒瘾便会越来越大，吸食剂量就会越来越大。我们以海洛因为例，假设每克海洛因价格 500 元，按保守估计每人每天吸食 1 克海洛因，两天为一个周期计算，一个吸毒人员每月吸食海洛因的费用在 7500 元左右，而这仅仅是最保守的估计数值，还未包括其他与吸毒密切相关的费用。普通的工薪阶层的工资收入根本不能满足吸毒的需要，而且相当多的吸毒人员根本没有正当稳定的职业，有的甚至连基本的生活开支都没有。吸毒这么庞大的开支，对于一个家庭来说能有多少家产来挥霍？家具电器卖了，房产也卖了，父母被遗弃了，养老金被抢去吸毒了，公司也“吸”空了，工作丢了，甚至孩子也卖给人贩子，还有妻子被逼迫卖淫换取毒资的。吸毒的高额支出，也使一些原本富裕的家庭维持不了多久就债台高筑，到了一定程度必然要靠变卖家产换取毒品，致使家徒四壁。曾有人很形象地描述吸毒人员为了获得毒资而变卖家产的劣迹为“三光政策”，即骗光、偷光、卖光。

二、吸毒导致整个家庭破裂

吸毒不仅仅是对家庭经济的危害，更为灾难性的是使整个家庭破裂甚至毁灭。只要有人，钱没了可以挣，但是人都没有了，家还会有吗？一个吸毒人员对家庭的伤害，首先是家人身心方面的伤害。有些吸毒人员经过一定时间的吸毒，由于毒品对神经系统及呼吸系统和消化系统的损害，就会出现心理异常、精神障碍，为了吸毒心里只有自己，不顾及家人感受，不关心家庭事务，甚至打骂虐待父母、妻子、儿女。而且家人为了应对其吸毒所引发的家庭变动造成的负面影响，以及为了挽救教育其重新做人，所经受的巨大心理创伤和承担的巨大责任与心理压力，是常人无法想象的。其次是家庭关系破裂。家庭的幸福需要家庭成员共同营造、共同维护。夫妻当中如果有一方吸毒，就会逐渐失去对家庭的义务和责任观念，做丈夫的不能尽丈夫职责，做妻子的不能尽妻子义务，夫妻反目，最终导致家庭解体。吸毒成瘾使人丧失责任感，吸毒成瘾者整日陷在“吸毒—弄钱—吸毒”的漩涡里不能自拔，好像家庭的责任和义务与自己无关，由于吸毒导致家庭破裂是非常普遍的。有父母因儿女吸毒屡教不改被气死的，有儿女毒瘾发作精神失控把父母打死的，有儿女为了向父母索要毒资不能满足时把父母逼死的，也有父母为了教育挽救子女而身心交瘁劳累致死的。最后是吸毒人群的离婚率高得惊人。维系一个正常婚姻需要经济来源及夫妻间彼此的关心、体贴和责任感，这些因素任何一方面欠缺都可能造成婚姻危机。吸毒成瘾后，吸毒人员变得十分自私且不诚实，烦躁易怒、淡漠厌世。他们淡漠了对配偶的关心体贴，淡漠了对家庭的责任和对子女的教育，他们中不少人虽然一次次地戒毒，但终不能成功，令配偶和家人感到绝望。

三、吸毒对后代的贻害

目前在我国的吸毒人员中，妇女吸毒人数呈上升趋势，且年龄多为 17 ~ 35 岁的青年人。大量研究表明，吸毒对各种器官系统都能造成不同程度的损害，影响正常生理功能。吸毒妇女一旦怀孕，还会影响到腹中胎儿的正常发育，造成胎儿在宫内发育迟缓和早产。分娩的新生儿出生体重、头围和身长都明显低于正常新生儿。孕妇吸毒可通过胎盘血而输给胎儿，即出现“胎儿吸毒”。孕妇定时吸毒，胎儿也得到定时的供给。在出生前不会出现任何症状，但当出生后，随着脐血管的结扎，等于中断了毒品的供给，一段时间后新生儿即出现戒断症状。吸毒孕妇产的新生儿出生后 1 ~ 2 天，逐渐表现为激动不安、呼吸快、高声哭叫、睡眠障碍。拼命把小手往嘴里塞，出现鼻塞、打哈欠、打喷嚏、发热、四肢震颤、呕吐、腹泻等，戒断症状可持续数周或更长，死亡率也较高。

由于吸毒可以使人体的免疫力下降，再加上其不良的生活方式，很容易感染艾滋病、肝炎以及各种性传播疾病。在我国某地区的调查中发现，女性吸毒人员性传播性疾病的感染率为67.8%，感染者的年龄多为18 ~ 31岁。而这些疾病都可通过母婴传播途径使胎儿、新生儿感染。事实上，在吸毒孕妇分娩的新生儿中患先天性梅毒，感染艾滋病病毒的已不少见。因此妇女吸毒不但危害自身，而且殃及后代。

吸毒人员的后代，绝大多数生活在支离破碎的家庭。生长在这种家庭中的孩子缺少家庭关爱，有的经常受到残酷的虐待。生活在吸毒人员家庭中的孩子常常伴有不健康的心理，有的甚至有近乎疯狂的变态心理和精神病态，行为也往往具有攻击性和反抗性，这样的孩子很容易走上违法犯罪的道路。

第三节　吸毒对社会的危害

毒品，其祸害远远不只是某个人和某个家庭的健康和幸福，更危害着整个社会的安定，影响着整个民族的前途。毒品泛滥已成为世界性的公害，它消耗大量社会财富，影响人类安宁和社会稳定。毒品曾给我们的国家和民族带来了巨大的灾难，早在鸦片战争时，不少有识之士就指出了鸦片（毒品）为“祸国殃民之患”。在如今的社会里，毒品已严重导致社会秩序的错乱，尤其部分吸毒人员，为了筹集毒资纷纷以身试法，当前毒品吸食人员已占据高犯罪率，并且呈上升趋势。

一、违法犯罪率上升

中国历史上著名的禁毒英雄林则徐曾讲过：“鸦片之害甚于洪水猛兽……此祸不除，十年后中原无可御敌之兵，且无可以充饷之粮。”这番话绝无夸大之言。吸毒摧毁人的意志，使这些人不能生产，不能创造财富。吸毒危害着整个社会安定。国内外的毒贩为了保证他们的毒品贩运，已屡屡使用武力。而瘾君子们在丧失工作能力、耗尽家庭财产之后，即使十分贫困，仍不能阻止他们强烈的觅毒行为。如果找不到钱来购买毒品以缓解正欲发作的毒瘾，他们可以盗窃、抢劫，无所不为，甚至干出杀人的罪恶勾当。

在西北某大城市，公安部门调查发现，吸毒人员中有70%左右的人有过各种形式的违法犯罪，包括诈骗、盗窃、抢劫、卖淫等。另据南方某地资料显示，在吸毒人员中90%的女性有卖淫行为，70%以上的男性有坑、蒙、拐、骗、抢等犯罪行为。

曾有报道美国的海洛因依赖者中有1/3在使用毒品前外出偷窃、抢劫。在瘾君子们用于购买海洛因的全部资金当中，据统计有20%来源于街头犯罪，45%来源于倒卖毒品，17%来源于卖淫，12%来源于偷窃。纽约市有38个男性吸毒人员4年中共犯罪6766桩。

上述例子是因吸毒引起的直接祸害，还未包括间接的。在国内外调查资料中发现，火灾中有不少是由吸毒人员造成。吸毒人员饱吸海洛因后常常昏昏沉沉，忽略手中未熄灭的香烟或其他火源，导致重大火灾，严重危害社会治安。

由于毒品的价格高昂，购买毒品很快成了问题，大部分人手头的原有积蓄很快花光了，加之正常收入急剧减少，许多吸毒人员最终必然会陷入“以贩毒养吸”的漩涡中去，倒卖毒品的黑网使他们从事的犯罪活动集体化。不少人或迟或早会铤而走险，采取非法的途径获取毒资。他们成帮结派并和地方恶势力勾结，有组织地进行种种犯罪活动。

二、损害国民经济，阻碍社会经济发展

人们已经注意到，吸毒会给社会经济造成巨大损失，毒品吞噬社会财富的能力是巨大的。

20世纪80年代中期，有人估计，在美国同毒品有关的各种问题造成的损失每年大约达到800亿美元，到了20世纪90年代，美国政府统计，全美国每年因吸毒、酗酒造成的损失达1500亿美元，用于治疗吸毒人员、加强缉毒的费用达600亿美元。

据报告，我国2004年底登记在册的吸毒人员105万人，若每人每天消费的毒品支出为100～200元，则他们每天要消耗1亿～2亿元，1年则要消耗365亿～730亿元，而吸毒人员的实际数字将远高于此。而且，我们计算的只是吸毒人员本人的直接消耗，而未将其他支出包括在内，比如由于劳动力下降造成的损失、用于禁毒的费用、治疗吸毒所产生各种并发症的费用等。

当然，也有这么一种观点，他们认为在一些经济不发达国家或地区种植罂粟或古柯灌木，会给社会带来经济利益，比如缅甸。对此，有学者指出从非法作物

种植中获得巨大利润（占总额的99%）的是少数人，即那些非法药物交易的组织者而不是种植者，并且非法种植罂粟或古柯的国家所得到的短期经济收益非但不能推动、反而会阻碍本国经济的可持续发展。

三、败坏社会道德风尚

从一定意义上说，西方国家吸毒问题的泛滥是由20世纪60年代道德风尚的堕落而引起的。当时，有一部分著名的学者、教授、诗人鼓吹吸毒的妙处，其中最为有名的当属所谓“垮掉的一代”的代表威廉姆斯。他们还写了一些流行一时的书籍，描述如何吸毒，吸毒之后进入什么样的感觉状态，还提出了各种各样的口号，如“过完毒瘾再读书”等，号召青少年去吸毒。与此同时，社会上出现了各种各样赞美吸毒的音乐和实际体验吸毒感觉的组织……这便是美国影响深远的嬉皮士颓废派运动，这场运动使吸毒成为许多青年崇尚一时的事情，于是，大量的吸毒人员特别是青少年吸毒人员在西方国家出现。

同时，西方许多不吸毒的人甚至整个社会对吸毒问题的态度模棱两可。有少数的报纸杂志经常刊登有关毒品的文章，而且经常是赞成与反对的文章同时刊登，报刊对此事则一般不予评论。另外，许多美容院、时装店、唱片商店、日用品商店等则公开宣传吸毒，称吸大麻叶和毒性不太强的麻醉剂是一种时髦，是“改善交际能力”的重要方法与习惯。正是因为此，使得正处于发育期的青少年变得不知所措，无所适从。部分青少年就是在败坏了的道德风气的影响下，自己主动寻找并品尝毒品“禁果”的。

吸毒败坏社会道德风尚的另一个重要表现，是政府和官员观念的转变。在美国，有许多势力强大的集团支持贩毒、吸毒活动。因此，作为各种集团利益调节者的美国政府，不可能从根本上取消毒品。1984年，美国华盛顿出版的《妇女与家庭》杂志上刊登一篇专栏文章，揭露联邦政府禁毒署署长恩斯林格尔在任30年，一方面对外宣称大肆挞伐吸毒贩毒，另一方面他本人亲自向政府内外他认为可以信任的人和能对他有用的人提供毒品，其中包括参议员麦卡锡。

毒品败坏了社会风气之后，就使吸毒的人有了更充分、更公开的理由去吸毒，而那些还没有吸过毒的青少年则跃跃欲试，伺机步吸毒人员的后尘。他们中许多人迟早会吸上毒并不能自拔。在败坏了的道德风气下，社会和国家更加显得在吸毒问题上无能。不管社会也好，政府也好，都有解决毒品甚至根除毒品的愿望，但是，一旦进入实际行动的时候，就会遇到来自各个方面的阻力和反抗。甚至有人预言，毒品问题是现代社会的固有问题，解决毒品问题是很难在短时间内取得成功的。因此，有人提出，对于毒品问题，合理的处理方式应该是“预防”与“控制”，而不是“根除”和“消灭”。对于任何一个国家或对于全球而言，想彻底摆脱毒品都需要经过极其艰苦的努力。

四、人力资源上的损失

在吸毒引起的社会损失中，人员损失是一个不可忽视的内容。人员损失可分为两类：一类是明显的人员损失，一类是不明显的人员损失。

明显的人员损失就是指那些因吸毒而直接致死者。在这方面，国外许多国家都有统计数据。

不明显的人员损失是指吸毒不仅毁掉了许多成年人，使他们失去了为社会创造财富的能力，而且还腐蚀着大量的青年一代，使他们在肉体上、心灵上都经历疮痛。社会在这方面蒙受的损失，是难以用数字来说明的。

据调查，2017 年我国查获 35 岁以下青少年吸毒人数同比下降 19%，其中新发现人数同比下降 29.3%，占新发现人员总数的比例同比下降 2.2%，青少年毒品预防教育成效继续得到巩固。青少年一代肩负着国家强盛、民族兴旺、社会进步的重任，是国家的未来和民族的希望。毒品的泛滥使许多青少年在毒品烟雾中沉沦、堕落，直接危害年轻一代的健康成长，这是关系到中华民族兴衰成败、关系国家前途和命运的问题，必须持续、坚定地做好教育工作。

五、危害社会公共卫生

吸毒不仅损害本人健康，还会造成乙型肝炎、丙型肝炎、艾滋病等公共卫生问题，其中最严重的是艾滋病的感染和传播。原有是静脉注射毒品者共用不洁注射器造成艾滋病感染率极高，特别是吸毒妇女，更是传播和感染艾滋病的高危人群，这是由于大部分女性吸毒者为了毒资而卖淫，通过性途径造成艾滋病病毒的传播。

六、对生态环境的破坏

毒品与生态环境有着密切关系，毒品的生产直接通过砍伐森林、造成水土流失、污染水源而对环境造成负面影响。首先，毒品多种植在山林和低地丛林，可造成这部分地带树木毁坏（生产 3 千克可卡因需要毁掉 5 公顷热带森林），土壤流失，使不少稀有的植物物种消失，使动物种群的生存受到影响。其次，一些发展中国家的农田被侵占，用于种植毒品，这必然影响粮食的产量，造成粮食的短缺。再次，非法生产毒品所用的化学试剂大多有毒、易燃、易爆，而地下生产者又操作不规范，这不仅给生产者本人带来中毒的危险，而且由于生产条件差，易发生火灾。最后，毒品种植过程中使用的化肥及毒品加工提炼后的有毒化学废料排入河流，可造成河水污染，不仅直接影响水中生物，而且危害当地居民的身体健康。

思考题

1. 吸毒对人身体的损害有哪些？请试着归纳说明。

2. 吸毒对于家庭的危害有哪些？请结合实际情况进行探讨。

3. 吸毒对社会的危害主要在哪些方面？请结合所见所闻谈谈自己的看法。

第二篇

拒绝毒品

本章导语
BENZHANG DAOYU

“你是一朵‘玫瑰’，艳丽的花朵下藏着毒刺，人们为你的美丽所倾倒，却被埋下了毒瘤；你是一条闪光的锁链，人们为你的曲线所炫目，却被深深束缚；你是一张‘画皮’，美丽的外表下躲着狰狞的骷髅，人们为你的靓丽所陶醉，却被吸干血肉，此刻你的原型在我眼前毕露，我只想大声疾呼：敲响禁毒警钟！”

第四章　吸毒与成瘾

目前世界各国的通行做法是将吸毒作为一种违法行为加以制止。吸毒人员成瘾之后要对其进行相应的戒断治疗，恢复躯体功能、心理功能和社会生活能力（包括职业能力），详见第八章。但是在回归社会后，绝大多数戒毒人员会重蹈覆辙，再次吸毒，就是我们经常说的“复吸”，如此就形成了“吸毒—戒断治疗—复吸—戒断治疗—再次复吸”的恶性循环，即所谓的“一日吸毒，十年戒毒，终身想毒”。初次吸毒与复吸，两者看似相同，却有着截然不同的原因。简单地讲，初次吸毒多为被动性，如受到劝诱或是好奇而吸食，复吸则是主动性和被动性两者兼而有之；主动吸毒是由于心瘾（记忆）的存在，被动吸毒则是场景的触发以及受到劝诱。本章我们将全面了解吸毒的概念，成瘾的定义，以及什么样的情况下才能被认定为吸毒成瘾。

第一节　吸毒的概念

“吸毒”这是一个动宾结构的合成词语，由动词“吸食”和名词“毒品”组成，是“吸食毒品”简称。“吸毒”作为一种社会问题，从它产生、发展及变化的进程来看，这个概念经历了不断深化和扩展的变化。这种变化既包括“吸食”的方式，也有“毒品”种类方面。最早的“吸”的方式就是“口吸”，“毒品”也只有鸦片一种。随着历史发展，如今“吸”已包括了“口吸”“鼻吸”“注射”及“口服”等多种方式，其含义早已超出原有的范畴，变成具有更广泛含义的“吸”了；“毒品”则涵盖了各种进入人体并最终给人体带来危害的非食物和非药品的天然、半化学合成或化学合成物质。由此可见，作为社会用语的“吸毒”具有不确定性，其含义视使用对象的不同而可能出现不同。

一、“吸毒”的定义

虽然目前吸食毒品的方式多种多样，有口吸、鼻吸、口服、注射等，但是吸毒人员最初是采用口鼻吸入的方式进行吸食毒品的。国际上习惯称“吸毒”为麻醉药品和精神药品的“滥用”，是出于非医疗目的，通过注射、口服、鼻吸或其他方式将毒品摄入人体的行为。“药物滥用”一词是 20 世纪 60 年代中期国际社会开始采用的专有名词，它与我们平时所说的“滥用抗生素”“滥用激素”等概念截然不同。

二、吸毒行为的分类

吸毒是一种具有严重社会危害性的违法行为，吸毒行为可分以下三大类。

第一类为利己型吸毒。分两种情况：一是自娱式吸毒，即通过吸食毒品暂时改变自己的精神、心理状态，从而获得愉悦的体验和感受，绝大多数吸毒者属于此类；二是炫耀式吸毒，吸食毒品的主要目的是获得特殊的社会、群体影响力，借助吸毒行为显示自己具有冒风险、藐视法律的实力，表明自己在群体中的身份。

第二类为利他型吸毒。是为了表明从属于特定群体和亚文化（反社会或越轨的）群体或为了确定自己认同某个特别人物而采取的吸毒行为，这类吸毒者通常把吸毒看成一种仪式，其功能是让某一特定团体（反社会、越轨的）和某个特别人物认同自己，进而获得一种群体归属感。

第三类为示范型吸毒。主要是指由于社会的剧烈变化，社会价值观念混乱，传统的行为模式失效，社会约束力削弱而引起的吸毒，此类吸毒还包括由于个人工作、学习、家庭和情感等受到严重挫折而产生的吸毒行为。

在青少年吸毒行为中，低龄段青少年的吸毒行为以前两种类型为主，高龄段青少年的吸毒行为以后一种类型为主。

第二节　吸毒方式

吸毒方式就是吸毒人员采用借助一定的器械并采用某种手段将毒品输入体内的方法，较为传统的就是吞食、口吸、鼻嗅等，后逐渐发展为烫吸、注射、黏膜摩擦等其他方式，这些方式中以注射的方式起效最快，吸收最为彻底，毒瘾的欣快感最为强烈，而其他的方式起效较为缓慢，效果较弱。在现实中，吸毒人员常常根据自己的喜好以及习惯采用一种或是多种的方式进行吸食。

一、吸食方式

“吸入”是指将可燃性或是可挥发性的毒品通过烘焙、燃烧或是自行挥发等方式将相关的物质进行升华，并通过口、鼻等器官进入体内的方式。

（一）烟吸

烟吸就是采用抽烟的方式进行吸食，即利用烟丝点燃的方式将毒品吸入体内。最早出现的鸦片就是采取烟吸的方式，百余年前吸食鸦片是借助烟枪点燃烟土后受热燃烧出现的化学物质进行口吸的。现在吸食鸦片的提取物海洛因则更为方便，由于海洛因是鸦片的提纯产物，只需要将海洛因掺入烟丝，采用常规的吸烟方式就可以将海洛因吸入体内。同理，大麻的吸食方式也是这样，吸毒人员将大麻叶或是杆等切碎后拌入烟丝或是将大麻油（脂）浸入烟丝进行吸食。

（二）烫吸

烫吸就是将那些可以通过高温炙烤的毒品进行加热，挥发出相关毒品物质继而吸入体内的方式。如吸食海洛因，将海洛因放在铝箔纸上或金属匙上，下面用打火机加热，毒品升华为烟雾，吸毒人员通过鼻或是嘴用力吸吮缕缕毒烟，或是用另一张铝箔卷成纸筒追吸毒烟，这又称为吸烫烟，瘾君子称其为“走板”或“追龙”。现在常见的还有采用“冰壶”吸食冰毒的方式也属于烫吸，这是一种更为“豪华”的烫吸方式，将冰毒在高温下燃烧升华，一个吸管吸一个吸管进，然后通过“冰壶”的过滤，进一步提纯毒品的“品质”进而使得吸食的效果更佳，就像吸水烟一样。

（三）鼻嗅

鼻嗅又称鼻吸，就是直接用鼻孔或是采用中空的短管（如稻草秆、塑管、纸管等）将粉末状的毒品吸入鼻腔内，如可卡因、氯胺酮（K粉）、海洛因等。比较常见的有3种鼻嗅方式：一种是粉状毒品，将粉状毒品放置在平整的桌面上，然后用短管放置在毒品1厘米处，然后对准鼻孔用力吸入；二是直接采用鼻孔，堵住一个鼻孔，用另一个鼻孔猛吸；三是将鼻孔直接放置在挥发性有机溶剂容器的口，通过有机溶剂的自行挥发将上述物质自鼻黏膜吸入。

二、口服方式

“口服”是指直接将可溶性较低的毒品通过口腔直接吞服入体内的方式。这种吸食方式方法简单，进入体内的速度较慢，产生依赖性的危险相对较低，现在麻醉药品与精神药品的制剂大多采用这种方式进行吸食。

三、注射方式

“注射”方式被吸毒人员称为“扎”，是指采用注射器械将可溶性较高的毒品直接注射入体内的吸食方式。

（一）静脉注射

将毒品碾成粉末放入杯或瓶中加水溶解，用注射器抽取毒品溶解液，再通过静脉注入体内。吗啡、海洛因、可卡因、冰毒等毒品均可采用静脉注射。这种方式危害最大，不仅使毒瘾越来越严重，而且极易感染其他疾病，如肝炎、结核病、艾滋病等传染病。静脉注射若掌握不好剂量，还易造成死亡。还有的吸毒者将一些不适于静脉注射的片剂、粉剂混入水中供静脉注射，如此注入不溶颗粒而造成血管栓塞，后果不堪设想。

（二）动脉注射

其方式与静脉注射相同，动脉注射的危险性要明显大于静脉注射，容易导致动脉瘤或死亡。采用动脉注射者多为追求超强快感的年轻吸毒者，也见于静脉闭塞无法使用的静脉注射人员。特别是部分极端的吸毒人员一味地追求刺激，采取颈动脉注射、股静脉注射（俗称“开天窗”），使毒品直接顺着血液进入大脑，这种手法非常危险，极易因过量致死。

（三）其他注射

包括皮下注射、肌肉注射、指甲下注射，这些多用于浅表静脉闭塞时使用。注射部位的皮肤可能出现脓肿、感染、色素沉着、疤痕硬结等症状。

四、黏膜摩擦方式

将毒品在口腔黏膜、鼻黏膜、直肠黏膜上摩擦，使毒品通过黏膜而吸收，此法应用得较少。

第三节　何为“成瘾”

吸毒成瘾（简称成瘾）具有生物学、心理学和社会学等特征，所以吸毒成瘾是一个较为宽泛的边缘性的综合概念。毒品区别于其他毒物的自然特征是“成瘾性”，是使用后能够产生依赖的物质，某种程度上，我们认为“成瘾”就是“依赖”。目前的共识是“吸毒成瘾是一种慢性复发性大脑疾病”，吸毒成瘾的三个阶段顺序为好奇—渴求—沉沦。

成瘾是大脑奖赏、动机、记忆以及相关回路的一种原发性的、慢性疾病。这些回路的功能失调造成了生物、心理、社会、精神方面的特征性表现，通过物质（药物）或其他欲求行为病理性寻求奖赏和/或减轻痛苦。和其他的慢性疾病一样，成瘾也具有复发和缓解的循环特点，如果不治疗或者参与康复活动，成瘾会逐渐发展并导致残疾或过早死亡。

成瘾时大脑的执行功能会被明显破坏，表现为感知、学习、冲动控制、强迫性以及判断力出现问题。尽管生活中其他人对成瘾者表现出极高的关心，但成瘾者经常表现出较低的意愿来改变失调行为，同时会显示出对问题和并发症的积累明显缺乏认知。

吸毒成瘾还应当从生物精神社会学的角度考虑，可能与生物、人格、社会关系或者它们结合而产生的机能障碍有关。对于吸毒成瘾要从两大方面进行阐述。

一、从生物学、心理学、社会的角度出发

中脑—边缘多巴胺系统（meo-limbic-dopamine system，MLDS）是药物依赖产生的最主要神经解剖基础，不同的成瘾药物直接或间接作用于该系统，从而使

该系统的不同结构（伏隔核、海马、额前皮质、腹侧被盖区、杏仁核等）的受体、神经递质等发生变化导致成瘾行为的产生。成瘾影响了大脑奖赏结构内包括伏隔核(nucleus accumbens)，前扣带回皮质，基底前脑，杏仁核的神经传递和相互作用，致使动机层次结构发生改变，成瘾行为代替了健康的自我照顾行为。成瘾同样也影响皮质和海马回的神经传递和相互作用，以往的有关奖赏的记忆（例如食物、性、酒精和其他药物等）对外部线索作出生物和行为反应，反过来又触发了欲求行为。伏隔核内侧部是伏隔核的核心部分，和许多具有重要生理功能的脑结构相连，比外侧部具有更为复杂和重要的生理功能，在腹侧纹状体和基底前脑中占有重要地位。主要与纹状体、杏仁体、丘脑前核、中脑水管周围灰质，特别与腹侧被盖区（VTA）密切关联。海马区负责欣快或者焦虑经历的记忆，杏仁核负责以往经历相关的行为选择动机。

大多数成瘾类药物都有一个共同特征，就是促使纹状体多巴胺（DA）释放增加。多巴胺是动机活动和产生新快感的重要神经递质，对学习和运动也至关重要。精神兴奋药产生的运动活动以及刻板行为似乎分别与腹侧和背侧纹状体的多巴胺释放有关，阻断腹侧纹状体的多巴胺释放可以降低成瘾药物的大部分作用。5-羟色胺可能通过5-HT（2C）受体对多巴胺的释放产生影响，间接参与了成瘾的形成过程。

吸毒成瘾（药物依赖）的诊断必须包括生物学、心理学、社会三种标准，缺一不可。因此，我们可以这样来表述吸毒成瘾（药物依赖）的概念：药物依赖是慢性的、复发性的，具有特征性戒断症状、脑功能受损、强烈心理渴求、社会功能受损的一组精神障碍。“慢性的、复发性的”是对药物依赖的病程规律、特点的描述，是病程标准；“特征性戒断症状、脑功能受损、强烈心理渴求”是对药物依赖的生物学、心理学特征的描述，是症状学标准；社会功能受损是对药物依赖者的社会功能的描述，是严重程度标准。“社会功能受损”包含四个方面的内容：一是自理生活的能力，二是人际沟通和交往的能力，三是工作能力或操持家务的能力，四是遵守社会行为规范的能力。需要注意的是，药物依赖所致的社会功能受损往往不止一个方面。中国精神障碍分类及诊断标准（CCMD-3）、国际疾病分类（ICD-10）、美国精神疾病诊断标准（DSM-Ⅳ）等医学诊断标准对于药物依赖的社会功能受损情况都有详细的描述：“一组”是指药物依赖是由多种精神活性物质所导致的，包含多个诊断单元；“精神障碍”是对药物依赖的性质的描述，说明药物依赖不是一种纯生物学的疾病，而是一种与心理、社会密切相关的生物、心理、社会功能障碍。

二、从法律的角度出发

（一）吸毒成瘾法律的解读

为规范吸毒成瘾认定工作，科学认定吸毒成瘾人员，依法对吸毒成瘾人员采取戒毒措施和提供戒毒治疗，根据《禁毒法》，公安部和卫计委联合制定《吸毒成瘾认定办法》（修订版于2017年4月1日起施行）中规定：“吸毒成瘾是指吸毒人员因反复使用毒品而导致的慢性复发性脑病，表现为不顾不良后果、强迫性寻求及使用毒品的行为，常伴有不同程度的个人健康及社会功能损害。”同时，该办法中第三条对吸毒成瘾的认定进行了明确，即“指公安机关或者其委托的戒毒医疗机构通过对吸毒人员进行人体生物样本检测、收集其吸毒证据或者根据生理、心理、精神的症状、体征等情况，判断其是否成瘾以及是否成瘾严重的工作。”

为何要从法律的角度对吸毒成瘾认定进行定义和解读呢？并不是所有使用致依赖性药品的行为都是吸毒行为，如癌症病人使用吗啡镇痛、外伤性骨折的病人使用哌替啶镇痛等，这些行为都不能被认定为吸毒。那么在现实实践中如何界定吸毒行为呢？

1. 吸毒人员同时具备以下情形的，公安机关认定其吸毒成瘾

（1）经血液、尿液和唾液等人体生物样本检测证明其体内含有毒品成分。

（2）有证据证明其有使用毒品行为。

（3）有戒断症状或者有证据证明吸毒史，包括曾经因使用毒品被公安机关查处、曾经进行自愿戒毒、人体毛发样品检测出毒品成分等情形。戒断症状的具体情形，参照卫计委制定的《阿片类药物依赖诊断治疗指导原则》和《苯丙胺类药物依赖诊断治疗指导原则》《氯胺酮依赖诊断治疗指导原则》确定。

2. 吸毒成瘾人员具有下列情形之一的，公安机关认定其吸毒成瘾严重

（1）曾经被责令社区戒毒、强制隔离戒毒（含《禁毒法》实施以前被强制戒毒或者劳教戒毒）、社区康复或者参加过戒毒药物维持治疗，再次吸食、注射毒品的。

（2）有证据证明其采取注射方式使用毒品或者至少3次累计涉及两类以上毒品的。

（3）有证据证明其使用毒品后伴有聚众淫乱、自伤自残或者暴力侵犯他人人身、财产安全或者妨害公共安全等行为的。

上述规定为我国公安机关禁毒部门快速、准确打击吸毒违法行为提供了政策上的保障，执法实践证明该规定具有较强的可操作性。

（二）吸毒行为的认定

但我们在戒毒实践中发现，在某些情况下，对于吸毒行为的认定并不好把握，特别是对于处方药的使用，如吗啡、丁丙诺啡、三唑仑、曲马朵、含阿片的止咳糖浆等。公安机关认为对于这些吸毒行为的认定还应注意以下四个方面。

1. 要注意使用的时间、地点

如果一个人在家中、在睡觉前使用了一定量的三唑仑帮助睡眠，一般不认为他在吸毒；如果一个人在家中、在咳嗽时使用了某些止咳糖浆，也不认为他吸毒。但如果以上情况发生于娱乐场所、发生于聚会时就要区别对待。

2. 要注意使用的动机

这是一个十分复杂、难以判断、但很重要的问题。如果一个人使用医师为治疗他摔伤的膝盖而给他开出的麻醉药品，大多数人不会被认为是在吸毒。但如果他使用这种麻醉药品只是喜欢药品带给他的那种感觉，那么就会认为他在吸毒。对于如何判断其动机，主要一点是寻找该行为发生情境中的一致性（何时、何地）。

3. 要注意使用方式、途径

这同样是重要的，常会成为判断的关键。多年以来，氯胺酮常被用于创伤外科的麻醉用药，虽然在麻醉恢复过程中会产生兴奋、躁动、幻觉，但并不认为是吸毒。但若将相同量的氯胺酮粉剂吸入外鼻内，会在较短的时间内产生兴奋、激动等感觉，并导致严重的依赖，就认为是吸毒行为。使用丁丙诺啡片剂含服镇痛，不认为是吸毒，但如果这个人将该含片用于注射，就认为是吸毒，改变原来的用药途径对于吸毒的认定十分重要。

4. 要注意使用的剂量

正常使用与滥用是有区别的，特别是对于处方药而言，如某些止咳糖浆的滥用，取决于人们的用量多少。

三、吸毒成瘾人员特征

大多数吸毒者在疯狂吸食毒品后身体会出现异常，导致外表和行为的改变。判断一个人是否吸毒，其实应当多观察，看吸毒者与平常有什么不同，有什么地方一反常态，这不仅仅是躯体上的变化，还要观察他们的性格变化、心理变化。家庭成员一旦开始吸毒，会表现出诸多行为及特征的异常改变，作为家庭的一员需要识别以下特征，从而尽早发现家人的不良习惯并给予帮助，及时挽救家人的未来。

（一）身体信号

通常会出现红眼睛，眼泪汪汪或目光呆滞，瞳孔大小与平日里不一样；未患感冒或过敏症，但是经常流鼻涕或流鼻血；嘴的周围长口疮或丘疹，有可能是吸食了大麻烟；手臂、大腿内侧、腋下等身体部位有针孔，用长袖衬衣或者文身来掩盖针孔，身体上有不正常的淤青；呼吸、身体、衣服中有特殊气味或浓重的烟味，或为了掩盖某种气味而喷洒了带有其他浓重气味的物质；手指或嘴唇有烧灼的痕迹，越来越不注意个人卫生，对穿着打扮也漫不经心；口齿不清；突然显著地消瘦或增胖；睡眠习惯改变，包括睡得比往常多或少，失眠或难以唤醒；走路变慢，摇摇晃晃，步履蹒跚；脸部有浮肿，或脸色苍白。

（二）行为特征

性格变得孤僻，喜欢独处；对家庭活动不感兴趣；对昔日的爱好失去兴趣；个人习惯和兴趣爱好有所改变；使用换气扇、空气清洁剂、熏香蜡烛、燃香的次数增多；最近经常在夜晚外出；交友情况有显著改变，经常跟新朋友出去玩，并且新朋友有可能沾染毒品；开始在家、学校或打工的单位打架斗殴；精神亢进，行为上或言语上变得粗暴；开车变得莽撞，经常被罚款，经常出现交通事故等；无故旷课、旷工，纪律和工作表现突然变坏；学习成绩或工作业绩下滑；在家偷钱或值钱的东西，或者经常向亲朋好友借钱；藏有毒品或吸毒工具，如注射器、锡纸、切断的吸管、匙羹、烟斗等。

（三）心理变化

抑郁、失落、沮丧；情绪不稳定，喜怒无常；焦虑，紧张；记忆力减退；出现幻视、幻听、妄想症；思维能力减退；暴躁不安；易怒。

出现以上这些身体、行为、心理方面的特征表明家庭成员可能沾染了毒品。但是若想确定家人是否真的吸毒，还需要进行科学的检测。此时可以通过沟通来走进家人的内心，了解真实情况。

本章导语

BENZHANG DAOYU

“罂粟花绽美妖娆，花香醉人是毒草。莫要眼迷去沾染，悔恨终身前途渺。痛下决心进监牢，戒掉毒瘾身体好。温馨家庭重再现，正常生活逞英豪。禁毒日：青山依旧人未老，洗心革面皆欢笑。”

“人生有的一次生命是无价的，也是脆弱的。它承载着你的亲人，朋友和整个社会赋予你的职责，所以它绝不仅仅仅是你一个人的。它承受不起任何不负职责的冒险，所以请珍惜你的生命——为自己，也为所有人——永远拒绝毒品！”

“闻，那毒品的世界散发出令人窒息的气息，不断地提醒着我们：毒品不能够沾，毒品不能够沾呀！看，那一个又一个的悲剧，时时刻刻在痛击着我们的心。听，那一声高过一声的哀号，不断地警告我们：远离毒品，珍爱生命。”

“许多人对毒品产生了好奇心，便想去尝试一下，可逐渐发展成瘾，想戒毒也来不及了。毒瘾发作时，如果没有毒品能吸，就会生不如死，痛不欲生，意志坚强的人都受不了。活生生的一个人，好似被魔鬼缠上，变成了傀儡般的行尸走肉。”

第五章　毒品诱惑

当今社会，为什么“毒魔”会诱使如此多的人吸毒？他们为何都甘愿坠入毒魔深渊？根据不少吸毒人员回忆，毒品具备一种特殊的“诱惑力”，可以带给自己最喜欢的“感觉”：“或者是多到数不完的钱，或者是以前没机会交往的女朋友，或者是建立属于自己的理想世界，或者是取得某项成功之后的达到最高极点的喜悦之情……”总之这些都是自己平时潜意识里最想要但是现实中又得不到的，虽然“自己”也知道这只是幻觉而已，但却总想继续沉溺于虚无的感觉当中，享受瞬间的心理释放。它还时不时换上不同的新奇“马甲”：跳跳糖、奶茶、止咳水、干花、浴盐……伪装或改造成我们常见的物品，出现在酒吧等娱乐场所。青少年正处在好奇心强、追求兴奋、喜爱刺激的年龄，毒品便有机会乘虚而入，诱惑青少年沾染它。

本章主要讲解涉毒及毒品犯罪相关的基本知识，以及纠正我们对毒品的错误认识。面对毒品的诱惑，青少年要从毒品专业知识和法律知识两方面来真正武装自己，为“防毒、拒毒，参与到禁毒斗争中去”做好充分的准备。

第一节　现场毒品的快速辨别

目前国家不断加大对毒品的打击力度，但是各种毒品的新型“马甲”也是在不断变换，作为专业人员对毒品的认知可以通过专业知识以及相关专业设备进行甄别，但是对于广大青少年如何在特殊场合下进行快速的辨别，这是一项非常迫切需要解决的技能问题。本节将介绍现场快速识别的方法，让大家处于安全境地。

普通人员现场快速识别毒品的方法一般通过外观检验或是采用毒品检测设备，根据毒品的外观物理特征和化学反应特征在较短时间内作出判断。某类毒品的颜色、形态、特殊的气味、特殊的溶解性能及其特殊的化学反应颜色都能直观、快速地提示毒品或易制毒化学品存在的可疑性。下面介绍常见毒品的现场快速识别方法。

一、常见毒品的现场识别方法

1. 鸦片类毒品的识别

鸦片主要有生鸦片、熟鸦片、鸦片渣等。①生鸦片有特殊的气味和苦味，呈褐色，外观极不规则，有平面状、球状等；②熟鸦片为黑色块状物质，鸦片渣呈珠状或粉末状，其质地更硬，略带香味。

吗啡主要有粗制吗啡、吗啡碱、吗啡片等。①粗制吗啡有粉末状或块状，呈白色、米色和深褐色，味苦，东南亚地区习惯称之为一号海洛因；②吗啡碱有鸦片的特殊气味，形状似细咖啡粒，毒品市场称为“黄皮”；③吗啡片为小片，呈米色或浅黄色。

海洛因按其成分和纯度不同分为一号至四号海洛因。一号海洛因，即粗制吗啡；二号海洛因呈浅灰褐色，压成砖块状；三号海洛因一般呈颗粒状，也有粉末状的，颜色从浅棕色到深灰色；四号海洛因开拆后有少许醋味，包装及牌号特殊。

2. 大麻类毒品的识别

大麻主要有粗制大麻、精制大麻、大麻脂、大麻油等。①一般常见的有粗制大麻为原生植物的各部分（如叶、花、茎和种子），这些容易与树叶、茶叶相混淆，有草腥味，略感麻性。混合于香烟内的大麻烟叶与烟叶相同，颜色较为一致，但是可以使用5倍大的放大镜观察烟叶和大麻叶的植物脉络就可以区分；②精制的大麻，仅含有细碎的叶茎和花穗，新鲜时呈暗绿色，放久或暴露后变为棕色、褐色；③大麻脂以过滤、打浆等抽取方法收集、压缩成块状。固定成形的方式不同，其硬度、形状也不相同，外观有颗粒状、片状或块状，呈深绿色、浅棕色、黑色，有特殊的气味。用热水浸泡溶解，呈深绿色混溶状，气味较腥、较麻。有些块状物有凹形花纹、文字，一般被认为是毒品产地的商标记号；④大麻油是一种具有特殊气味，呈绿色或棕色，具有黏性的油状液体。由于加工过程不同，大麻油的颜色不一，常见的有琥珀色、深绿色、棕色或黑色。

3. 古柯类毒品的识别

常见古柯类毒品主要有古柯叶、古柯膏（糊）、可卡因碱和盐酸可卡因等。①古柯叶的外观形体与月桂树叶类似，为长椭圆形，呈深绿色，叶子的背面有两条与中间主叶脉相平行的纵向叶脉线，这是识别古柯叶的主要特征；②古柯膏为呈浅白色、乳白色或米色的粉状物，颗粒较粗且为潮湿的团块状，轻压即能粉碎，有特殊气味；③纯品可卡因生物碱是无色或白色柱状结晶，具有苦味，易溶于乙醇、乙醚、苯、氯仿等，难溶于水；④盐酸可卡因为无色柱状结晶或白色结晶状粉末，具有光泽，近似透明，即使碾碎后仍呈闪光的晶体状，味苦，尝起来舌头感到麻木，易溶于水、乙醚、氯仿等。

4. 苯丙胺类毒品的识别

常见的有苯丙胺、甲基苯丙胺以及亚甲基甲基苯丙胺（MDA）、亚甲二氧基甲基苯丙胺（MDMA），这些物质本身为液体，不稳定，常以盐类如盐酸盐、硫酸盐及磷酸盐形式存在。①地下黑工厂非法生产的苯丙胺硫酸盐为白色粉末，由于成品中含有杂质或掺有各种添加剂，如色料，使得其色泽呈粉色、黄色或褐色，无臭，略带有苦辣味，常以片剂、粉末、胶囊、糖浆等形式出售；②非法生产的甲基苯丙胺，形状为白色透明结晶体，与普通冰块相似。在走私冰毒中常掺有葡萄糖、乳糖、蔗糖、硫酸镁、谷氨酸钠、咖啡因、麻黄碱、普鲁卡因、安替比林等。常以片剂、块状、颗粒和无色液体形式出售，偶有以邮票（将棉纸做成邮票形状，将其浸泡在上述液体中，晾干）等样式出现；③苯丙胺盐酸盐纯品为白色粉末，常以白色、红色、橘黄色、蓝绿色和棕色等五颜六色片剂出售，药片上刻有“鸟”“五星”“菱形”或者英文“LOVE”等标志，也有无标志。

5. 致幻剂类毒品的识别

目前常见的致幻剂类毒品主要有麦角酰二乙胺（LSD）、麦司卡林、苯环利定（PCP）等。① LSD 为白色晶体，无味，难溶于水，易溶于甲醇，在碱性溶液中易分解，对光不稳定，LSD 的剂型为粉剂、溶液、纸型、剂量类似“微剂型”的小片和胶囊；②麦斯卡林的外形为结晶体，溶于水、乙醇和氯仿，几乎不溶于乙醚，其盐酸盐为针状结晶溶于水和乙醇，走私过程中常常制作成“花粉”“药片”“胶囊”等形状；③ PCP 通常以盐酸盐的形式存在，外形为白色结晶粉末，无臭、极易溶于水、乙醇和氯仿、大多数地下黑市交易的 PCP 因伴有其他杂质而呈现出棕黄色、褐色，形态有粉末状和黏稠状，成品有片剂和胶囊。

6. 抑制剂类毒品的识别

中枢抑制剂主要是指巴比妥类和安定类药物。①巴比妥类催眠药多为白色结晶或结晶性粉末，无臭，味苦，巴比妥的外形为白色长方形结晶，易溶于乙醇等有机溶剂，但不溶于水；②戊巴比妥钠的外形为白色结晶性粉末，无臭，味苦硝西泮为黄色结晶性粉末，无臭，味微苦，几乎不溶于乙醚和绝大多数有机溶剂，但极易溶于水和乙醇，其水溶液加酸酸化可以析出戊巴比妥的白色沉淀，硫喷妥钠呈浅黄色，略有蒜样臭味；③安定类药物中的氨氮纯品为淡黄色结晶粉末，无臭，味苦；④安定纯品为白色结晶性粉末，无臭，味苦；⑤硝基西泮为黄色结晶粉末，无臭，无味；⑥三唑仑的外形为白色或微黄色结晶性粉末，无味，难溶于水，可溶于乙醇，可以伴随酒精类共同服用，也可溶于水及各种饮料中；⑦安眠酮纯品为白色结晶性粉末，无臭，味微苦，在水中几乎不溶，易溶于氯仿、苯、乙醇、丙酮等有机溶剂；⑧氯胺酮（俗称 K 粉）的盐酸盐为白色结晶性粉末，微溶于乙醇，能溶于水，水溶液呈酸性。

二、人体内毒品代谢物的现场快速识别

人体内毒品及代谢物的检验可通过吸毒者的尿液、血液、毛发来进行。毒品一经吸食，会相应地在尿液、血液、唾液等生物检材中留下痕迹，成为认定吸毒违法行为的证据。不同种类的检材具有不同的吸毒追溯期。例如，毒品在尿液中的追溯期一般不超过 3 天，一旦尿检呈阳性，通常表明被检测人员在 3 天内使用过毒品；血液检测毒品呈阳性，能表明被检测人员在几小时（一般不超过 24 小时）内使用过毒品。一旦超过期限，血液、尿液中便检测不到毒品成分。根据公安部颁发的《涉毒人员毛发样本检测规范》的第十条："发根端 3 厘米以内的头发样本检测结果为阳性的，表明被检测人员在毛发样本提取之日前 6 个月以内摄入过毒品。"目前，市场上已有吗啡、海洛因、苯丙胺、甲基苯丙胺（MDA）、摇头丸、氯胺酮尿液等胶体金法检测试剂。毛发测毒仪，看起来有点像小型打印机，只要把检测者的毛发放进右侧的盖板下面，盖上盖板，几分钟后就会显示结果，此人 6 个月内有没有吸过毒。

（一）尿液检测的原理

尿液检测试剂的工作原理是通过"免疫层析分析技术"（抗原 – 抗体的作用原理）来定性人体尿液中是否含有毒品。当尿液样品滴入快速检验板孔后，与胶体金标记的抗毒品单克隆抗体作用，因毛细原理会自动推动紫色抗体在合成膜上面移动。当尿液中毒品达到一定量时，即与经胶体金标记的抗毒品单克隆抗体全部反应，而使其不能与预涂于合成膜上（检测区）的毒品抗原结合，检测区不出现紫红色线条，而仅在质控区出现一条紫红线条，结果为阳性。反之在检测区及质控区均出现紫红线条，即两条紫红线条，结果为阴性。

（二）尿检试剂的使用方法

在进行尿液测试前必须先完整阅读使用说明书，使用前将快诊盒和尿样标本恢复至室温。具体的操作步骤如下。

（1）从原包装铝锚袋中取出毒品快速诊断试剂盒（图 4–1，图 4–2），在 1 小时内尽快地使用快诊盒，特别是在室温高于 30 摄氏度和高度潮湿的环境中。

（2）单一检测试剂则是将尿液通过吸管汲取后滴 3 ~ 4 滴至试剂"尿液滴孔"

中，等待 3 ~ 5 分钟（图 4–3）；多合一的试剂为拔掉试剂盒盖，将测试板浸入尿液中，并确保尿液不接触塑料板，等待 3 ~ 5 分钟（图 4–4）。

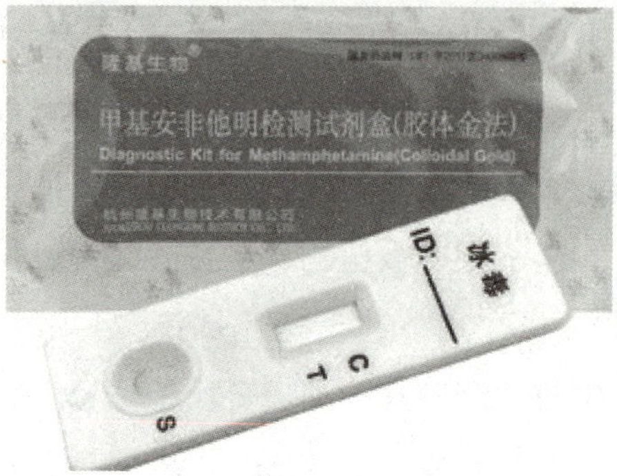

图 4–1　单一毒品的尿检检测试剂

图 4–2　多合一的尿检测试试剂

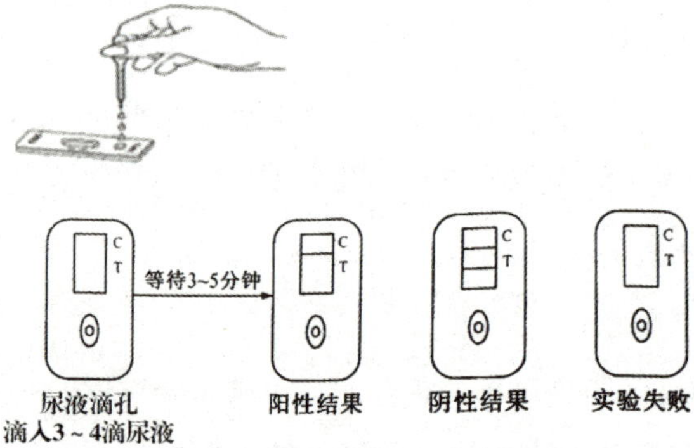

图 4–3　单一尿检试剂操作过程

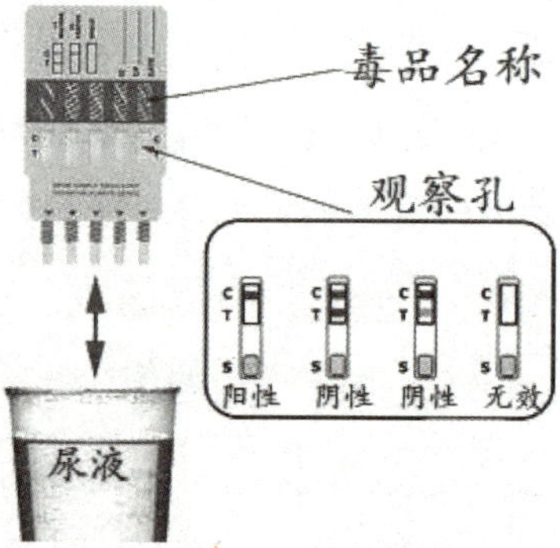

图 4–4　多合一尿检试剂操作过程

（3）等待质控区（C）紫红色条带出现后，取出试剂板，盖上盖子，置于干净平坦台面上。

（4）测试结果应在加尿液样本后 5 分钟时读取，10 分钟以后读取无效。

（5）如果只有质控区（C）出现一条紫红色条带，在测试区（T）内无紫红色条出现，测试结果为阳性，根据测试区（T）未出现紫红色条带的位置，判定此尿液中含有该种毒品。

（6）如果质控区（C）出现两条紫红色条带，一条位于测试区（T）内，另一条位于质控区(C)，测试结果为阴性，表明尿液中检测不出毒品。需要注意的是，测试区(T)内的紫红色条带可显现出颜色深浅不一的现象，在规定的观察时间内，不论该色带颜色深浅，即使只有非常弱的色带也应判为阴性结果。

（三）毛发检测技术

传统的毒品检测主要采用尿液胶体免疫检测方法，毒品进入体内后具有半衰期短、代谢速度快、体内含量低和化学性质不稳定等特点，而常规的毒物检材（如血液、尿液等）仅适用于短期体内滥用药物的检测。人的毛发具有易保存、稳定、检测时限长和分段分析可以反映较长时间的用药史等优点，弥补了体液检材的不足。毛发验毒之所以有更长的追溯期，主要是因为毒品在毛发中的存留机理和在血液、尿液等生物样品中相比有显著差异。毒品进入尿液、血液是一个持续代谢和快速降解的过程，毒品痕迹几天内就会完全消失，而毒品进入人体后，会随着血液循环进入毛囊，毒品原体及其代谢物会被毛发中的角质蛋白固定，并稳定地保留在毛发中，记录吸毒信息的头发长出头皮后，毒品及其代谢物会随着头发的生长从发根一端往发梢一端迁移，由此，通过分段检验可以反推出被检测人员的吸毒史。也正是基于上述原理，2017 年修订后的《吸毒检测程序规定》第六条规定，将毛发样本列入检测吸毒的合法生物样本。近年来公安机关逐步采用毛发检测作为毒品检测的重要手段。

正常规律生长的头发，从发根端算起，基本 1 厘米可以检测 1 个月内的吸毒情况，一般男士短发可采集 3 厘米左右的长度，基本可以检测 6 个月内的吸毒情况，因此理论上，头发足够长的话，可以检测出 2 ～ 3 年内的吸毒情况。

毛发中毒品实际检测含量值在《涉毒人员毛发样本检测规范》第九条规定的阈值以上的，就认定检测结果为阳性。例如吗啡、甲基苯丙胺、氯胺酮的阈值为 0.2 纳克 / 毫克，可卡因的阈值为 0.5 纳克 / 毫克，四氢大麻酚的阈值为 0.05 纳克 / 毫克。

毛发可不仅仅局限于头发，所有生长于身体的毛发，包括眉毛、胡子、腋毛、腿毛、阴毛等，都属于可以采集的毛发生物样本。所以，吸毒人员不要心存侥幸，哪怕吸毒后剃光所有体毛，只要对半年内再长出来的毛发进行检测，还是会暴露出吸毒史。目前，社会公益机构也有开展毛发检测的服务，例如杭州云戒公益性质服务平台，面向全社会开展防毒、戒毒的公益咨询，拥有毒品检测全流程实验室，提供毒品及其他物质或非物质成瘾疾病的全方位评估、主要针对家庭进行毒品预防教育，拒毒训练以及个性化戒毒等服务。

第二节　涉毒及毒品犯罪

一、涉毒及毒品犯罪简介

（一）基本情况

涉毒是指与毒品相关的违法犯罪行为，包括吸毒、毒品犯罪、吸食毒品后造成的危害社会的违法犯罪行为（如毒驾等）。毒品犯罪是指违反国家和国际有关禁毒法律、法规，破坏毒品管制活动，应该受到刑法处罚的犯罪行为。

目前我国《刑法》规定了 12 种具体的毒品相关罪名：

（1）走私、贩卖、运输、制造毒品罪（第三百四十七条）。

（2）非法持有毒品罪（第三百四十八条）。

（3）包庇毒品犯罪分子罪（第三百四十九条）。

（4）窝藏、转移、隐瞒毒品、毒赃罪（第三百四十九条）。

（5）走私制毒物品罪（第三百五十条）。

（6）非法买卖制毒物品罪（第三百五十条）。

（7）非法种植毒品原植物罪（第三百五十一条）。

（8）非法买卖、运输、携带、持有毒品原植物种子、幼苗罪（第三百五十二条）。

（9）引诱、教唆、欺骗他人吸毒罪（第三百五十三条）。

（10）强迫他人吸毒罪（第三百五十三条）。

（11）容留他人吸毒罪（第三百五十四条）。

（12）非法提供麻醉药品、精神药品罪（第三百五十五条）。

其中，走私、贩卖、运输、制造毒品罪和非法持有毒品罪称为常见（发）毒品犯罪。

如果单纯是个人吸毒行为，属于违法行为（违反了《治安处罚法》和《禁毒法》）。根据“罪刑法定原则”，目前在中国《刑法》中的 468 个（类）罪名中并没有吸毒罪，但是吸毒行为往往又掺杂了“非法持有毒品”“包庇毒品犯罪分子”“窝藏、转移、隐瞒毒品、毒赃”“非法生产、买卖、运输制毒物品、走私制毒物品”等犯罪行为，所以吸毒的人很容易涉罪受罚。

对于吸毒行为（一般指初涉、在一定场所吸食或受他人蒙蔽吸食）属于违法行为，可以根据《治安处罚法》和《禁毒法》给予行政处罚或施以戒毒治疗、社区戒毒、强制隔离戒毒措施，对吸毒中涉嫌犯罪行为的予以刑事处罚。对此，在《治安处罚法》《禁毒法》《刑法》中都有相应的法律规定。

（二）毒驾

日常生活中的“毒驾”也属于涉毒行为。毒驾，是指未戒掉毒瘾的戒毒人员和正在使用毒品的驾驶员驾驶机动车的行为，存在安全驾驶的隐患。“毒驾”和“酒驾”都是机动车驾驶员上路前绝对禁止的行为，但是目前我国刑法并未对单纯的“毒驾”行为作出法律责任的明确规定。在没有造成任何后果的情况下，“毒驾”仅仅受到行政处罚，即单纯的毒驾行为只是违法，不构成犯罪，但是“毒驾”比酒驾危害更甚（酒后驾车比正常反应时间慢 12%，“毒驾”则比正常反应时间慢 21%），如果造成了交通事故或者其他恶劣的情况，根据情节和后果的不同，可能会构成“交通肇事罪”或者是“以危害方法危害公共安全罪”。

《机动车驾驶证申领和使用规定》（简称“123 号令”），对吸毒人员申请驾驶证实行“零容忍”，对吸毒成瘾未戒除者驾驶机动车，一律注销驾驶证。而 3 年内有吸食、注射毒品行为或者解除强制隔离戒毒措施未满 3 年的，不得申请驾驶证；驾驶人吸食、注射毒品后驾驶机动车或者正在执行社区戒毒、强制隔离戒毒、社区康复措施的，要注销驾驶证。

二、毒品犯罪刑事责任年龄及能力

毒品犯罪刑事责任年龄，是指法律所规定的自然人对自己所实施的毒品犯罪行为应负刑事责任必须达到的年龄。毒品犯罪刑事责任能力，是指毒品犯罪行为人能够正确辨认自己行为的社会性质及其意义，并能够控制和支配自己行为的能力。

（1）已满 16 周岁的人实施毒品犯罪，应当负刑事责任。

（2）已满 14 周岁不满 16 周岁的人，犯贩卖毒品罪的，应当负刑事责任。

（3）已满 14 周岁不满 18 周岁的人实施毒品犯罪，应当从轻或减轻处罚。

三、毒品犯罪种类

根据《刑法》的规定，毒品犯罪种类包括以下方面。

（一）走私、贩卖、运输、制造毒品罪

第三百四十七条走私、贩卖、运输、制造毒品，无论数量多少，都应当追究刑事责任，予以刑事处罚。

走私、贩卖、运输、制造毒品，有下列情形之一的，处十五年有期徒刑、无期徒刑或者死刑，并处没收财产：

（1）走私、贩卖、运输、制造鸦片1000克以上、海洛因或者甲基苯丙胺50克以上或者其他毒品数量大的。

（2）走私、贩卖、运输、制造毒品集团的首要分子。

（3）武装掩护走私、贩卖、运输、制造毒品的。

（4）以暴力抗拒检查、拘留、逮捕，情节严重的。

（5）参与有组织的国际贩毒活动的。

走私、贩卖、运输、制造鸦片200克以上不满1000克、海洛因或者甲基苯丙胺10克以上不满50克或者其他毒品数量较大的，处7年以上有期徒刑，并处罚金。

走私、贩卖、运输、制造鸦片不满200克、海洛因或者甲基苯丙胺不满10克或者其他少量毒品的，处3年以下有期徒刑、拘役或者管制，并处罚金；情节严重的，处3年以上7年以下有期徒刑，并处罚金。

单位犯第二款、第三款、第四款罪的，对单位判处罚金，并对其直接负责的主管人员和其他直接责任人员，依照各该款的规定处罚。

利用、教唆未成年人走私、贩卖、运输、制造毒品，或者向未成年人出售毒品的，从重处罚。

对多次走私、贩卖、运输、制造毒品，未经处理的，毒品数量累计计算。

（二）非法持有毒品罪

第三百四十八条非法持有鸦片1000克以上、海洛因或者甲基苯丙胺50克以上或者其他毒品数量大的，处7年以上有期徒刑或者无期徒刑，并处罚金；非法持有鸦片200克以上不满1000克、海洛因或者甲基苯丙胺10克以上不满50克或者其他毒品数量较大的，处3年以下有期徒刑、拘役或者管制，并处罚金；情节严重的，处3年以上7年以下有期徒刑，并处罚金。

非法持有罂粟壳40千克以上构成非法持有毒品罪。

（三）包庇毒品犯罪分子罪；窝藏、转移、隐瞒毒品、毒赃罪

第三百四十九条包庇走私、贩卖、运输、制造毒品的犯罪分子的，为犯罪分子窝藏、转移、隐瞒毒品或者犯罪所得的财物的，处3年以下有期徒刑、拘役或者管制；情节严重的，处3年以上10年以下有期徒刑。

缉毒人员或者其他国家机关工作人员掩护、包庇走私、贩卖、运输、制造毒品的犯罪分子的，依照前款的规定从重处罚。

犯前两款罪，事先通谋的，以走私、贩卖、运输、制造毒品罪的共犯论处。

（四）非法生产、买卖、运输制毒物品、走私制毒物品罪

第三百五十条违反国家规定，非法运输、携带醋酸酐、乙醚、三氯甲烷或者其他用于制造毒品的原料或者配剂进出境的，或者违反国家规定，在境内非法买卖上述物品的，处3年以下有期徒刑、拘役或者管制，并处罚金；数量大的，处3年以上10年以下有期徒刑，并处罚金。

明知他人制造毒品而为其提供前款规定的物品的，以制造毒品罪的共犯论处。

单位犯前两款罪的，对单位判处罚金，并对其直接负责的主管人员和其他直接责任人员，依照前两款的规定处罚。

（五）非法种植毒品原植物罪

第三百五十一条非法种植罂粟、大麻等毒品原植物的，一律强制铲除。有下列情形之一的，处5年以下有期徒刑、拘役或者管制，并处罚金：

（1）种植罂粟500株以上不满3000株或者其他毒品原植物数量较大的。

（2）经公安机关处理后又种植的。

（3）抗拒铲除的。

非法种植罂粟3000株以上或者其他毒品原植物数量大的，处5年以上有期徒刑，并处罚金或者没收财产。

非法种植罂粟或者其他毒品原植物，在收获前自动铲除的，可以免除处罚。

（六）非法买卖、运输、携带、持有毒品原植物种子、幼苗罪

第三百五十二条非法买卖、运输、携带、持有未经灭活的罂粟等毒品原植物种子或者幼苗，数量较大的，处3年以下有期徒刑、拘役或者管制，并处或者单处罚金。

（七）引诱、教唆、欺骗他人吸毒罪；强迫他人吸毒罪

第三百五十三条引诱、教唆、欺骗他人吸食、注射毒品的，处3年以下有期徒刑、拘役或者管制，并处罚金；情节严重的，处3年以上7年以下有期徒刑，并处罚金。强迫他人吸食、注射毒品的，处3年以上10年以下有期徒刑，并处罚金。引诱、教唆、欺骗或者强迫未成年人吸食、注射毒品的，从重处罚。

（八）留容他人吸毒罪

第三百五十四条容留他人吸食、注射毒品的，处3年以下有期徒刑、拘役或者管制，并处罚金。

（九）非法提供麻醉药品、精神药品罪

第三百五十五条依法从事生产、运输、管理、使用国家管制的麻醉药品、精神药品的人员，违反国家规定，向吸食、注射毒品的人提供国家规定管制的能够使人形成瘾癖的麻醉药品、精神药品的，处3年以下有期徒刑或者拘役，并处罚金；情节严重的，处3年以上7年以下有期徒刑，并处罚金。向走私、贩卖毒品的犯罪分子或者以牟利为目的，向吸食、注射毒品的人提供国家规定管制的能够使人形成瘾癖的麻醉药品、精神药品的，依照本法第三百四十七条的规定定罪处罚。

单位犯前款罪的，对单位判处罚金，并对其直接负责的主管人员和其他直接责任人员，依照前款的规定处罚。

四、毒品犯罪的分类

从行为的性质分类，把毒品犯罪分为消费型、经营型、持有型和破坏禁毒活动型四类。

（一）消费型毒品犯罪具体包括

（1）引诱、教唆、欺骗他人吸毒罪。

（2）强迫他人吸毒罪。

（3）容留他人吸毒罪。

（4）非法提供麻醉药品、精神药品罪。

（二）经营性毒品犯罪具体包括

（1）走私、贩卖、运输、制造毒品罪。

（2）走私制毒物品罪。

（3）非法买卖制毒物品罪。

（4）非法种植毒品原植物罪。

（5）非法买卖、运输、携带、持有毒品原植物种子、幼苗罪。

（三）持有型毒品犯罪主要指非法持有毒品罪

（四）破坏禁毒活动型毒品犯罪具体包括

（1）包庇毒品犯罪分子罪。

（2）窝藏、转移、隐瞒毒品毒赃罪。

（3）洗钱罪。

这种分类主要是这个分类标准反映的是不同毒品犯罪的不同社会危害，不同的毒品犯罪行为存在不同的社会危害。比如营利性的毒品犯罪是危害最大的犯罪，因为其营利性会使得这些毒品犯罪行为的感染性、牵连性、罪恶性都比其他犯罪要大；破坏性毒品犯罪总体来说只是毒品犯罪的辅助行为，不算毒品犯罪里面的核心行为；持有型毒品犯罪则基本上是营利性毒品犯罪的推定行为。

五、走私、贩卖、运输、制造毒品罪毒品案件定罪量刑标准

为依法严惩毒品犯罪，根据《刑法》分则第六章第七节的规定：

第一条走私、贩卖、运输、制造、非法持有下列毒品，应当认定为《刑法》第三百四十七条第二款第（一）项、第三百四十八条规定的“其他毒品数量大”情况如下：

（1）苯丙胺类毒品（甲基苯丙胺除外）100 克以上。

（2）大麻油 5 千克、大麻脂 10 千克、大麻叶及大麻烟 150 千克以上。

（3）可卡因 50 克以上。

（4）吗啡 100 克以上。

（5）杜冷丁 250 克以上（针剂 100 毫克 / 支规格的 2500 支以上，50 毫克 / 克规格的 5000 支以上；片剂 25 毫克 / 片规格的 10000 片以上，50 毫克 / 片规格的 5000 片以上）。

(6)盐酸二氯埃托啡十毫克以上(针剂或者片剂20微克/支、片规格的500支、片以上)。

(7)咖啡因200千克以上。

(8)罂粟壳200千克以上。

(9)上述毒品以外的其他毒品数量大的。

第二条走私、贩卖、运输、制造、非法持有下列毒品，应当认定为刑法第三百四十七条第三款、第三百四十八条规定的“其他毒品数量较大”情况如下：

(1)苯丙胺类毒品(甲基苯丙胺除外)20克以上不满100克。

(2)大麻油1000克以上不满5000克，大麻脂2千克以上不满10千克，大麻叶及大麻烟30千克以上不满150千克。

(3)可卡因10克以上不满50克。

(4)吗啡20克以上不满100克。

(5)杜冷丁50克以上不满250克(针剂100毫克/支规格的500支以上不满2500支，50毫克/支规格的1000支以上不满5000支；片剂25毫克/片规格的2000片以上不满10000片，50毫克/片规格1000片以上不满5000片)。

(6)盐酸二氢埃托啡2毫克以上不满10毫克(针剂或者片剂20微克/支、片规格100支、片以上不满500支、片)。

(7)咖啡因50千克以上不满200千克。

(8)罂粟壳50千克以上不满200千克。

(9)上述毒品以外的其他毒品数量较大的。

第三条具有下列情形之一的，可以认定为刑法第三百四十七条第四款规定的“情节严重的”情况如下：

(1)走私、贩卖、运输、制造鸦片140克以上不满200克、海洛因或者甲基苯丙胺7克以上不满10克或者其他数量相当毒品的。

(2)国家工作人员走私、制造、运输、贩卖毒品的。

(3)在戒毒监管场所贩卖毒品的。

(4)向多人贩毒或者多次贩毒的。

(5)其他情节严重的行为。

第四条违反国家规定，非法运输、携带进出境或在境内非法买卖醋酸酐、乙醚、三氯甲烷或者其他用于制造毒品的原料或者配剂达到下列数量标准的，依照刑法第三百五十条第一款的规定定罪处罚：

（1）麻黄碱、伪麻黄碱及其盐类和单方制剂 5 千克以上不满 50 千克；麻黄浸膏粉 100 千克以上不满 1000 千克。

（2）醋酸酐、三氯甲烷 200 千克以上不满 2000 千克。

（3）乙醚 400 千克以上不满 3000 千克。

（4）上述原料或者配剂以外其他相当数量的用于制造毒品的原料或者配剂。

违反国家规定，非法运输、携带进出境或者在境内非法买卖用于制造毒品的原料或者配剂，超过前款所列数量标准的，应当认定为刑法第三百五十条第一款规定毒品犯罪已被列为重点打击的犯罪活动之一，对涉毒犯罪，依法判决死刑的，在复核时，能够执行死刑的，一律核准。表明了国家打击毒品犯罪的决心。

六、走私、贩卖、运输、制造毒品罪量刑标准介绍

量刑主要分为四档：分别是 3 年以下、3 ~ 7 年、7 ~ 15 年、15 年至无期、死刑。为便于记忆和查询，总结如下。

（一）3 年以下

（1）走私、贩卖、运输、制造鸦片不满 140 克。

（2）海洛因或者甲基苯丙胺不满 7 克。

（3）其他少量毒品。

（二）3 ~ 7 年

（1）走私、贩卖、运输、制造鸦片 140 ~ 200 克。

（2）海洛因或者甲基苯丙胺 7 ~ 10 克。

（3）其他数量相当毒品。

（4）国家工作人员走私、制造、运输、贩卖毒品。

（5）在戒毒监管场所贩卖毒品。

（6）向多人贩毒或者多次贩毒。

（7）其他情节严重的行为。

（三）7 ~ 15 年

（1）走私、贩卖、运输、制造鸦片 200 ~ 1000 克。

（2）海洛因或者甲基苯丙胺 10 ~ 50 克。

（3）其他毒品数量较大的：①苯丙胺类毒品（甲基苯丙胺除外）20 克以上不满 100 克；②大麻油 1 千克以上不满 5 千克，大麻脂 2 千克以上不满 10 千克，大麻叶及大麻烟 30 千克以上不满 150 千克；③可卡因 10 克以上不满 50 克；④吗啡 20 克以上不满 100 克；⑤杜冷丁 50 克以上不满 250 克（针剂 100 毫克 / 支规格的 500 支以上不满 2500 支，50 毫克 / 支规格的 1000 支以上不满 5000 支；片剂 25 毫克 / 片规格的 2000 片以上不满 10000 片，50 毫克 / 片规格的 1000 片以上不满 5000 片）；⑥盐酸二氢埃托啡 2 毫克以上不满 10 毫克（针剂或者片剂 20 微克 / 支、片规格的 100 支、片以上不满 500 支、片）；⑦咖啡因 50 千克以上不满 200 千克；⑧罂粟壳 50 千克以上不满 200 千克；⑨上述毒品以外其他毒品数量较大的。

（四）15 年、无期、死刑

（1）走私、贩卖、运输、制造鸦片 1 千克以上。

（2）海洛因或者甲基苯丙胺 50 克以上。

（3）其他毒品数量大的：①苯丙胺类毒品（甲基苯丙胺除外）100 克以上；②大麻油 5 千克、大麻脂 10 千克、大麻叶及大麻烟 150 千克以上；③可卡因 50 克以上；④吗啡 100 克以上；⑤杜冷丁 250 克以上（针剂 100 毫克 / 支规格的 2500 支以上，50 毫克 / 支规格的 5000 支以上；片剂 25 毫克 / 片规格的 10000 片以上，50 毫克 / 片规格的 5000 片以上）；⑥盐酸二氢埃托啡 10 毫克以上（针剂或者片剂 20 微克 / 支、片规格的 500 支、片以上）；⑦咖啡因 200 千克以上；⑧罂粟壳 200 千克以上；⑨上述毒品以外其他毒品数量大的。

（4）走私、贩卖、运输、制造毒品集团的首要分子。

（5）武装掩护走私、贩卖、运输、制造毒品。

（6）以暴力抗拒检查、拘留、逮捕，情节严重。

（7）参与有组织的国际贩毒活动。

第三节 误区与解惑

青少年对毒品的认知存在主观或片面的现象，甚至存在误区，由此放松了对毒品的警惕，不经意间就会走向吸毒及犯罪之路。鉴于此，本节希望通过分析解读一些常见的毒品知识误区，从专业角度，对这些错误的认知观点进行批驳，进行正确引导，加以纠正，帮助青少年树立理想、信念，建立正确的认知体系，让青少年真正认清毒品，抵御毒品诱惑。

传言一：“意志力强大的人吸毒不会上瘾。”“吸毒如果仅仅偶尔吸一两次，一般都不会上瘾。”

这种说法都是错误的。人们总喜欢高估自己的意志力，低估外界的诱惑力。很多吸毒人员在回顾自己“掉入毒坑”的原因中，很多人都是认为自己的意志力强大，偶尔吸一两次毒品不会上瘾，却没想到无一例外地沦为毒品的奴隶。

吸毒成瘾是一个循序渐进的过程，一些人因为在前期吸食一两次觉得没什么异常，便认为毒品不过如此，只要意志力强大就不会上瘾。这些误区无疑会害了自己，也会影响到更多人对吸毒成瘾的认知，要知道吸毒上瘾并不仅仅是指生理方面，更有心理、社会、环境等诸多因素。一个人能接触到毒品，就代表他已经触及毒品这个圈子。自认为意志力强大的人，一旦陷入毒品圈子的环境中，便会丧失自制力，加上毒友们的怂恿，他们逐渐从偶尔吸食发展到频繁吸毒，待身体适应毒品，悔之已晚。

传言二：“既然成功在于尝试，我们遇到了毒品也可以尝试一次。”

这种说法是错误的。他们偷换了“成功”的概念，并混淆了成功与尝试之间的逻辑关系，吸食毒品的行为和结果与“成功”是八竿子打不到的关系，且吸毒是违法行为，决不能尝试！

传言三：“吸毒的人都是骨瘦如柴，面黄肌瘦，一眼就能分辨出来！”

这种说法是不全面、不精准的。早期我国禁毒宣传的照片，无一例外都是采用一些骨瘦如柴、面黄肌瘦的海洛因吸毒人员，这固然能让人留下深刻又恐怖的印象，但又容易让人产生误解，认为只要吸毒就会骨瘦如柴、面黄肌瘦。

海洛因之所以让人骨瘦如柴、面黄肌瘦，是因为其会破坏人体的消化系统，导致吸毒人员进食困难，甚至患上厌食症，即使勉强吃进食物，消化系统也难以吸收营养，长期的营养不良或无营养摄入，吸毒人员消瘦则是必然的结果。

时过境迁，毒品的迭代更新，化学合成毒品冰毒、麻古逐渐代替海洛因，成为新一代流行毒品。与以往海洛因吸食者不同，合成毒品吸食者在样貌上与常人并无太大区别，特别是在吸毒初期，不会有异常表现。这也导致很多人认为，合成毒品没什么危害。诚然与海洛因伤害人体器官相比，合成毒品并不会让人骨瘦如柴、面黄肌瘦，但是它们会像温水煮青蛙一样，刺激和破坏使用者的大脑和中枢神经系统，最终导致幻觉、妄想等精神障碍。长期吸食合成毒品后，同样也会让吸食者的外貌产生很大的变化，如样貌衰老，皮肤暗沉，邋遢，不符合年龄特征。

传言四："吸毒后能产生想要什么就有什么的幻觉。"

这种说法是不全面的。早期鸦片类毒品会使人产生"白日梦"般的荒诞想象场景。至于能让人产生幻觉的物质，如 K 粉、LSD 等，确实能让人产生光怪陆离的迷幻感。但这不是所谓的想要什么就有什么的幻觉，更多的是一种感知与意识的分离性幻觉。这种幻觉更像是进入一种虚幻的梦境，不受思维的控制，有些会令人"愉悦"，有些却会令人"恐惧和痛苦"。近几年媒体报道中频繁出现因吸毒产生幻觉暴力伤人或跳楼坠亡的新闻事件就是典型代表，不确定性的幻觉才是吸食后的真正表现。

传言五："吸毒能让人更有创作力，产生灵感。"

这种说法是错误的。吸毒激发灵感成为娱乐圈某些"名人"吸食毒品的借口，仿佛没有毒品就没有明星的辉煌事业。不否认很多天才明星都有沾染过毒品的经历，如获得诺贝尔文学奖的鲍勃·迪伦，但是他在 1966 年接受采访中说过一段话："我住在纽约的时候曾经有过一段对毒品十分沉迷的日子，那段时间我因为毒瘾身体非常虚弱，但是我戒掉了它。"从这番言论中，我们可以看到，鲍勃·迪伦并没有认为吸毒给他带来了创作的灵感，反而是给自己的身体造成很大伤害。事实上吸毒不仅没给明星灵感，反而毁掉了很多天才巨星。

吸食毒品根本不能激发灵感，相反还可能抑制创造力。多项研究证明，吸食毒品具有毒害神经的作用，特别是对青少年的损害。吸食毒品还会改变感官知觉，降低短期记忆力、注意力和运动技能，吸食大麻对年轻人的影响尤其大。数据显示，在 18 ~ 24 岁的成人当中，吸食毒品，特别是新型毒品对认知功能和其他记忆进程的影响可能更严重。长期消费毒品也有可能会患上精神疾病。

传言六："美沙酮作为海洛因阿片类的替代性的治疗药物，是因为它没有成瘾性。"

这种说法是不全面的。美沙酮替代递减法是阿片类成瘾的常规戒毒方法之一，本疗法的目标是消除阿片类毒品的非法使用，使病人恢复正常人的工作、学习、生活方式，减少犯罪和反社会行为。美沙酮属于阿片类物质，美沙酮长期使用一样可产生耐受性，并易形成躯体依赖与心理依赖，一旦滥用就等同于吸毒，因此国家建立了严格的美沙酮管理制度，就是为了避免其流入市场转变成为毒品。美沙酮是具有成瘾性的，长期服用应注意组织蓄积产生的过量中毒以及导致的药物依赖（主要为身体依赖）。美沙酮导致的药物依赖属中度至重度，表现为突然停药后出现阿片戒断症状，一旦停止服用，就会带来如焦虑、顽固性失眠、脾气变得暴躁等强烈副作用。

传言七："偶尔吸毒不会上瘾，戒毒很容易。"

这种说法是错误的。很多青少年吸毒的原因，就是在吸毒前简单地认为"戒毒很容易""只有别人才会上瘾"。但实际上，吸毒人员会对毒品产生强烈的依赖性。据调查，86.7% 的吸毒者在停止吸食、注射毒品 36 小时后戒断症状反应剧烈，吸毒人员因依赖毒品而无法控制自己，即使被强制隔离戒毒后，成瘾的心理也很难彻底去除，复吸率高达 90%。值得注意的是，在采取戒毒措施后，还有不少人复吸毒品。因为吸毒造成的心理依赖像在人脑扎根一样，一旦毒瘾发作，痛苦和强烈的渴求会让吸毒者难以控制自己的行为，不顾一切地寻找毒品吸食。

传言八："彩虹烟、咔哇潮饮等不是毒品，可以食用。"

这种说法是错误的。《2017 年中国毒品形势报告》指出，合成毒品滥用仍居首位，在全国当年统计 255.3 万名吸毒人员中，滥用合成毒品人员 153.8 万名。合成毒品变异加快，新类型毒品不断出现。据国家毒品实验室检测，2017 年发现新精神活性物质 34 种，国内已累计发现 230 余种，尚未形成滥用规模。一些不法分子通过改变形态包装，生产销售所谓的"咔哇潮饮""彩虹烟""咖啡包""小树枝"等毒品，花样不断翻新，具有极强的伪装性、迷惑性和时尚性。但其毒性不亚于摇头丸、K 粉的致幻效果，这些名称洋气新颖的"毒品"大多在以青少年所处的娱乐场所滥用为主。推销此类毒品的不法分子常常以"合法兴奋剂""草本兴奋剂"为幌子欺骗青少年，长期吸食可能会引发精神疾病、甚至导致死亡。

传言九："大麻在部分欧美国家和地区不算是管制类的毒品，所以在我国也不算是毒品。"

这种说法是错误的。目前国际上"吸食大麻合法化"的典型代表是荷兰和加拿大。虽然荷兰对部分毒品采取"宽容政策"，但购买、持有、吸食或出售相关毒品仍受荷兰法律严格管控。根据当地有关法律，个人持有不超过5克软性毒品不会被追究法律责任；持有5～30克软性毒品将被处以75欧元罚款，其中18岁以下违反规定者将被要求承担16～30小时的义务劳动或（并）处以80～150欧元罚款；持有30克以上软性毒品将构成犯罪，最高可被判处2年有期徒刑或（并）缴纳16750欧元罚款。同时，个人种植大麻等软性毒品在荷兰也属违法行为，但种植不超过5株且供自用者不会被追究法律责任，种植超过5株者最高可被判处4年有期徒刑或（并）缴纳6.7万欧元罚款。此外，2013年1月1日起，荷兰全境的"大麻店"均被禁止向未获得荷兰居留的外国公民出售软性毒品，根据法律，顾客进入"大麻店"前均需接受居留证件检查。另需特别注意的是，将在荷兰购买的软性毒品带到其他国家也属于犯罪行为。根据荷兰法律，携带500克及以下软性毒品至其他国家者最高可被判处4年有期徒刑或（并）缴纳6.7万欧元罚款，携带500克以上软性毒品至其他国家者最高可被判处6年有期徒刑并缴纳7.8万欧元罚款。

根据国际公约以及对人类危害的程度，中国将大麻列为麻醉药品和一类精神药品，并通过《刑法》《治安管理处罚法》《戒毒条例》等法律法规进行严格管制。

传言十："新型毒品能减肥。"

这种说法是错误的。冰毒、摇头丸、K粉等新型毒品，具有强烈的中枢兴奋作用，同时能够明显抑制脑干饱食中枢神经活动，使用者食欲减退，并一直处于强烈的兴奋状态。兴奋可以增加身体消耗，同时抑制食欲，导致体重下降，这就是吸毒可以减肥说法的由来。但是这种"减肥"往往使机体处于极度"消耗"的"透支"状态，对身心损害极大，长期吸食就会出现营养不良、消化系统紊乱、体质下降等。把新型毒品当作减肥药品来吃，这无异于饮鸩止渴。

传言十一："麻醉类的毒品例如海洛因所造成的身心问题，反过来只要利用兴奋剂类的毒品例如冰毒就能解决。"

这种说法是错误的。的确有吸毒人员试图使用冰毒缓解海洛因的戒断反应，于是就开始吸冰毒，每当海洛因毒瘾来犯的时候，就立马吸冰毒，让自己处于亢奋状态，用此方法缓解海洛因的戒断反应，并且还真做到1年没有吸食海洛因。用冰毒戒海洛因的方式是非常愚蠢的，从生理打击上升到神经打击，这样的案例并不多见，毕竟妄想用冰毒戒海洛因者，最终结局基本都是对海洛因和冰毒产生双重依赖。

传言十二：“采用注射方式滥用的毒品是传统毒品。”

这种说法是错误的。吸食毒品的方式不是判断是否是传统毒品的标准。新型毒品例如冰毒、K粉等也会采用注射方式滥用。

传言十三：“有钱人才会染毒瘾。”

这种说法是错误的。不是有钱人才可能吸毒，只能说吸毒需要耗费大量钱财。吸毒是由于好奇、无知，或受他人影响、诱骗，或明知有害却偏去沾染的逆反心理驱使才吸毒的。也有一些人思想空虚，以吸毒为时髦，寻求刺激，甚至用金钱拉拢他人吸毒。

传言十四：“为吸毒成瘾人员耗资戒毒治疗不值得。”

这种说法是错误的。在对药物成瘾确实有效的戒治措施上投资，能降低毒品、成瘾药物对健康和社会负面影响，例如犯罪、经济负担和艾滋病病毒感染等。无论在发达国家还是在发展中国家，治疗均有成本效益，但其耗资远低于逮捕入狱的耗费。

传言十五：“网络上传播的戒毒药物能购买吗？”“戒毒药物可以通过网购形式获得吗？”

不能。戒毒药品是国家严格管控的药物，只能通过专业戒毒医生的处方才可以开药。并且，所有药物必须在医生或护士的监督下服用，在戒毒医院内使用，不得在家单独使用。

现在网络上传播的一些所谓的“阳光胶囊”“戒毒一号”广告，只看到广告性质的文字，没有任何关于产品包装、成分、厂家、生产批号等相关介绍，足以见得这些药物的非法性，那么其有效性就更不值得信赖，这样的传播必将遭到法律的惩治，敬请远离。根据《戒毒医学》所述，针对海洛因成瘾的防复吸药物维持治疗主要包括：美沙酮维持治疗（MMT）、复方丁丙诺啡/纳洛酮维持治疗、纳曲酮口服维持治疗、Vivitol肌肉注射维持治疗，纳曲酮缓释剂皮下植入、纳美芬缓释剂皮下植入。这些治疗方式都被称为维持治疗而不是戒断治疗。并且，纳曲酮缓释剂皮下植入、纳美芬缓释剂皮下植入、丁丙诺啡 / 纳洛酮维持治疗这些都是不成熟的，尤其是皮下植入药物这种方式是我国明令禁止的。

而针对苯丙胺类毒品成瘾的治疗则包括躯体症状治疗、精神症状治疗和防复吸药物治疗。对于苯丙胺类兴奋剂成瘾的防复吸药物治疗，目前国际上推荐的药物有莫达非尼、安非他酮、利他灵、布托品、氨基烯酸、纳曲酮、甲基苯丙胺单克隆抗体（NIDA）。看得出来，国家允许使用的药物并没有所谓的“阳光胶囊”或“戒毒一号”。

传言十六：“戒毒药品单独服用能不能戒掉毒瘾？”

不能。戒毒是一个漫长的过程，毒品成瘾是一种慢性复发性脑病，必须依靠多重戒断治疗才可以达到脱毒和康复的效果。因此，想要戒毒，只是依靠单纯服药，效果是微乎其微的。很多的戒毒药物也是具有成瘾性的，单独服用既不安全，也起不到戒毒的作用。戒毒必须经过系统的排毒治疗、身体康复治疗、心理脱瘾治疗并用才行。

传言十七：“运动员使用的违禁药物，例如‘兴奋剂’，不属于毒品。”

这种说法是不科学的。兴奋剂（dope），是体育竞技领域的禁止使用的药品。国际上有《世界兴奋剂条例》，我国自 2004 年 3 月 1 日起施行的《反兴奋剂条例》规定的原文是：“本条例所称兴奋剂，是指兴奋剂目录所列的禁用物质等。兴奋剂目录由国务院体育主管部门会同国务院食品药品监督管理部门、国务院卫生主管部门、国务院商务主管部门和海关总署制定、调整并公布。”

将 2016 年兴奋剂目录与《麻醉药品和精神药品管理条例》对比，都有大麻，吗啡，可卡因，苯丙胺类。即兴奋剂有可能是毒品。本着“公平竞赛，健康体育”的体育精神，严格禁止使用兴奋剂。这里对兴奋剂简要分类，并简要阐明其危害。

（1）安非他命（苯丙胺）：属于兴奋类药物，自行车赛等短程比赛常用，以增加灵敏性，降低疲劳。危害：造成猝死。

（2）诺龙：人工雄性激素类合成物——司坦唑醇，明显促进肌肉生长，增加肌肉力量和耐力。危害：造成女性男性化，并有致癌风险。

（3）吗啡：产生欣快感和心理兴奋，止痛。危害：成瘾，猝死。

（4）氢氯噻嗪：增加排尿，减轻体重，降低尿中禁用药物浓度，曾在拳击、体重、摔跤、柔道、体操和赛马比赛中出现过。危害：电解质紊乱，肾脏损伤。

（5）血液回输技术：红细胞生成素（EPO）血液/血细胞制剂，诱发血液红细胞增多，提高携氧能力和肌肉耐力，田径项目使用最为泛滥。危害：加重心血管代谢负担，导致心力衰竭及休克。

（6）EPO 红细胞生成素：生长激素，促进肌肉骨骼增长，游泳、田径、自行车等项目中常使用。危害：月经紊乱、性欲减退和阳痿。

（7）心得安：普萘洛尔、美托诺尔等，可以降低血压，减慢心率，用来增加神经血压稳定性，常见于射击和举重比赛。危害：心力衰竭，抑郁症，男性性功能障碍。

以上所有兴奋剂，的确会给运动员短时间内带来身体机能上的增强，但是，在短暂的强大和愉快之后，便是万劫不复的深渊和永远无法挽回的沉重代价。

传言十八："之前好像有人提到'瘾品'，是不是危害要比毒品小一些呢？"

这种说法不科学、不全面。何为瘾品？我们平时听到较多的毒品，比如氯胺酮、甲基苯丙胺、海洛因、大麻等；食品是我们日常所需的食物。但瘾品是介于食品和毒品之间的一类物质。瘾品这个词源于西方，是指食用后可以产生依赖性，介于食品与毒品之间，成瘾度低于毒品的食用物，比如茶叶、咖啡、可可等饮料，还有盐、糖、辣椒，不包含生理必需品。

传言十九："只要不再吸毒，做啥都可以。"

这种说法是错误的。有人认为只要没有再吸毒，随便做啥都没问题，包括赌博、嫖娼、好逸恶劳，有的酒精成瘾，香烟成瘾。特别是部分戒毒人员及其家属也认同这种观点，家属们是被戒毒人员以前的吸毒行为给折磨怕了，有的认为应该慢慢来，现在好不容易没有吸毒，已经是非常不容易了，担心改掉这些不良嗜好，会导致戒毒者复吸。

吸毒本身就是不良习惯的延续，而这些不良习惯不加以改变，就是离开"狼身"却并没有离开"狼窝"。这些习惯与吸毒是同属一类不良习惯和行为，人生观同属于"享乐主义""今朝有酒，今朝醉"，面对困难，都是采用消极的心理防卫措施，他们就是潜在吸毒人高危人群和环境，是吸毒的土壤，这些"吸毒土壤"不予铲除，吸食毒品只是时间问题。因此，青少年应该在思想、行为上彻底改掉不良习惯，培养良好的兴趣，从事正当职业，远离不良人群，保持积极健康的身心状态。

传言二十："只要自己的吸毒行为没有危害到社会、家庭和他人的生活，就是合法的。"

这种说法是错误的。从法益保护的角度来看，吸毒是单纯的自伤行为，并不直接侵害他人的法益。就像自杀、自残行为并不触犯法律一样，这种自伤行为并不在《刑法》的保护范围之内。或者换句话说，吸毒是一个人纯粹的个人行为，在不对外界产生消极影响之前，是没有惩戒的必要的。那么为什么要专门颁布法律将吸毒归于违法行为呢？这主要是从维系社会稳定方面来看，吸毒行为与毒品犯罪、财产性犯罪、经济犯罪和暴力性犯罪有极高的并发性；相当部分的吸毒人员携带艾滋病病毒；吸毒时产生的幻觉有可能使得行为人无法完全辨认自己的行为，进一步引发犯罪；吸毒成瘾者很有可能产生相应的精神疾病，侵害他人法益。

传言二十一："只要依靠坚强的意志，戒毒就一定能成功。"

这种说法是不全面、不科学的。一些戒毒人员认为到强制隔离戒毒所戒毒或者自行戒毒，几天后不难过就戒毒成功，其实这只是消除了生理毒瘾。相对于整个戒毒过程来说，这只是万里长征的第一步，彻底戒除毒瘾是一个漫长的过程，一般而言，能保持3年不沾毒，且能认识到毒品的严重危害，能自觉抵制毒品、人格健全、社会功能完整，才算基本戒断成功。

戒毒成功的标准一般有三个：一是躯体无毒、不依赖毒品。在专业的戒毒医院，利用药物治疗、物理治疗等专业医疗手段，可以实现躯体脱毒，同时还可以治疗因吸毒所导致的一些相关疾病，使吸毒人员达到正常的健康水平。二是心里不想毒。我们常常可以听说很多人是因为在心烦意乱等负面情绪时走上了毒品这条不归路。让你在低落的时候，郁闷的时候、伤心的时候想起它，如果内心不够强大，那很有可能毒品会再次来到你的生活中，再一次与你形影不离。这就是所谓的"精神依赖""心理依赖"。心理治疗一直不被重视，很多人认为，只要不吸了，就是戒毒了。事实上，毒品之所以难戒，就是因为毒品会导致强烈的心瘾，让人欲罢不能，因为不吸了，并不代表不会误吸、再吸。三是有健康的体魄和正常的生活工作。一个戒毒人员戒毒后，即便身体和心理各方面都恢复了正常状态，但是拥有一颗强大的内心，找到自己喜欢的事，并为之奋斗，这才是真正的健康了，而我们都知道这肯定是不容易的，这就需要家属和身边的人多多鼓励。

戒毒，不能急于求成，而是要一步一步慢慢来，相信专业戒毒医师的建议和意见，坚持即是成功。

传言二十二：“种植罂粟观赏不违法。”

这种说法是错误的。罂粟是制造鸦片、海洛因等毒品的原植物，国家对罂粟种植实行严格管制，只批准在限定区域内种植罂粟用于医疗。对种植 500 株以上的，经公安机关处理后又种植的及抗拒铲除的，要依法追究刑事责任。对少量种植，在成熟前自行铲除的，不予处罚。

传言二十三：“往食品中加点罂粟壳味道更香，不犯法。”

这种说法是错误的。经科学检测，罂粟壳中含吗啡、可待因、罂粟碱等生物碱类物质。虽然罂粟壳中的生物碱含量较低，但长期使用容易使人体产生依赖性，且会损害人体神经系统，造成慢性中毒。部分黑心商家出于牟利将罂粟壳（粉）添加入食品中，其目的就是为了使食客上瘾，吸引回头客。部分食品生产经营者、餐饮服务单位由于法律意识不强，认为自己将罂粟壳（粉）或者罂粟壳水浸物作为食品添加物添加到食品中的行为顶多构成行政违法行为，殊不知自己的这种行为可能已经触犯《刑法》，涉嫌毒品犯罪或者其他犯罪行为。罪名可能是“欺骗他人吸毒罪，生产、销售有毒、有害食品罪，非法持有毒品罪”。

本章导语

BENZHANG DAOYU

毒品滥用与艾滋病感染紧密相关。药物滥用者采用注射的方式使用毒品，使共用注射器注射毒品成为感染和传播艾滋病的重要渠道。吸食传统毒品（海洛因等）而感染艾滋病病毒这一情况，主要是通过血液传播途径实现的，也就是共用注射针头。

新型毒品滥用行为与艾滋病风险之间的重要关联途径主要是性传播。新型毒品刺激而产生的病态式兴奋，影响了使用者的意识和判断力，很多时候顾不上采取安全措施，从而丧失了自我保护的机会，大大增加了感染和传播艾滋病的风险。

第六章　拒毒防艾

对于青少年涉毒违法犯罪案件，秉承“打防结合，预防为主”的工作政策，虽然国家对于青少年的在刑事政策上采取的是“教育、挽救”的工作方针，但是对于青少年涉案个体来讲，无论从生理还是心理上，已经是造成了相当大的危害。要杜绝青少年涉毒案件的发生，预防工作是重中之重。这要求我们在准确把握青少年心理特点和教育需求的基础上，不断创新禁毒教育模式，开展靶向明确、针对性强的精准式毒品预防教育，引导广大青少年从原先的“被动接受毒品预防教育”转变为“主动投身禁毒志愿活动”，提高其识毒、拒毒、防毒意识，继而有效预防和减少青少年新生吸毒人员的滋生，确保青少年处于干净、多彩的社会环境中。

第一节　拒毒训练

“对毒品说不！”是青少年毒品预防教育的第一项要求，也是第一道“杀毒的防火墙”，目前14家部委已经联合制定并下发了“全国青少年毒品预防教育三年规划”（详见附录），力争通过这项专题活动全面带动全国青少年毒品预防教育，有效提高青少年的毒品预防意识。本节参照目前国际通行的拒毒训练方式，结合中国青少年的具体实际情况，按照“增强认知、激发动机、修复个性缺陷、应对高危情境、构建良好习惯”的渐进式模式，逐级对青少年拒毒训练进行阐述。

一、拒毒训练第一模块：增强认知

如前一章所述，我们对毒品认识的误区进行了剖析解惑，基本做到了对法律知识和毒品常识的理解和掌握，这里再提出几个问题，希望大家能认真思考。

◆如何做到远离毒品?

需要自身多方面的学习和提高。

一要知法守法。自觉学法守法。时刻清醒地认识到自身所做行为的合法与非法性，自觉地将毒品拒之门外，这是远离毒品的第一道，也是关键的一道防线。

二要加强自身修养，洁身自好。不要以为这是空洞的宣教，很多人特别是青少年们，他们吸食毒品是心理堤防坍塌的直接后果。我们只有加强自身修养，树立正确、健康的“三观”意识，才能正确看待生活，抵制诱惑。尤其是遭遇挫折时，不要悲观绝望，甚至借毒消愁，自甘堕落。

三要绝对不能尝试第一口。毒品生物或者化学属性和特性决定了其具有严重的成瘾性，一旦沾染将无法自拔，这种成瘾性是不以个人的意识为转移的。“一年吸毒，十年戒毒，终生想毒”已被无数事例证明，坚决不沾不染，不侥幸、不猎奇，切勿重蹈覆辙。

四要不结交有吸毒贩毒行为的人。“物以类聚，人以群分”，什么样的人与什么样的人会互相吸引，吸食毒品的人常有以下特征：思想颓废、纪律涣散、学习敷衍、工作马虎、行为诡秘、习惯撒谎、不讲人格、不知廉耻、感情麻木、精神恍惚、昼夜颠倒、注意力不集中、食欲减弱、身体消瘦、脸色发黄、体力下降。要学会辨识人，与正确的人结交朋友。

五要远离不健康的娱乐场所。当前社会上一部分娱乐场所存在管理混乱，黄、赌、毒等不良行为甚至违法犯罪活动猖獗，一旦走进去就有可能身不由己，身处毒雾缭绕的地方，实际上是自觉不自觉地接受了“吸毒”以及相应的亚文化的影响，从而陷入深渊。因此，当你想去娱乐场所放松身心的时候，就一定要有所选择。要洁身自好，尤其是青少年，千万不要涉足那些不健康的场所，不要在吸毒场所多停留。

◆毒贩子为了诱使他人吸毒，会传播哪些谎言呢？

“都是朋友，不吸我们就绝交。”

“‘这些东西’可以减肥，效果很快的，不用节食，无痛苦，不反弹。”

“这东西免费的，不要钱的，没事的，就是增加点活动的气氛。”

“现在都是新的东西了，根本不像以前鸦片、海洛因那种，不会上瘾的，就是活跃气氛。”

“遇到烦心的事情，可以用‘这些东西’来解忧消愁，用过你就知道了，很神奇的。”

“明星们和你们的‘爱豆’都在‘玩’这东西，‘这些东西’可时髦的。”

“年轻就是需要疯狂，不然就来不及了。”

“现在国外好多国家都放开了‘这些东西’的控制，不用担心，像香烟和喝酒一样的。”

◆吸毒人员最初“品尝”第一口毒品时，都存有哪些不健康心理呢？

（1）盲目好奇。盲目好奇是促使青少年的一个首要原因。对吸毒行为产生好奇心理的外界刺激因素最主要的有两个：一个是毒品本身具有的神秘色彩。由于毒品是国家统一特管物资，政府明令严禁其进入商品市场。贩毒分子的毒品买卖活动都是在地下秘密进行的，毒品的神秘特性常常会激起一些青少年的想象和疑问。另一个是吸毒情景的隐蔽性。可以说绝大多数青少年没有亲眼见过吸毒人员的吸毒情景，即使知道一点，也是从别人的传言中获得的。对毒品的想象和疑问持续了一定时间后，就有可能对毒品产生强烈的好奇心理，在这种好奇心理的驱使下，极少数青少年会抱着“体会吸毒是什么感觉”“抽着玩玩”“尝尝新鲜”的轻率态度误用毒品。

（2）寻求刺激。当有人问及知道毒品有害为何要吸毒时，不少青少年会说，

“不为啥，觉得好玩、刺激。”乍一听觉得匪夷所思，什么不好玩，为何偏要拿自己的生命为代价去求得一时刺激呢？然而，从未知事物中求得刺激，得到满足和欢乐，这确是人的一种本能。人们常常对未知事物的刺激产生一种莫名的期待，这种期待心理也就是现代人常说的“黑箱原理”。当人的期待心理得到一次满足，就会产生强烈的快乐、愉悦。行为主义心理学认为，人的任何一种心理现象都可以用“刺激—反应”这一公式来概括，也就是说，个体的心理是由于外部环境的刺激并作用于个体所产生的反应。如果这种反应给个体带来了快感，则会使相应的刺激得到强化。毒品作为一种新奇的刺激物，自然会使个体产生强烈的生理、心理反应，而毒品带来的极大快感又强化了人们对这一刺激物的接收。青少年群体具有鲜明的心理特征，其中突出的一点就是强烈的情绪色彩。随着自我意识的觉醒，青少年发展了多样的自我情感，能够对外界事物产生各种情感体验，且这种情感体验十分强烈。所以，经常可以看到他们为一些小事兴奋得手舞足蹈，或消沉得无精打采。同时这种强烈的情感又常常是不稳定的，极易从一个极端走向另一个极端。因而，青少年情感的冲动性、爆发性特征决定了他们在接受毒品的时候，根本就不会冷静地考虑其对自身的危害，而只想满足一时的情感体验。

（3）合群心态。世界上很少有人愿意茕茕孑立，独居一隅。每个人都无法避免地在与他人的交往中度过一生，与人合群是人类社会的普遍现象，而合群对于处在特定时期的青少年意义更为重大。青少年的合群倾向实质就是人们常说的归属的需要，著名的心理学家马斯洛提出的需要层次理论认为，人生活在世界上不仅有生存、安全的低层次需要，更有归属、爱、求知等高层次需要。显而易见，归属是正常的、不可或缺的需求，然而也正是它，有时会将青少年引入毒品的世界。社会学家认为，吸毒是一种习得行为，同伙或同辈群体互相影响或某种不良交往是青少年沾染上吸毒恶习的一个重要因素。20 世纪 70 年代初，有人提出“药物亚文化”的概念。“药物亚文化”在毒品流行中起着直接作用，它使青少年获得了最初的毒品来源，并知道进一步吸毒的毒源；它使青少年学会吸毒的方法，互相介绍和体会毒品的效能；青少年们为了得到同辈群体的认可或接纳，便以吸毒谋求认同，然后再强迫他人吸毒以表示对群体的忠诚，所以青少年吸毒呈“再生性”发展。这种过程是吸毒者在其他毒友的“毒品文化”熏陶下发生的，他们把自己塑造成被社会遗弃的人，被遗弃的孤独和失落感又使他们更加疯狂地陷进

"毒品文化"中不能自拔。

（4）逃避心态。如今社会正处于转型期，失落、受挫、压抑感、无助、无力、无效的消极心理气氛弥漫在一部分青少年中，生活中的不愉快事件（即负性事件，包括家庭不和、自尊心受挫等）极易使这部分青少年为逃避现实生活矛盾，求得心理解脱而投向毒魔的怀抱。总之，因生活不如意造成情绪低落、意志消沉、感情无处寄托而沉迷于吸毒，以求自我麻醉，忘却尘世的烦恼与忧愁者，都属此种情况。青少年的感情较脆弱，遇到此类情况精神极易被摧垮，无计排解，便借毒消愁，将死亡的枷锁，毫不留情地套在自己的脖颈上。据统计，借毒消愁以求心理解脱的人，占吸毒人员的20%左右。吸毒行为遭到社会的严厉控制与惩戒，客观上造成对青少年的双重心理影响。

二、拒毒训练第二模块：激发动机

所谓动机来自个体的需求及认知，戒毒动机总的来说就是一句话："我为什么要戒毒？"从心理学上戒毒动机一般包括五个方面：一是避内动机，避免对自身、命运的损害。如"我不能这样下去，我不想因为吸毒而失去最宝贵的生命""我要立即戒毒，我不想健康受损、疾病缠身更加痛苦""我不想伤害大脑，变成行尸走肉"二是避外动机，为了避免吸毒带来的外部的麻烦，如"在戒毒所内，不真心戒毒，只会更痛苦""吸毒是违法的，我不能被抓，失去自由""我不能因为吸毒失去家庭、财富、亲人"。三是趋内动机，渴望戒毒，做与戒毒有关的事情。如"我要把毒戒断""我要接受警官的教育，接受康复训练"。四是趋外动机。如"我要为家庭幸福，承担责任而戒毒""我要戒除毒瘾，早日出所""我要活得更好"。五是戒毒的愿望、信心和意志力情况等。找到了这五个方面的动机来源，便可以对吸毒人员个体心理进行探索和引导，从而激发最适合的、最强烈的戒毒动机。

拒毒训练中的"动机"是有所特指的，主要是指广大青少年不但要树立"除了自身坚决不触碰毒品外"的意识，同时更应人人争当"禁毒志愿者"，将禁毒知识传播出去，让身边的同学、朋友都能有"认清毒品，拒绝毒品，积极参与到禁毒斗争中去"的坚定信念和行动。

相关知识链接

近日，在浙江乐清蒲岐镇举行的禁毒宣传活动中，出现了一个熟悉的禁毒志愿者的身影，他帮忙发放宣传资料、走访涉毒对象，他说："帮身边的吸毒朋友远离毒品、过上幸福生活，对我来说，才算真正意义上的戒毒。"他就是金志晓。

金志晓曾是一名瘾君子，20世纪90年代初在沈阳做服装生意，成为东北浙商圈里的名人。但之后在朋友的怂恿下，他出于好奇第一次尝试了毒品。后来，他的弟弟也跟着他一起染上毒瘾。10年里败掉了上百万家产，让他付出了惨痛的代价。

戒毒成功后，2004年，金志晓带着弟弟创办了温州迅怡不锈钢制造有限公司，生产加工不锈钢制品、玻璃制品、铝制品等厨房用品，2017年公司年产值近千万元。

由于吸过毒，金志晓深知，吸毒人员是一群需要社会理解、关心和帮助的弱势群体。于是，他下决心去帮助那些曾经失足的吸毒人员，一边接收他们到公司上班，一边以身说法，教导他们好好做人。2016年，温州迅怡不锈钢制造有限公司成为乐清市安置帮教点，至今，公司已先后安置40多名吸毒人员，帮助他们的生活走上正轨。

（《戒毒后成为禁毒志愿者》摘自中国禁毒网，2018年11月15日）

当前国家鼓励开展禁毒志愿者行动，号召公民争当禁毒志愿者。凡具有社会责任感、遵纪守法、热心禁毒工作、具备从事禁毒志愿服务工作的能力，每年自愿参加48小时以上禁毒志愿服务的18岁以上公民，均可以申请成为禁毒志愿者。申请人向所在地禁毒志愿者组织提交申请书，经接受申请的禁毒志愿者组织根据招募程序和办法予以吸收。对被招募的禁毒志愿者由中国禁毒志愿者行动协调办公室或其授权的机构发给禁毒志愿者证书。国家允许并鼓励戒毒成功人员参与禁毒志愿者服务工作。禁毒志愿者要坚持面向基层、扎根社区，坚持从群众中来、到群众中去，重点开展禁毒宣传和对吸毒人员的帮教工作，要通过深入、扎实的工作，让公民感受到禁毒志愿服务的实效。

三、拒毒训练第三模块：修复个性缺陷

青少年正处于性格养成的关键阶段，帮助其在这一阶段养成良好的性格十分必要。一个人性格的养成受多方面因素的影响，其中社会、家庭、学校三方面影响较大。青少年大部分时间是在学校度过的，学校的教育和引导对青少年性格养成起着十分重要的作用。当有人称呼某个人“很有个性”的时候，那么可能表明与此人交往或许并不是那么容易。其实，没有好的或坏的个性特征，但我们却可以看出谁处于强势或弱势状态。强者有助于我们的成长，而弱者则会削弱这一点，并让我们不快乐。青少年常见的性格缺陷表现如下。

一是经常改变寻求支持点的立场。《识破谎言》的作者及心理学家保罗·艾克曼写道，如果在谈话中，对话者在没有任何理由的情况下展示了各种各样的立场，这表明他的个性普遍不成熟。足部支撑和足部位置的频繁变化表明缺乏坚定的性格，自律低和可靠性较差。

二是不愿意寻求帮助。在困难的情况下，有时更聪明的做法是寻求具有更多经验、知识的朋友和家人的支持和帮助。但是对于一些人来说，寻求帮助意味着要认识到他们的弱点，所以他们放弃了寻求帮助，隐藏了一切麻烦。此外，建立沟通也是一项任务，因此没有安全感的人很可能会试图避免团队合作。

三是害怕表达情感。要公开表达自己的情感，你需要有足够的精神力量。哭并没有什么不对，它是人类表达和发泄情感的一种方式。在我们的文化认知中，哭已成为隐藏感情的习惯，因为这是良好教育和温和的症状。但如果你只知道不断地哭泣,却不表达自己的情感,那么意味着你在走向封闭,而最终将与外界隔绝。

四是夸大困难和自我伤害。自我伤害或自我毁灭行为是一种非常具有破坏性的防御机制。通常情况下，遇到困难的青少年会受到影响，有时一些成年人也会陷入这种状态。刚开始的时候，他们会夸大那些原本就很轻微的麻烦事，并且责备自己犯了错误。如此一来，他们在心理范围内摧残了自己，严重者甚至会产生身体自残的行为。

五是无法拒绝他人。点头同意要比争论更为容易。这是一个很好的品格特征，灵活的人知道如何避免冲突。但前提是，这样不会干扰到自身的利益。一个强大的个体知道如何保护自己的个人空间，并且尊重其他人的个人空间；而一个弱小

的个体则很容易屈服于压力，哪怕这危害到了自身的利益。

六是嫉妒引发的敌对。人类社会中有三种类型的嫉妒行为——抑郁、积极和敌对。抑郁会降低我们的自尊，使我们感到失败。积极的动机促使我们变得更好，而敌对的方式则会导致对他人的愤怒和价值判断。不过，前两种类型往往具有临时效果，甚至可以对一个人产生“积极”影响，而第三种（敌对）就成为生活的品格和态度的一部分。在这种情况下，一个人不会去改善关系，而是开始去批评和羞辱那些取得成果的人，以便通过两者之间的比较来让自己感觉更好。

七是过度羞怯。谦虚是一种良好而有用的品质，但前提是它不能够妨碍一个人继续保持自我。过度的羞怯经常会被人们与内向相混淆。然而，喜欢孤独的内向者不会避免沟通，他们只是在行为处世方面更为谨慎；而过度害羞的人则往往缺乏自尊心，害怕被拒绝并限制他们的真实欲望。

八是名人模仿综合征。有数据显示，全世界有 15% 的人患有“名人模仿综合征”。对于儿童和青少年来说，模仿是一种正常的社会化行为，因为这定义了他们对周围世界的态度，他们比任何人都更需要一个榜样。随着年龄的增长，健康和强化的个性会阻止我们去模仿复制他人，并最终找到属于自己的行为模式。如果一个成年人依然保持了模仿他人的方式，那就表明他的性格还尚未形成；如果一个人对他人表现出了狂热主义，并且总是更换自己的个性、风格，这就可以被称为“名人模仿综合征”。

九是“鸵鸟陷阱”综合征。人们在遇到重大事件面前都会表现出“胆怯、回避、逃离”等情况，就像人们常说的“鸵鸟心态”是一种逃避现实的心理，也是一种不敢面对问题的懦弱行为，但有些人在生活中遇到小的困难或处于有压力的情况时，大多也采取此类回避的态度，明知问题即将发生也不去想对策，结果只会使问题更趋复杂，更难处理，或者将自己完完全全地“躲”起来置身事外，这些表现都是较轻微的心理异常，是正常心理活动中的局部异常状态，不存在与常人有明显不同的病理性精神症状。个性心理缺陷虽然并不严重，但它的影响是持续的、不断加深的，对青少年的学习和生活的干扰也很明显。若不及早注意的话，可能会发展为严重的心理疾病，对外界的看法和行为都会发生改变。表现为忧虑、自卑、暴躁、孤僻、嫉妒、依赖、敌对、任性、怯懦，以及神经质等，失去恰当的社交能力，导致沾染不良恶习。青少年及早对自身表现出的各种迹象进行调整，诸如试着与老师多交流，增加阅读量，参加体育锻炼等，可以塑造良好的个性品质，终身受益。

四、拒毒训练第四模块：应对高危情境

高危情境常常用在医学的语境下，主要是指医务工作者处在容易受到病菌或是病毒等感染侵害的境地。后来进一步扩大指向范围，指医务工作在工作内容易遭受伤害的初遇和境况。在本书中的高危情景主要特指青少年在成长过程中遇到的在某一特定环境下的某一特定事物（如事件、压力、人际关系、身体状况等情境）引起了青少年渴望吸食毒品的愿望，且这种愿望是非常强烈的，是不受其理性所控制的情境。这一事物可能是毒品本身，也可能是吸毒工具，甚至是与吸毒行为产生关联的声音、味道、气味以及相关人员的言语和行为举止等。

应对高危情境，对于青少年在拒毒训练中具有非常重要的作用（图 6–1）。青少年能够有效应对，不但能够拒毒而且能够起到警示和提醒的作用，通过开展高危情境训练，使得青少年能够发现自己在应对方面的实际情况，如果能够有效应对，则应该强化这方面的训练，从而实现在自身拒毒防毒的基础上去帮助他人；反之如果自身出现“应对不佳”或是“无效应对”那么就要引起自身的足够重视。引导自身去探索问题出在哪里，或是引起家人注意，或是寻求专业人士的帮助，确保自身不再陷入毒品的“深渊”。

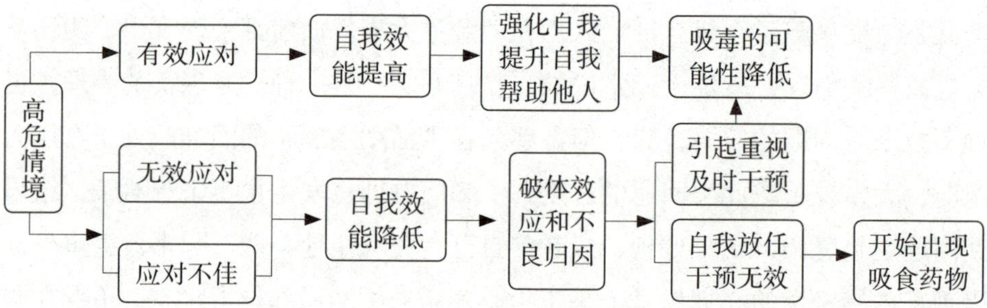

图 6–1　高危情境模块

（一）认识高危情境

每一位青少年的身心与所处的环境不同，所以他们的高危情境也并不相同。如果青少年及其家人没有高危情况的意识，也就无法进行有针对性的预防措施和

补救措施。我们在这里罗列了一些常见的高危情境作为各位青少年在训练中的参考。

1. 外部原因引起的高危情境

（1）别人的错误：是别人导致了自己复吸，而错不在自己。

吸毒少年 A：有一次，我出去见朋友，这个朋友曾经吸毒过，回来后我妈就反复追问我是否去吸了。我觉得她不相信我，心想着他们不相信我，我倒要真的去试一试，就去吸了。

吸毒青年 B：我妈妈跟我吵架，她蛮不讲理，我气死了，就想放松放松。

吸毒青年 C：老朋友见面了劝试一试吸，我拗不过，想想也就这么回事。

（2）重大的生活负面事件：沉重打击后，觉得自己无法应对，采取逃避的方式。

吸毒青年 A：我父亲去世了，感到很伤心，我觉得没有别的办法能排解，只有去吸毒。

吸毒青年 B：我的父母离婚了，我感到很伤心，无法忍受，反正不能过好日子了，吸毒算了。

吸毒青年 C：公司让我辞职，我很绝望，我辛辛苦苦读书出来，本想报答父母，结果社会这么残酷，根本没有想象的那么美好，还不如去“醉生梦死”。

（3）庆祝：要庆祝某些事情，允许自己放纵一下。

吸毒少年 A：那天我过生日，觉得必须庆祝一下，这东西很“新颖”，不少 party 都有。

吸毒青年 B：有一笔不小的奖金，那天很高兴，觉得放纵一下没关系。

吸毒青年 C：找了个称心的女朋友，以后就好好过日子了，再不“疯狂”下来不及了。

2. 内部原因所引起的高危情境

（1）误认为自己已经能够抵御毒品的诱惑。

吸毒青年 A：我曾经认识一个吸毒的，他说不会上瘾的，当时我就相信自己能够扛得住，只用吸一点。

吸毒青年 B：我曾经碰过这东西，但是没有被抓，后来也没啥事，现在都已经两年没有吸，觉得吸一口也没事，结果一发不可收拾。

（2）考验自己：想证明即使面对毒品，也能够抵挡得住诱惑。

吸毒青年 A：看自己能否经得起考验，坚持了半天，结果还是没扛住。

吸毒青年 B：看着朋友吸毒，自以为可以把持住，结果还是不行。

吸毒青年 C：我没有把朋友吸毒用过的吸管和锡纸丢掉，一直留着，结果鬼使神差地自己也去吸毒了。

（3）情绪问题：以情绪不好为借口促使自己去吸。

吸毒青年 A：很多时候心情不好，我就感到郁闷，就想着吸两口会舒服些，就去吸了。

吸毒青年 B：领导骂了我，我觉得很委屈、很愤怒，又想要保住这份工作，听说这东西可以“解忧”，于是就吸了两口。

吸毒青年 C：当我很生气时，我无法控制自己，只有去吸。

吸毒青年 D：周围没有朋友，觉得自己很孤独，在那个圈子真好，有朋友又有一个“封闭”的空间，感觉很好。

（二）引发高危情境的因素

1. 自身的渴求感

渴求感是指一种许多人都能够体验到的正常心理现象，是人心理上反复出现的、不可抑制的、强烈的想要得到和使用的渴望和冲动状态。诸如饥饿、性欲、电子游戏、酒精饮品等都会让人产生渴求感。

毒品能够使人产生特殊的欣快感和精神满足感，这种感觉使人们在使用过后仍然强烈渴望重温的精神体验，就是我们所说的毒品渴求感，也就是所谓的“心瘾”。多数情况下，这种感觉并不是简单地靠意志就能克服的，只要条件允许，它便如同机体的本能欲望一样，顽强地要求获得满足。诱发渴求感的因素有以下几方面。

（1）吸毒的环境会让青少年趋于同化或是触景生情，产生强烈的吸食的冲动。

（2）当生活中发生不愉快的事情时，容易采取吸毒这一最为“简单”的方式进行排解或是减轻心理压力。

（3）各种家庭问题会使得青少年手足无措，继而感觉对生活失去希望（或是并非先前想象得那么美好），想通过吸毒这一快速的方法消除烦恼。

（4）不良群体影响。青少年阶段大家都喜欢有一个兴趣相投的、固定的群体或团体，一旦青少年进入不良群体或团体，则深陷其中，很难自拔。

（5）遇到非常高兴的事情，可能会忘乎所以，乐极生悲。

（6）厌烦、无聊。青少年生活较为单一，大多是学校和家庭这“两点一线”的生活，许多青少年觉得生活过于无聊和平淡，要有“激情”，从中寻求刺激。

2. 负面情绪

心理学上把焦虑、紧张、愤怒、沮丧、悲伤、痛苦等情绪统称为负性情绪，有时又称为负面情绪。人们之所以这样称呼这些情绪，是因为此类情绪体验是不积极的，身体也会有不适感，甚至影响工作和生活的顺利进行，进而有可能引起身心的伤害。而那些容易吸毒的青少年与负面情绪有着密切的关联，生活毫无乐趣、终日无聊，易激怒、孤独或是长期焦虑的情绪状态，对大多数青少年来讲，是引发吸毒的高危因素；同时负面情绪的核心体验（体现）就是“无助感”，这也说明了这部分青少年容易出现自我效能感低下、抑郁不良等心理状态。列举了青少年常见的10种负面情绪（表6–1）。

表6–1　青少年常见10种负面情绪及表现

负面情绪	解析	具体表现
抑郁	自觉情绪低沉，整日忧心忡忡，对自我才智能力估计过低，对周围困难估计过高	①总是追求完美的心态； ②从不参加群体活动，喜欢独来独往； ③消极情绪无法排解，长期堆积
焦虑	焦虑是一种保护性反应，也称为生理性焦虑。当焦虑的严重程度和客观事件或处境明显不符，或者持续时间过长时，就变成了病理性焦虑	①希望值不切实际（一般是过高）； ②过度的自尊； ③经常性存在不必要的自信； ④过分看待荣誉
愤怒	当愿望不能实现或为达到目的的行动受到挫折时引起的一种紧张而不愉快的情绪；当前泛化为存在于对社会现象以及他人遭遇甚至与自己无关事项的极度反感	①处世过程中不理智，感性处世； ②经常性的出现冲动情绪； ③不合理、无节制地释放愤怒； ④遇事不能接受不同意的意见； ⑤经常性的“大吼大叫”
空虚	是指百无聊赖、闲散寂寞的消极心态，即人们常说的“没劲”，是心理不充实的表现	①整日无所事事； ②对任何事情都提不起兴趣； ③整体（含人身）懒散； ④不与人交往

续表

负面情绪	解析	具体表现
无端烦恼	是指无缘无故烦躁苦恼的消极情绪，产生的情景比较宽阔，但都是通过主观想象建立在“假设”基础上的，常会感到烦恼无处不在、无时不在	①总是关注自身的得失； ②看待生活单一化； ③无故夸大个人的作用
消沉	指心灰意冷、沮丧颓唐的消极情绪，通常在力不从心而使渴望变成失望、处处失意而抱怨命运不济以及受错误人生观影响而看破红尘时发生，这时就会萎靡颓废、浑浑噩噩，似乎已经“心死”	①没有坚定的理想和目标； ②个人意志不坚定
孤独	指孤寡怪僻而不合群的人格缺陷，自我封闭，郁郁寡欢，拒人于千里之外，独来独往，高群索居，自我禁锢，倘若与人不得不交往，也缺乏热情与活力	①处世消极，毫无积极进取心； ②无任何兴趣爱好，整个人处在“无聊”的处境； ③交际方式有问题，从不与人交流，即使有交流也不是顺畅
狂热	对某一事物表现出盲目热衷的、过度的、不合情理的热情的情绪缺陷，一般在迷恋、倾慕、感染和冲动的情景下发生	①沉湎电脑游戏等； ②狂慕歌星等； ③盲信伟人等； ④过火举动、不听劝告、不顾后果
自卑	自我评价偏低、自愧无能而丧失自信，并伴有自怨自艾、悲观失望等情绪体验的消极心理倾向，通常产生于屡屡受挫或他人对自己的消极评价之后	①屡遭挫折，怀疑人生、怀疑自己的能力； ②不由自主地将他人的消极评价转化为自我否定评价； ③对那些稍加努力就能完成的任务也会轻易放弃； ④自感无能而失去正常自信
心理疲劳	由脑力劳动繁重、神经系统紧张程度过高或长时间从事单调、厌烦的工作而引起的精神疲惫现象	①心绪不安，情绪低落； ②动机丧失，提不起精神； ③注意不易集中，思维迟钝； ④工作效率下降，反应时延长，工作正确率降低

3.“同伴”的诱惑

同伴是指空间上比较邻近，有相似的年龄、经验、兴趣、爱好、社会背景、地位信念、价值观和相似的人格特征。他们有共同或接近的观念、行为方式和生活方式，时间和空间上接触机会较多，交流起来更加方便，具有更强的诱惑力。同伴群体对人的行为具有重要的影响，不少毒贩子（或是某个已经吸毒的“同学”）先是故意和青少年交朋友形成“同伴”，继而发展成为“同伴”群体，在同伴群体中形成同伴压力。

同伴压力指同伴互相比较中产生的心理压力，同伴团体对个人施加影响，会促使个人改变其态度、价值观或行为使其遵守团体准则，青少年被同龄人强迫作出某种决定时感到的压力，无论这个决定是对还是错。尤其在青少年中，来自同伴的压力很难避免，因为一般人都想融入朋友的圈子并希望自己受欢迎。你的朋友们甚至可能会利用你这种心理，指使你做一些其实你不愿意做的事。同伴诱惑常用的手段如下。

（1）热情请客，“犒劳”朋友。不少“朋友”会免费请大家“弄两口”或“打一针”为诱饵，劝诱你吸食或是注射毒品。

（2）声称“货好”，感觉更棒。以人世界最大的快乐为诱饵，以及人们猎奇的心理，寻求“飘飘欲仙的感觉”，劝你尝试新型毒品，使你沾染毒瘾。

（3）要求“帮助”，现场实施。让同伴们看他吸食毒品，在某个吸食的环节请求帮助，让你帮助拿一下锡纸或是针头等，这样就会激发起你尝试吸毒的好奇心，以及强烈的渴求心理，最终侥幸心理会战胜你的理智，你会主动试着吸食或是注射毒品。

（4）激将手法，以激促吸。俗话说劝将不如激将。所谓激将，就是用刺激性言语或者反话去激励他人做某事的一种表达方式。由于青少年大多年轻气盛，容易被激惹，为此他们故意采用激将法，采用“不吸毒就不时髦”“不给同伴面子”之类的话挑衅、激怒青少年，并利用“不让我做，我偏要做”的逆反心理，许多青少年思想防线没能经受住“白蚁蠹堤”般的考验，开始深陷毒害。

（5）鼓吹无毒，不会上瘾。不少新型毒品或者是变造毒品，其稽延性戒断症状不是那么明显，但是其对人体神经的损伤危害极大，为此不少人就片面地理解为此类物质没有危害，或者没有成瘾性，这就导致了部分青少年在尝试后觉得这种毒品“无毒”，从而一发而不可收。

以上就是毒友“同伴”诱惑青少年吸食毒品常用的伎俩。他们根本不是所谓的“朋友”和“同伴”，他们是想为了牟取暴利以贩养吸；也可能是想拉你下水另有所图，总之，诱惑你吸食毒品的人都不是真正的朋友，以后遇到此类情况千万要躲开。

4. 看似无关的决定

“看似无关的决定”是表面看起来与吸食毒品无关，但往往正是这些“小小的决定”，让青少年不知不觉中陷入高危情境，产生吸食的念头。不少青少年往往不能早期识别这些暗含危险的决定，且倾向于将这些决定合理化，将吸毒的风险最小化，当发展到最后已经处于高危情境当中时，涉毒的青少年想要摆脱就已经是非常困难。

（1）看似无关的决定：①主动去往那些可能得到毒品的地方；②待在吸毒的危险环境中；③不抛弃、不破坏吸毒用具；④和使用毒品的人接触；⑤对家人隐瞒自己涉毒的情况；⑥空余时间不安排有意义的活动，导致自己空虚无聊。

（2）小心以下的念头：①“这个聚会，我必须去”；②“我能够控制自己不吸”；③“我只吸一口，没有关系的”。

相关知识链接

苏某因为吸毒和妻子闹过很多矛盾，现在他已经戒断几个星期了。一天晚上他驾车从单位回家，在途中的一个十字路口本来该右转，但他决定向左转，因为口渴，左转的这条路上有超市可以买水。在这条路上，他经过了一个酒吧，以前这个酒吧他也去过几次。因为那天天气很热，他决定顺便到酒吧喝杯可乐。走进那个酒吧后，酒吧的氛围让他产生了喝酒的念头。这样，他就喝了两瓶啤酒，心里开始有点想毒品，刚好碰到了一个过去的毒友，而这个朋友刚好身上有一点冰毒，就这样，苏某开始吸食毒品了。

【案例分析】案例中的苏某做了向左拐、进酒吧、喝啤酒等看似与吸毒无关的决定，这些决定就像一连串的“导火索”，最终引发了遇到毒友和复吸行为的发生。如果他一开始作出决定时就能意识到这些决定的危险性，也许后面就不会发生复吸了。

（三）应对高危情境

防止高危情境的出现，是避免复吸的有效方法。虽然大家尽量避免置身于高危情境中，但仍会发生一些不可预测的事件，从而导致高危情境的出现。例如学业紧张、父母关系处理不当、自身情感危机、亲人病重、失业等，所以广大青少年应该制订一整套危机发生时候的应急计划，以便在高危情境出现时，知道如何应对。以下列举了 5 种比较典型的高危情境和一些建议采取的措施。

1. 处于与毒品或吸毒有关的熟悉环境之中

导致吸毒的一大因素是无法真正从吸毒的环境中脱离出来。熟悉的情景、熟悉的人群、熟悉的声音、熟悉的暗号以及熟悉的味道，都会使不少涉毒过的青少年触景生情，诱发吸毒的冲动，把个人的誓言、家庭的责任、社会的义务忘记得一干二净。

应对措施：当进入与毒品相关的熟悉环境里，随着时间的增加，就会失去自我控制的能力。在没有完全失去理智前，第一时间离开此环境，让自己保持清醒的头脑，让理智战胜冲动。

2. 处于过度愉快等兴奋情绪之中

遇到开心的事，就想着庆祝一下，人的情绪就会变得异常兴奋，对事件的判断能力就会下降，此时，只要想到吸毒或者有人提议吸毒就会实施。

应对措施：青少年务必要时刻保持对吸毒行为的警惕性，在遇到过度愉快的事时，要尽量避免喝酒，更不能喝醉。作为家人，不仅要在青少年伤心时陪护，也要在其开心时关注，避免被其他吸毒人员引诱。

3. 处于痛苦等负性情绪之中

负性情绪的原因会是多种，但青少年往往把问题绝对化，过分强调后果的严重程度，比常人更加容易生气、悲伤、孤独、内疚、恐惧和焦虑，此时就会希望通过吸毒减轻症状程度。

应对措施：青少年要及时寻找专业的心理咨询，通过科学的方式宣泄不良情绪；可以寻求朋友的帮助，向朋友倾诉内心的情绪；家属要多引导，不能通过严厉的斥责压制其不良情绪的宣泄，而应该认真倾听，用合理的建议一起陪青少年面对负性情绪。

4. 处于无聊心境之中

刚踏入社会的青少年会遇到一个回归“窗口期”：青少年学校的圈子的人员各奔东西，自己目前还没有建立新的社交圈子，生活会陷入孤独、无聊、空虚的状态。随着“窗口期”的延长，身体与心理上的不适便会更加明显，青少年为了摆脱这种状态，填补内心的空虚，就会尝试使用毒品。

应对措施：加强与家庭成员之间的交往，用亲情弥补社交空白；在身体与心理条件允许的情况下，寻找一份适合从事的工作，并努力做好；多交往一些品行良好、社会经历丰富的朋友，并融入他们的圈子之中；多参加一些公益活动。

5. 出于对吸毒成瘾错误认知之中

青少年对毒品的危害认识是随着融入社会时间的增长而减少的。由于不能正确认知毒品的危害，一些青少年会产生侥幸心理，错误地认为自己不会吸一次就上瘾的；错误地认为毒品对自己的身体也没产生多大的伤害；错误地认为就是上瘾了戒了不行了。在这些对毒品错误的认知中，青少年就会尝试吸食毒品。

应对措施：学习一些毒品对身体、心理伤害的科学知识，了解毒品的危害；了解一些吸毒产生的各类案件或社会问题，知道吸毒不仅对个人，更是对家庭、社会等产生一系列严重的后果；树立正确的戒毒观念，学会承担家庭、社会的责任，不要心存侥幸。

五、拒毒训练第五模块：构建良好习惯

古希腊哲学家苏格拉底曾经说过：好习惯是一个人在社交场合中所能穿着的最佳服饰，而坏习惯就是你的敌人，它只会让你难堪、丢脸，只会给你添麻烦，只会损害你的健康或者导致事业失败。青少年养成了良好的习惯，他的人格魅力自然会得到提升。

从青少年的现实情况来看，有的人在行动上“拖拖拉拉”，有的人对浪费时间“不以为然”，有的人对别人的指导“自以为是”，还有的人对新知识“不求甚解”。这些都是青少年常见的不良习惯，这是一个人不自觉、不加控制的行为，经过长期的累积、强化而形成的“动力定型”，造成根深蒂固的“惯性”影响。

作家李筱懿说：“希望通过一些行为设计，让我们体验到良好的变化其实不那么难。我设计了4个主题，分别是改善健康，整理环境，探索观察，联络朋友。”这是一个由内而外的过程，首先，我们把自己的身体调整健康，然后整理我们周边的环境，让自己有一个好的心情，再往外去探索我们所处的环境，最终去尝试建立人与人的连接。

（一）拆分任务，循序渐进

任何一个好习惯都不是那么轻而易举就可以实现的。所以，我们需要循序

渐进，每天实现一个小目标、每周完成一次小挑战，一点一点的小成就累计起来就会更容易成功，每天都完成一件事情的获得感，也会让你在第二天更有动力去坚持。

（二）记录下每一次的成就

大家可以尝试记录打卡，因为当你完成了一件事，并且亲手记录下来，你会在大脑中有一种获得感，更加确认这种成就感。这好像是某一种对大家的承诺，就像一种仪式一样，能够促进你更好地坚持完成当初制订的挑战任务。

（三）专心于自己的目标

强调要专注于挑战，不要被中间出现的小事情打断。如在整理环境中要求大家抗拒处理其他事情的冲动，可以分类、清理、整理，但不可以因为一封邮件就马上回复，因为对自己目标的不专注，很容易让你忘记自己做那件事情的初衷，而对挑战产生重重困难。

（四）给自己固定的时间来挑战

通常我们约定初期每天花 30 分钟来完成挑战，后两周建议大家每天在固定时间去完成挑战。这样做是因为当有一个固定时间时，你的专注力会更高，你的效率也会更高。现在因为智能手机的快速普及，个人的碎片化时间利用率越来越高，但同样的，我们的时间也被拆分成了很多的碎片时间，要养成一个坚持的习惯，最好有一个固定的时间去做自己规定的任务。

（五）面对失败的平常心

你也许会因为学习、工作或者生活上的一些问题，中间会断掉坚持每天记录打卡，其实这种情况也非常多。在面对一次坚持失败时，如果你自暴自弃，产生深深的内疚，那将极大打击你的自信心。

我们应该这样面对自己的一次失误：首先，失败时要有平常心。就是有真的有特殊情况导致无法完成，可以告诉自己明天还要继续挑战，不要因为失败而躲避。其次，试着总结一下失败的原因，是因为时间安排或者精力不够，还是自己的情绪波动导致，去面对自己，找出原因，接受它并避免下一次发生。

（六）请相信"滴水穿石"

最后，非常重要的就是如果你想要改变自己，你真的想要去养成一个好的习惯的话，你必须要了解一点，就是滴水可穿石。

这一滴一滴水需要很多时间，而当那一刻滴水穿透石头之前，它需要一步步累积，这过程很累，中间也会遇到瓶颈期，那时候你会觉得自己好像付出了很多，却没有任何成果，但就是那一天，当所有的东西终于突破，这时候你会发现很多东西都会出现。

印度有句古谚语："播种行为，收获习惯；播种习惯，收获性格；播种性格，收获命运。"可见习惯养成之重要性。良好习惯的养成贵在坚持。

第二节　艾滋病预防

禁毒防艾是我国的一项基本国策，多年来我国政府以"禁绝毒品"为根本目标制定实施了一系列方针，对防范毒品危害，毒品蔓延，艾滋病疫情传播起到了重要作用（图6–2）。截至2018年9月底，全国报告存活感染者85万，死亡26.2万例。估计新发感染者每年8万例左右。参照国际标准，与其他国家相比，我国艾滋病疫情处于低流行水平，但疫情分布不平衡。

图6–2　红丝带标志

吸毒导致艾滋病传播的速度也是比较惊人的。在艾滋病的传播方式中，性传播是主要传播途径，2017年报告感染者中经异性传播占比为69.6%，男性同性传播为25.5%。当前，性传播作为我国艾滋病主要传播途径，波及范围广泛，传播速度快，影响因素复杂多样，防治形势依然严峻，防治任务艰巨。同时，经静脉吸毒也是中国艾滋病传播的主要途径，而且传播速度快，范围不断扩大。1994年前仅云南一省在静脉吸毒者中发现艾滋病病毒感染者，现在中国31个省均有报告；监测42个吸毒人群哨点中有24个发现了HIV阳性感染者，平均艾滋病病毒检出率为20%，最高为78.5%；许多HIV阳性吸毒者参与嫖娼卖淫或有偿供血活动，成为向一般人群传播艾滋病毒的主要渠道。

在日常生活中，我们每一个人也要掌握一定的艾滋病防范知识，对于某些存在危险的情况要提高防范意识，当认为自己可能感染艾滋病时，也应该到医院及时寻求帮助，将损失降到最低，及早地发现艾滋病，对于治疗也是有帮助的。

一、艾滋病概述

艾滋病，即获得性免疫缺陷综合征（或称后天免疫缺乏综合合 acquired immuno deficiency syndrome，AIDS，音译为艾滋病），是一种由人类免疫缺乏病毒（简称 HIV，图 6–3）的反转录病毒感染后，因免疫系统受到破坏，逐渐成为许多伺机性疾病的攻击目标，促成多种临床症状的综合征，而非单纯的一种疾病。而这种综合征可通过直接接触黏膜组织（mucosa）的口腔、生殖器、肛门等或带有病毒的血液、精液、阴道分泌液、乳汁而传染。每年的 12 月 1 日为世界艾滋病日。

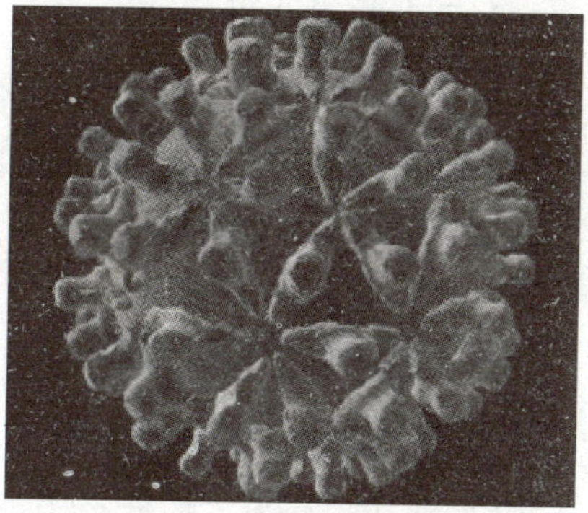
图 6–3　HIV 病毒电镜图

HIV 是一种能攻击人体免疫系统的病毒，它把人体免疫系统中最重要的 CD4T 淋巴细胞作为主要攻击目标，大量破坏该细胞，使人体丧失免疫功能。因此，人体易于感染各种疾病，并可发生恶性肿瘤，病死率较高。

二、流行概况

（一）传染源

HIV 感染者和艾滋病病人是本病的传染源。

（二）传播途径

HIV 主要存在于感染者和病人的血液、精液、阴道分泌物、乳汁中。

1. 性行为。与已感染的伴侣发生无保护的性行为，包括同性、异性和双性性接触。

2. 静脉注射吸毒。与他人共用被感染者使用过的、未经消毒的注射工具，是一种非常重要的 HIV 传播途径。

3. 母婴传播。在怀孕、生产和母乳喂养过程中，感染 HIV 的母亲可能会传播给胎儿及婴儿。

4. 血液及血制品（包括人工授精、皮肤移植和器官移植）。

握手，拥抱，礼节性亲吻，同吃同饮，共用厕所和浴室，共用办公室、公共交通工具、娱乐设施等日常生活接触不会传播 HIV。

（三）易感人群

人群普遍易感。高危人群包括男性同性恋者、静脉吸毒人员、与 HIV 携带者经常有性接触者、经常输血及血制品者和 HIV 感染母亲所生婴儿。

三、艾滋病传播的三个条件

（一）HIV 感染者存在

必须存在 HIV 的传染源才有可能发生 HIV 感染和传播。有些人担心和怀疑，只要有过某些行为，如性行为就会得艾滋病，即使没有 HIV 的存在也一样，这种观点是错误的。

（二）有足够量的病毒从感染者体内排出

HIV 的数量只有达到一定的水平才会导致感染的发生。例如感染者的血液、精液、乳汁中带有比较多的病毒，只要少量就足以感染别人，接触这些体液感染的危险性比较高；而唾液、泪液和尿液中病毒含量很少或者没有病毒，因此日常生活接触不会传播艾滋病病毒。

（三）HIV 必须进入受感染者的血液中

光是接触到有病毒的体液并不足以感染上 HIV，健康、无破损的皮肤可阻止 HIV 进入机体，能有效地防止 HIV 感染。HIV 可以通过伤口或溃疡进入机体，或者透过口腔、眼睛等处的黏膜进入人体。

四、艾滋病与毒品的关系

毒品是传播艾滋病的温床。吸毒人员喜欢肌肉或皮下静脉注射毒品，而这些注射毒品用的针头往往存有艾滋病毒，这便成了艾滋病传播的一个重要途径——血液传播。许多 HIV 阳性吸毒人员参与嫖娼卖淫或有偿供血活动，成为向一般人群传播艾滋病毒的主要渠道。毒品盛行的地方艾滋病一定猖獗，同样，艾滋病猖獗的地方毒品同样盛行。同时，这个地区犯罪率也相对其他地区要高。因此，我们常说禁毒和艾滋病预防，毒品与艾滋病常常是伴随出现的，需要同时预防治理。

毒品与艾滋病问题是全社会、全人类面临的严重问题，禁绝毒品意义重大，任重道远。要远离艾滋病，就必须要远离毒品。毒品不可触碰，沾上毒品，会毁灭自己、祸及家庭、危害社会，一定要认清毒品的危害，树立正确的人生观与价值观，牢筑“拒绝毒品”这道防线，切记毒品不可尝试，坚决不吸第一口毒品。

如果不幸沾染了毒品，坚决戒毒就是预防艾滋病的第二道重要防线，戒毒的同时还要远离吸毒的“朋友”。如果一时还不能戒除毒瘾，也要避免静脉注射毒品，更不能和其他人共用注射器或针头。这是预防吸毒传播艾滋病毒的最后一道防线，这道防线距艾滋病仅一步之遥。

五、预防艾滋病

要以预防为主，不要存侥幸心理。对个人来说，要洁身自爱、珍爱生命、不要尝试吸毒；要安全用血，洁身自爱，不去非法采血站卖血，不要轻率地进出某些娱乐场所。在任何场合都应保持强烈的预防艾滋病意识：生病时要到正规的诊所、医院求治，注意输血安全；不用未消毒的器具穿耳孔、文身、美容等；不与他人共享剃须刀、牙刷等；尽量避免接触他人体液、血液，对被他人污染过的物品要及时消毒。

从全球范围来看，性传播是艾滋病流行的主要传播方式，特别是异性传播。对此，我国采取了一系列措施。一是加大宣传，提高公民对艾滋病的防范意识，提高防范能力。二是在一些重点人群当中开展针对性的预防干预工作，像在一些特殊人群当中做好推广安全套的工作，做行为的干预。三是积极进行检测，这本身就是艾滋病预防干预的非常重要的措施。综合干预措施还包括多部门开展的打击卖淫嫖娼行为以及网络治理等。为了自己、为了家人、为了社会，拒绝毒品，远离艾滋。

第三篇

禁毒教育

本章导语 BENZHANG DAOYU

"自1906年以来曾经有过4次全国性并得到国家支持的禁毒运动。第一次禁毒运动实施于清朝末期，随着1911年清政府的覆灭而夭折；第二次在1935年到1940年，国民党政府将之作为推进新生活运动的一项举措，还不能算成功；第三次和第四次禁毒运动都发生在1949年之后。实施于20世纪50年代早期的那次，仅用了3年时间就肃清了毒品问题，这是前所未有的。"

第七章　禁毒斗争

历史上中国曾经是国际贩毒集团倾销毒品的主要受害国。鸦片的泛滥曾给中国造成极其严重的危害。因此回顾中国的禁毒斗争历史，对于我们当前的禁毒教育具有"以史为鉴"的意义。

第一节　近代中国禁毒斗争概述

一、清政府的禁烟斗争

由于当时鸦片烟毒已经严重威胁到清政府的生存，禁烟禁毒成了当时中国清政府的一项重要任务。

（一）清朝早期禁烟运动

清朝初期，社会上吸食鸦片的现象已经有所"普及"。康熙年间海禁不严，鸦片被当作药材在完成海关纳税后可以正常地输入，这在客观上助长了鸦片的吸食之风。随着吸食鸦片人数的增多，其危害性日渐显现。1729年（雍正年间）颁布了中国历史上第一个禁烟法律，明确规定了打击鸦片的贩售行为。乾隆时期朝廷再次重申严厉禁止鸦片的法令。但这些法令的颁布，却没能阻挡住鸦片的进一步蔓延，禁烟禁毒的效果并不理想。

（二）嘉庆时期的禁烟情况

1796年，嘉庆皇帝根据两广总督的奏折，再次重申禁令，并裁去海关的鸦片税额，禁止鸦片进口。不久，又下令严禁种植罂粟。1813年，嘉庆皇帝又颁布了《严禁吸食鸦片条例》的法令，将惩罚的对象扩大到了吸食者。鉴于多个禁令皆由具体执行官员不严格执行而失效的教训，两年以后，又公布了《查禁鸦片烟章程》，这一法令详细规定了对禁烟官吏的奖惩办法。虽然嘉庆皇帝禁烟的决心很大，他在位的10年曾9次下旨禁烟，但由于国外走私商人的种种阻挠及中国官员的腐败，加之中国海关缉私能力有限，鸦片在中国泛滥的势头没能被阻止。

（三）道光时期的禁烟情况

道光皇帝继位后，继续延续嘉庆朝对鸦片的政策，推行禁烟。从1821—1835年（道光元年至道光十五年），清政府颁布了一系列的禁烟法令，这一时期的禁烟主要集中在6个方面：一是防止白银外流为禁烟重点；二是加重买鸦片烟者的罪名；三是加强各国来华货船的查验；四是以严禁分销的办法切断鸦片的来源；五是严惩失察官员；六是制定了“禁种禁吸”措施。道光皇帝在禁烟问题上所采取的措施要比前几任皇帝要周密和严格，但是，据史料记载，这些措施和法令均未能得到有效实施，故并没有遏制住鸦片的泛滥。

（四）林则徐与虎门销烟行动

1838年（道光十八年），鸦片泛滥日益严重，已经到了攸关清政府统治生死存亡的地步，于是禁烟问题被道光皇帝提上了紧迫的议事日程。当时的朝庭内部对禁烟的看法不一，形成了“严禁派”与“弛禁派”，两派关于禁烟进行了激烈的争议。严禁派的代表人物为林则徐、黄爵滋等人，他们主张“严刑峻法，重治吸食”。弛禁派的代表人物为琦善、穆彰阿、许乃济等人，他们主张“取消禁令，公开买卖，照药材纳税，以货易货，土烟驱逐洋烟”。最终打动道光帝的是当时湖广总督林则徐的禁烟奏折。林则徐一针见血地指出，“若再听由鸦片泛滥下去，则数十年之后中原再无可御敌之兵，也没有可以充饷之银。”这种局面显然是道光帝无论如何也不想看到的，1838年12月林则徐被任命为钦差大臣，赴广东查禁鸦片。

1939 年 3 月，林则徐到达广州后，与邓廷桢一起在人民群众的支持和帮助下，进行了雷厉风行的禁烟活动。他们收集情报，整顿海防，缉拿烟贩，惩处受贿买放的水师官员，同时，对外国鸦片贩子也采取严厉措施，下令封仓，停止中外贸易，派兵包围商馆，撤退商馆内的中国买办、工役，停止食物供应。至此，英国商务监督义律以英国政府的名义，责令英国商人将鸦片全部交出，损失由英国政府和他本人负责赔偿。最后英国鸦片贩子被迫交出 2 万余箱鸦片，美国烟贩交出 1500 余箱鸦片。

1839 年 6 月 3 日至 25 日，林则徐命令将收缴的鸦片共计 2 万余箱在虎门公开销毁。当时销毁鸦片是在海岸处挖了若干池子，将鸦片、石灰放在一起，当海水涨潮时，鸦片、石灰、水发生化学反应，变成了灰烬，并被海水冲走，干净利落，一点残渣也未留下。虎门销烟是人类历史上第一次大规模禁毒行动，林则徐也被誉为“中国禁毒第一人”“世界禁毒先驱”的近代伟人。然而，英国殖民主义者却以此为借口，发动了鸦片战争。

（五）清朝末期的禁烟运动

清朝末年，鸦片烟毒在全国迅速蔓延，成为严重的社会问题。为了挽救清王朝衰败的命运，1901 年 1 月 29 日（光绪二十七年），慈禧太后以光绪帝的名义下诏变法。开始了晚清最后 10 年的“清末新政”时期。在此期间，清政府将禁烟列为“新政”的主要内容，并借机发动了一场比较认真，颇具声势的禁烟运动。

1906 年 9 月 20 日（光绪三十二年八月初三日），清廷谕令政务处：“著定十年以内，将洋土药之害一律革除净尽。”这一谕令的发布，标志着清末新政时期禁烟运动的开始。政务处于 11 月制定《禁烟章程十条》，规定禁种、禁进口、禁新吸、戒烟瘾、关烟馆。同月，清政府在京师设立禁烟总局，在上海设立禁烟总会。

清政府在国内从严禁烟的同时，也在积极寻求通过外交的途径杜绝鸦片的进口，由于当时英国把持着世界的鸦片贸易，经过清政府与英国政府的多次交涉，1907 年 12 月，中国与英国达成《中英禁烟条约》，条约规定：如果中国确能将自产的鸦片减种减销，并于 3 年内实行禁烟取得成效，英国将协助中国禁烟，从印度输入中国的鸦片，每年减少 1 成，自 1908 年起实施自 1917 年全部停止向中国输入鸦片。《中英禁烟条约》的签订为中国的禁烟创造了外部条件。1909年宣统皇帝重申禁烟令，于1909年初颁发了《禁烟条例》，规定凡是种植罂粟制贩鸦片、开设烟馆制造烟具的，都要判处有期徒刑，并严惩贩卖吗啡。在中外舆论的推动下，禁烟运动逐步走向高潮，全国各地均采取种种措施实施禁烟。

在禁种方面，禁种罂粟是这次禁烟运动的一项主要内容，由于"罂粟妨农"所造成的危害已为大多数人所认识，因此各地在查禁罂粟种植方面所花费的力气较大，民间种植罂粟的面积明显减少。1907年清政府颁布的《新刑律》里面列有鸦片烟罪，1909年颁布的禁烟条例里规定，凡栽种罂粟制贩鸦片都要受到惩处。随着各地对这些法律法令的执行，种植罂粟的情况有所改变。通令各州县调查罂粟种植面积，由官府统一发给牌照，按年递减九分之一，提前禁种者奖励，过期不禁者地亩充公。各省制订了禁种时间表：江苏、安徽、河南、云南、福建和黑龙江等6省于1908年下半年全面禁种。奉天、吉林、直隶、山东、江西、浙江、湖北、湖南、新疆、广东和广西等11省在1909年下半年全面禁种。陕西、甘肃、四川和贵州等4省每年递减20%，到1913年全国全面禁种。

在禁售方面，全国各地都对烟馆采取了查封、查禁的措施，就连外国租界当局也迫于新势力的压力，不得不对租界内的烟馆进行限制。各地在禁种罂粟的同时积极展开禁吸鸦片的行动，设立戒烟所与查烟官局，强制戒烟。通过各种努力，禁烟取得一定成效。

在禁吸方面，吸食鸦片烟的人数有所下降。在民族自强精神的指引下，中国各地陆续开始了对鸦片抵制、禁止的浪潮。各地纷纷成立了各种禁烟戒烟团体，宣传毒品危害，鼓励民众戒毒。徐勤等进步人士发起建立的戒鸦片会，在广州、上海、香港、澳门设有分会，在日本设立总会。1904年，福建爱国人士林绍年、陈宝琛、邵质诚、刘学绚、罗金城、林炳章、张赞廷等"十贤"，联名发起了"去毒社"。1905年去毒总社宣告成立，社长为林炳章（林则徐的曾孙），地点设在福州，并且在其他地方设立了分社、支社。去毒社的成员没有薪金，他们宣传、劝导人们戒烟，还施舍戒烟药品。

（六）万国禁烟大会

万国禁烟会议是20世纪初在上海召开的一次重要的国际会议，也是全球性禁毒运动的开端。此次会议的发起国是美国，由清政府承办。1909 年 2 月 1 日在美国政府的倡议下，中国、美国、法国、德国、英国、俄国等 13 个国家的代表，在上海举行关于鸦片问题的国际会议。请政府派两江总督瑞芳率代表团参加，这次会议讨论的主要内容有两项：一是鸦片毒害的程度，二是最好的控制办法。会议还交换了有关各国鸦片危害的情况。讨论了禁止种植、吸食、贩运鸦片的措施。大会在承认“中国政府尽力禁止在中国生产和销售鸦片的诚意后”，通过了下列 6 条决议：①逐步禁吸鸦片；②拟定防止滥用鸦片的办法；③各国有责任采取适当措施防止鸦片走私；④控制吗啡的制造、销售和输送；⑤用科学的方法更好地调查研究戒除鸦片的药物，研究鸦片及其制品的特征和影响；⑥药物法规适用于中国领馆区、租界地、外国人居留地内的各国公民。从内容上看，这些决议案对中国的禁烟运动有所裨益，但上述决议案并无法律的约束效应。以万国禁烟会议为起点，国际禁烟禁毒活动逐步发展壮大。1912 年，12 个国家又召开了海牙国际禁烟会议，通过了具备法律效用的《海牙禁烟公约》。

清末的禁烟运动虽然取得了较为显著的成果，但是距离禁绝毒品还是相当遥远的，烟毒问题不是一个孤立的问题，它与政治、经济、文化、外交等各方面都是有着密切的关联，当时的清政府政权已经是病入膏肓、摇摇欲坠，仅仅依靠实施局部的变革是不可能挽救其没落和覆亡的。而此时民主革命已经是如火如荼，清政府也不能长期集中财力、物力和精力用于禁烟运动，因此清末的禁烟运动虽然在中国禁毒历史上留下的重重一笔，为今后中国各政府的禁烟禁毒活动的开展，提供了一些有用的参考和经验教训，但是它随着清王朝的灭亡而夭折，没有也不可能洗掉烟毒带给中华民族的百年耻辱。

相关知识链接

1. 万国禁烟大会召开的背景

1906 年，菲律宾主教、美国圣会教士勃兰脱写信给美国总统西奥多·罗斯福，提请他关注国际禁毒问题和美属菲律宾的鸦片问题。在国务卿伊莱休·鲁特的建议下，罗斯福总统决定在远东地区发起召开一次国际禁烟会议。同年 10 月 17 日，美国驻英公使黎德在谒见英国外交大臣葛雷时，转达了罗斯福总统的意见，希望与鸦片贸易有关的美、中、英等国组成一个联合委员会，调查远东的鸦片问题，讨论禁烟事宜。1个月后，英国政府正式同意了美方的建议。1908年5月间，美国邀请清政府参加万国禁烟会议。美国公使柔克义在给清政府的照会中称："以美国政府约请东方有属地之法、德、美和日本等国政府，各派专员考查鸦片情形，询请中国愿否派员会查？"接到美方的邀请后，清政府决定以南洋大臣、两江总督端方为首组团与会。经过1年多的国际磋商，各国定于1909年2月1日在上海举行万国禁烟会议。之所以选择上海为会址，是因为美国召集万国禁烟会的目的就是讨论远东地区的鸦片问题，而1906年清政府开始推行的禁烟运动取得了阶段性的成果，中国的鸦片产量和烟民人数均有所下降，受到世界瞩目。上海是当时中国也是世界最大的鸦片进口、转口与消费口岸。19世纪70年代，上海的鸦片进口量已占全国输入总数的71%，上海的租界更是烟害的滋生地，租界当局公然颁发经营烟馆的许可证并收取税款。由于租界的存在，单凭清政府的力量很难彻底肃清烟毒，要绝禁鸦片尚需有关各国的协助来共同完成。当时上海的禁烟态势恰好是20世纪初国际禁烟形势的一个缩影。

2.清末禁烟运动没有根除鸦片烟毒的原因

一是国家社会的不稳定，政令的不畅通。在清末，清政府连年内忧外患，已经是摇摇欲坠。尽管皇帝认识到了鸦片烟毒的危害，也采取了很多措施，但因为整个体制已经腐烂，政权缺少足够的力量来维持它的运转，政令往往不能得到贯彻执行，加上很多官员缺少责任心，有些地方官员对禁毒阳奉阴违，导致局部地区鸦片继续泛滥。二是禁烟法规存在漏洞。禁烟的一些法律法规等存在相当多的漏洞，如对高级官员禁烟措施不够有力等，导致一些高官钻空子，影响了禁烟效果。三是国内经济落后，鸦片烟税是清政府的一项重要财政收入，这使得种植罂粟不能被彻底禁止。有些省份因为财政困难，就从鸦片税上想办法，这些都影响着禁烟。四是人民群众知识不普及，人口素质低下，有些省份、地区种植罂粟已经有相当长的时间，成了农民赖以为生的经济作物。清政府颁布禁种条例后，往往辅助措施不力或者根本没有，就导致政府与烟农矛盾的激化，甚至酿成民变。五是外国势力的强大，租界在中国各地的存在，在一定程度上阻碍了禁烟的彻底。由于清政府的权力不能达到享有治外法权的租界，所以帝国主义占领的租界地常成为吸毒者的避难所。同时由于租界当局对贩卖毒品的默许，进口毒品往往从租界向全国各地传播。

二、“中华民国”初期的禁烟情况

（一）“中华民国”初期

1911 年 10 月 10 日，武昌起义爆发，迅速得到全国各地的响应，清王朝在一片讨伐声中覆灭。辛亥革命推翻了清政权，国内外禁烟呼声高涨，各地进步人士纷纷上书国民政府，要求继续禁烟。1912 年 3 月 2 日，孙中山就任“中华民国”临时大总统时就向全国发布了“严禁鸦片通令”，要求禁止吸食、种植毒品。5 月，内务部下属的全国禁烟公所成立。袁世凯出任临时大总统后，继续实行禁烟政策。在临时政府颁布的新刑律中，列有鸦片烟罪 10 条。规定了对吸食、贩卖鸦片将被判刑。各地军政府也相继颁布禁烟法令，湖北、湖南、西北、浙江、江苏、江西等地新政权纷纷发布禁烟条例、规定。

自民国初年禁烟之后，外国鸦片再也不能作为合法商品在中国任意出售，土产鸦品的生产和销售也成为非法，禁烟运动取得了重大胜利。可以说民国初年的禁烟运动在中国近代禁烟运动中写下了光辉的一页，但随着北洋军阀和地方军阀对峙开始，禁毒禁烟活动再度名存实亡。

（二）军阀混战时期

1917—1927 年，中国进入了军阀割据混战时期，各地武装势力独霸一方，为利益驱动，常常鼓励甚至强迫农民种植罂粟，毒品重新在中国蔓延，这给禁毒造成极大危害。

（1）罂粟种植死灰复燃。清末民初的几次大规模禁种，本来已经使罂粟种植大为减少。但由于军阀混战，各地罂粟种植死灰复燃。在东北、河北、山东、陕西、河南、四川、云南、贵州、福建等省，罂粟种植非常普遍，为当地重要的税收来源。贵州、云南的罂粟种植站全省耕地的三分之二，其他如湖南、湖北、江苏、江西、广西、浙江等省，罂粟种植也逐渐蔓延。

（2）农业生产遭到破坏。中国历来是人均耕地最少的国家之一，一旦开始种植罂粟，种植粮食的耕地必然会遭到侵占、破坏（由于罂粟种植后不需要多操心，产出物又比种植粮食值钱得多，反而会促使农民会进一步扩大罂粟的种植面积），从而破坏农业生产结构，必然导致饥荒等灾难性后果的出现。到1925年，全国罂粟种植面积已达1800万亩，根据初步估算，全国大约少收2700万吨粮食。粮食减产，粮价必然上升，结果就是造成人民生活更加困苦。

（3）吸毒人群的剧增。由于各地禁烟政策遭到破坏，曾经被关闭的烟馆重新大量开张，导致吸毒人群的大量增加。在华北地区，仅仅北京烟土1年就能销售1080万两，当地警察从不干涉；在福建，曾经有“烟馆多于米店”的说法；安徽省是产烟区，鸦片比较便宜，一两烟土只卖三角钱，这就导致了贫困人群也加入了吸食人群；广东、广西两地烟民非常多，汕头一地就有数百家烟馆。

军阀混战时期，各地的军阀们采取各种极其卑劣的手段“禁”驰交替，只征不禁，从而使得毒品更加泛滥，原先取得的禁毒成效继而灰飞烟灭。

三、南京国民政府的禁烟运动

南京国民政府成立不久，中华民国拒毒会即发表宣言，代表民众提出8项主张，诸如“府禁烟，要求政府严禁外国毒品的进口，训令各省官员禁止种植罂粟，禁绝贩卖鸦片等”，在民众的呼吁声中，国民政府决定在财政部下设禁烟处，财政部于1927年9月颁布《禁烟暂行章程》，公布自1928年起限3年内鸦片烟在全国完全禁绝。但其颁布的禁烟办法意为实行鸦片公卖，得此政策，各地禁烟机关仍借寓禁于征之名义变相纵毒，这种做法实与旧军阀的做法无异，遭到全国民众的反对。在民众的压力下，国民政府于1927年11月、1928年4月，两次修正了禁烟条例，其内容与禁烟暂行章程没有什么根本的变化。为配合禁烟条例的实施，国民政府颁布了一系列禁烟行政条例，如《各省检查烟苗局章程》《戒烟药料护运章程》《财政部征收戒烟药料特税章程》《禁烟官吏奖惩条例》《审理烟案简易程序》《戒烟药料印花领用章程》等，坚持鸦片公卖政策。

1928年，全国局势趋于稳定，国民政府禁烟政策开始严厉起来，蒋介石也在禁烟会议上发表慷慨激昂的演说："如果大家要救国，必自禁烟始。"国民政府首先在新颁布的《刑法》中，加重了对鸦片罪的处罚规定。1928 年 7 月，国民政府召开常会第 79 次会议，提出厉行禁烟，讨论彻底禁绝鸦片毒品的办法，拟召开全国禁烟会议，会议决议案呈由国民政府，核交禁烟委员会执行，会上通过了全国禁烟会议组织条例。1928 年 8 月，禁烟委员会正式成立，张之江任主席，蒋介石、李宗仁、李济深、冯玉祥、蔡元培等许多国民党要员担任禁烟委员。

（一）"两年禁毒、六年禁烟"运动

1934 年 5 月，国际联盟第十八次届禁烟委员会在日内瓦召开会议，各国代表强烈谴责中国禁烟不利，在强大的国际禁毒舆论压力下，1935 年 4 月，蒋介石提出"两年禁毒、六年禁烟"的计划，规定 1935—1936 年底为禁绝烈性毒品的期限，1935—1940 年底为 6 年禁烟期限。

为配合"两年禁毒，六年禁烟"计划的实施，国民政府调整了禁烟组织机构，形成了以禁烟总监为核心，下设军事委员会禁烟总会、行营禁烟督察处、各省市政府民政厅、警察厅、各省市禁烟特派员等机构的禁烟组织系统。"两年禁毒"至 1936 年 12 月 31 日期满。此次禁烟采取渐禁的方法，分期分批地进行，比较符合中国实际，切实可行，故而取得较好的成效，从而使"两年禁毒，六年禁烟"运动成为中国禁烟史上一个重要时期。

七七事变爆发后，全面抗日战争开始，"六年禁烟"运动虽没有中止，但遇到了极大的压力。国民政府于 1938—1940 年先后补充制订或修改了一些禁烟禁毒的法规条例。补充制订的有《各省市领照烟民分期戒绝实施办法》《各省市筹办强民工厂办法》《隶清私存烟土办法大纲》《二十八年查禁种烟办法五项》等，另有修正的《禁烟、禁毒治罪暂行条例》《特许商人采办烟土暂行规则》等。"六年禁烟"中，尽管各地阳奉阴违，且又加之日本全面侵华的影响，但是禁毒运动仍在"步履蹒跚"中有所起色，在中国禁烟史上写下了重要的一页。

抗战胜利后，国民政府修正了 3 种法规，增订了 9 项新办法。为实行战后 2 年彻底肃清烟毒的目标，国民政府的有关部门也采用了有力的办法和措施，诸如加强查禁工作，处理缉获烟毒，扩大禁烟宣传，划分禁烟督导区，推行禁烟联保连坐，办理收复区烟民施戒及善后救济事务等。

抗日战争结束后，国民党重心全在内战，对于禁毒工作既无心也无力，以致毒祸再次横行。

第二节　中国共产党禁毒斗争概述

中华民族要强大、要复兴，必须要彻底清除毒患。中国共产党自诞生之日起，就一向主张严厉禁烟，以实现民族复兴。早在土地革命时期，各级苏维埃政府就颁布过各种禁烟法令，“不吸鸦片、不赌博”是作为入党的重要条件之一。

一、国内革命时期的禁毒斗争

早在毛泽东领导秋收起义的时候，红军在打土豪分田地、取消一切苛捐杂税里就包括大烟税。1928 年彭德怀、滕代远领导平江起义，建立了工农苏维埃政权，宣布禁止吸食鸦片，同时禁止种植、贩卖毒品；1929 年，邓小平、韦拔群、张云逸等领导发动百色起义，建立了红色政权，在占领东兰县城后发布的《最低纲领》中，就规定“严禁烟赌”；1933 年，红军川陕根据地颁布的《川陕省苏维埃组织法》中规定：区、乡两级苏维埃政府设立劳工内务委员，职责是“注意卫生防疫和戒烟工作”，省政府还设立禁烟局，禁止种植罂粟，禁止吸食鸦片。

在长征中，红军注重对俘虏的军阀部队中有鸦片瘾士兵的教育改造，在遵义会议后发布的缩编令中，注意到俘虏兵的烟瘾问题，要求对没有完全戒除烟瘾的士兵，暂不编入战斗连队。在贵州，由于当地普遍吸食鸦片，因此要求新参军人员如有烟瘾的，须戒除后再正式入伍。红三军在湘鄂川黔边特区开展禁烟。同时，革命政府注意禁烟的方式方法，尽量不采取强迫的方式。1934 年特区革命委员会颁布的乡政权的纲领性文件《乡苏维埃》里，强调反对强迫戒烟。

二、抗日战争时期根据地的禁毒斗争

抗日战争时期，中国共产党领导下的各抗日民主根据地采取了各种措施禁毒，颁布了各种法律法规防止毒品泛滥，取得了较好的效果。1939 年 6 月，中共中央北方局在《关于解决河北问题的八大纲领》中明确提出，必须“禁绝毒品，限制奢侈品的输入”。陕甘宁边区成立了禁烟督察处，在各县建立禁烟督察分处，同时，颁布了《禁烟禁毒条例》，又于 1942 年公布了《陕甘宁边区查获鸦片毒

品暂行办法》。晋察冀边区成立禁烟督察局，新四军在淮南的抗日根据地设立禁烟局。当时共产党领导的各根据地主要的禁烟措施具体如下。

（1）严禁种植罂粟。由于历史原因，一些根据地的民众有种植罂粟的传统。鉴于此晋察冀边区政府于1939年颁布法令，要求各县政府“认真查禁，彻底肃清，倘有偷种，一经查获，即按中央禁烟治罪暂行条例严重处办”。

（2）严禁制造鸦片和烟土，严惩制毒贩毒犯罪人员。《晋察冀边区毒品治罪暂行条例》规定：“制造毒品者，处死刑，没收其财产全部或一部分。”晋西北根据地在《禁烟治罪暂行条例》中规定：“贩运毒品者处十年以下有期徒刑，如数量在200两以上者处死刑。军政人员犯法，加倍处罚。”

（3）稽查毒品。在苏南抗日民主根据地，坚决禁止毒品输入。在浙东抗日民主根据地，毒品被列为禁运物品，一经查获，将判处死刑或无期徒刑。同时，在陕甘宁边区、晋察冀边区都有举报奖励制度，群众检举揭发贩卖毒品的，都可以获得物质奖励。

（4）禁止或者限制民众吸食鸦片，对吸食者要求限期戒毒。晋察冀边区规定：“凡吸毒者必须于1941年9月1日到村公所登记，凡25岁以下者，限3个月内戒除；25 ~ 40岁者，限6个月内戒除；40岁以上者，限9个月戒除。限期内未能戒除者，处以劳役和罚款，如再吸食达3次以上者，处死刑。”晋西北边区规定：“吸毒者须在1年内戒除，戒烟期间需向政府购买戒毒药品。”

三、解放战争时期的禁毒斗争

抗战结束后，中国共产党在东北解放区开展了大规模的禁毒运动，在东北的各省市区县都成立了专门的禁烟机构，如禁烟总局、禁烟局。东北的辽吉区于1946年8月25日公布了《查获鸦片毒品暂行办法》与《禁烟禁毒条例》两个重要文件，详细规定了对贩运、吸毒的惩治措施。《禁烟禁毒条例》对打击当时新解放区严重的烟毒犯罪发挥了重要作用。东北地区的禁烟运动取得空前成果，使10万烟民戒除了毒瘾，为其他解放区提供了宝贵的经验。华东解放区也积极开展禁烟禁毒运动，苏北区行政公署颁布了《禁烟禁毒暂行办法》，并向各区派出了工作队，在烟毒严重泛滥的地区设立戒烟所。

四、中华人民共和国成立初期的禁毒斗争

（一）中华人民共和国成立初期的禁毒形势

中华人民共和国成立之初，百废待兴，在成堆的社会病害中，鸦片烟毒造成的祸害尤为突出，严重地影响着国民经济的恢复和社会的安定。鸦片的种植、贩运、吸食烟毒的活动仍有蔓延之势，社会上存在众多的烟民，不事生产，终日吞云吐雾，晨昏颠倒，形体枯槁，甚至道德沦丧，为吸毒不惜倾家荡产，卖儿卖女，进而流为盗匪、娼妓，危害社会。同时，残留在大陆的一些反革命分子，负隅顽抗，进行罪恶的制毒、贩毒活动，妄图颠覆新生的人民政权。烟毒还毒化了党政干部队伍，一些违法乱纪的党员和干部中，相当部分与烟毒有关。

烟毒的蔓延在政治上、经济上都造成了严重的后果。因此，在中华人民共和国成立之初，党中央和政务院十分重视禁毒工作，把禁绝烟毒作为当时社会改革的一项重要内容，以最大的决心动员组织群众，开展一场大规模的史无前例的禁毒运动。

（二）中华人民共和国成立初期的禁毒措施

针对近代中国遗留下来的鸦片烟毒问题，1950 年 2 月 24 日，政务院总理周恩来发布《严禁鸦片毒品的通令》，其中规定：禁绝种烟，少数民族地区可有步骤慎重执行，禁止贩运、制造及售卖烟土毒品事情，违者从严治罪；限期缴出散存于民间的烟土毒品，并由政府酌予补偿；吸食烟毒的人限期登记等。

1952 年春夏之交，中共中央和政务院在全国范围内领导、组织了一场大规模的禁毒运动，把禁绝烟毒的斗争推向了高潮。1952 年 4 月 15 日，中共中央发出《关于肃清毒品流行的指示》，对禁毒运动的方针、政策、打击的重点，都做了明确的规定。5 月 21 日，政务院又发布了《严禁鸦片烟毒的通令》，要求“各级人民政府应在三反、五反所造成的有利条件下，有重点地大张旗鼓地开展一个群众性的反毒运动，粉碎制毒、贩毒的犯罪分子及反革命分子的阴谋，以根除这种旧社会的恶劣遗毒”。同年 7 月，中共中央宣传部、公安部联合发出《关于禁毒的宣传指示》，明确指出，在这次禁毒运动中，打击的重点是制毒、贩毒的主犯、惯犯、现行犯（系指 1950 年 1 月以后从事制毒、贩毒者，以前的称“历史毒犯”）和具有反革命身份的毒犯，以及严重违法的工作人员。

这场声势浩大的禁毒运动，动员之广，规模之大，影响深远，在中国百余年来的禁毒史上都是空前未有的，是一场深刻扫除旧社会遗留的丑恶现象、移风易俗的社会改革运动，在中华人民共和国的历史上，在世界禁毒史上，占有及其重要的历史地位。

（三）中华人民共和国成立初期禁毒斗争的启示

1. 建章立制

制定了禁毒戒毒的相关法律。1950 年 2 月 24 日，中央人民政府政务院，向全国下达了《严禁鸦片毒品》的通令；1951 年 2 月 6 日，周恩来总理向各行政区的各级政府，重申了禁绝烟毒的命令；1963 年 5 月 26 日，中共中央颁布《中央关于严禁鸦片、吗啡毒害的通知》；1973 年 1 月 13 日，国务院又颁发了《关于严禁私种罂粟和贩卖、吸食鸦片等毒品的通知》，同时各省也相应出台了相关的实施办法或是实施细则。

2. 措施得力

严厉打击和区别对待相互结合。强化领导，设立禁烟禁毒委员会；设立戒烟所，配制戒烟药，帮助烟民戒烟；强化人民群众反毒宣传教育；根据当时的情况，中央明确指出，要以制造、贩运的毒犯为打击重点。具体政策是：过去从宽，今后从严；坦白从宽，抗拒从严；小犯、偶犯、从犯从宽，大犯、主犯、惯犯从严。总的精神是：严查宽办，惩治与教育相结合，以争取改造大多数。这样就争取了胁从、偶犯和毒犯家属，以及为数众多的吸毒烟民。在定案处理的过程中，也体现了区别对待的政策。从全国来说，处决的少数大毒犯，一般是具有反革命身份而且民愤极大的分子。对逮捕的毒犯，大多通过管制或劳动改造，使他们改恶从善，重新做人。为此既收缴了毒品、禁种了罂粟、查封了烟馆，又严厉惩治了制贩毒品活动。

3. 多措并举

各类专项活动相互协同，共同禁毒。其中最为明显的是取缔妓院和“三反、五反运动”。在旧社会，妓院与烟毒有不解之缘。中华人民共和国成立后，一些毒贩混迹于嫖客之中，把妓院作为逃避惩处的避风港。1949 年底到 1950 年初，人民政府毅然决定封闭全部妓院，解放受害妇女，一举铲除妓院制度。取缔妓院是对毒贩的一次沉重打击。在1952年开展的“三反、五反”运动中，全国各地又先后破获了一批与走私贩毒有关的大案、要案。接着，在镇压反革命运动中，又随之清除了一批兼有反革命身份的毒犯。

4. 依靠群众

全国各地各级政府，组织大批干部深入群众，宣讲党和政府关于禁毒的方针、政策以及禁毒的意义，同时，广泛地发动和依靠人民群众，坚持严厉惩办与改造教育相结合的措施，既获得人民群众的热烈拥护，又解除了众多烟民的疑虑，减少了禁毒的阻力。据统计，当时全国收到群众揭发毒犯的材料共131万多件，被检举的毒犯有22万余人，8万多名毒贩子被判处刑罚，2000万名吸毒者被戒除毒瘾，并结合农村土地改革根除了罂粟种植。

5. 发展农业

开展替代养殖，由政府贷给种子，帮助烟农以油菜、玉米、小麦代替罂粟的种植，从而解决好烟农的生计问题，使得禁烟能在一个切实可行的基础上进行。在西南、西北以及其他曾经种植罂粟的产区，昔日数以千万计的罂粟种植地均种上了各种粮食和经济作物。

6. 扫除残余国民党以及黑恶势力

烟毒与军阀割据是一对不可分割的“孪生兄弟”，中央政府在3年时间内抽调百万解放军，将国民党残余割据势力、帮会武装等彻底扫除干净，同时将寄生在城市内的反动会道门、帮会流氓等黑恶势力肃清，使毒品的生产、流通、销售网络彻底根绝，这是禁毒工作得以顺利进行的重要保证。

五、新形势下中国毒品问题与禁毒工作

20世纪70年代末80年代初，国际毒潮大泛滥，国际贩毒集团也把眼光瞄向了中国，梦想在这里建立一条新的贩毒通道。当时的中国刚刚确立了改革开放的国策。境外的毒潮，特别是与中国毗邻的“金三角”地区的毒品生产，非但没有得到有效的控制，反而翻新花样，变本加厉，愈发猖狂。周边几个国家的毒品问题往往又与错综复杂的经济、民族问题交织在一起，加上当时世界毒品价格猛涨，更刺激了毒贩们的邪恶欲望，他们一次次地以身试法，一次次地铤而走险。隐秘而猖狂的过境贩毒，使中国又一次蒙受毒品之害。

（一）中国毒品问题死灰复燃的原因

1. 地缘因素

世界最大的毒品生产基地“金三角”与我国云南省相邻，这一特殊的地理位置使得中国最易受到境外毒品的渗透。乘着中国的对外开放，国际贩毒集团利用滇缅边境的特殊便利条件，借道中国过境贩毒，使“中国通道”迅速形成。在过境贩毒猖獗的同时，国内毒品非法使用也迅速蔓延。全国大多数地区均发现了毒品犯罪问题。由于周边国家和地区毒品的日益泛滥，对我国形成了毒品多头入境的威胁。目前，从云南入境的毒品仍是大头，但从东北、西北方向也发现有毒品不断从境外渗透进来。

2. 国际原因

从历史原因来看，“金三角”地区有悠久的毒品生产历史。早在19世纪中叶，英国殖民者就把罂粟种子运入该地区播种。19世纪末，英国殖民者占领该地区后，又诱迫山地民族生产毒品，该地区山民已将生产毒品作为他们赖以生存的产业。国民党残部也在此安营扎寨，种毒贩毒，大发横财。

从国际政治原因看，毒品与国际政治利益相结合，是毒品泛滥的又一原因。目前，世界上仍然存在着各种类型和形式的政治矛盾和冲突，包括民族矛盾、宗教冲突、军事对抗、大国强权政治。一些国家和政治势力便利用毒品问题作为达到其政治目的的手段。缅甸的毒品问题更与其政治问题，特别是民族问题有极密切的联系。缅甸少数民族武装与地方割据武装的反政府活动是缅甸国内最大的政治问题之一。20世纪60年代以后，缅军政府对中方一侧的掸邦、克钦邦等地的反政府武装，采取“分而治之”的政策，利用“亲”政府武装同反政府武装火并，从而“以夷治夷”。“亲”政府武装以解决经费问题为由种植贩卖毒品；反政府武装为了生存，同样效仿，许多职业毒枭便乘机扩大毒品交易。

3. 国内原因

从思想根源看，现代社会的飞速发展和社会环境的急剧变化、深刻地改变着人们传统的生产方式、生活习惯、思维模式和道德观念。由于快节奏的生活，高收入的优越，有的人极力追求和寻找所谓的“解脱”“刺激”和病态的“快感”，从而到毒品中寻求所谓的“安慰”和“放松”成为毒品泛滥的温床。

从禁毒法制建设看，由于对新的国际毒潮影响危害我国的严重性认识滞后，禁毒立法和制度滞后于毒品犯罪的迅速发展的形势。

从历史习惯看，中华人民共和国成立初期虽然基本禁绝了烟毒，但在有些烟毒较为盛行的偏远落后地区和边境地区，烟毒的影响未完全断根。因此，当前毒品犯罪最猖獗的地区，往往是历史上烟毒危害最严重的地区。

总之，现阶段的毒品犯罪问题是在上述较为复杂的国际、历史、政治，经济和国内诸多因素的影响下形成的。因此，禁毒斗争比过去年代的禁毒斗争更加复杂、更为艰巨，必须在思想、教育、法制等方面做长期斗争的准备。

（二）禁毒人民战争的内容

我国开展的禁毒人民战争是以遏制毒品来源、遏制毒品危害、遏制新吸毒人员滋生为主要目标，以禁毒预防、禁吸戒毒、堵源截流、禁毒严打、禁毒严管为主要内容。

一是大力开展禁毒预防战役，全民的识毒、拒毒、防毒、禁毒意识明显提高。国家禁毒委员会有关单位通过多种形式开展毒品预防教育活动。例如，国家禁毒委员会和教育部等部门共同开展“不让毒品进校园”“青少年远离毒品”“不让毒品进我家”“职工拒绝毒品零计划”等活动，大力宣传英雄事迹，表彰全国十大民间禁毒人士，推动禁毒宣传教育进学校、进社区、进场所、进单位、进农村，扩大了禁毒宣传的覆盖面。

二是大力开展禁吸戒毒战役，教育挽救吸毒人员，遏制毒品危害的工作取得明显的进步。主要是坚持以人为本的理念，提倡创办戒毒康复场所的重大措施。创新戒毒的理念及生理脱毒、生理康复、回归社会于一体的戒毒康复新模式，解决了吸毒人员底数不清、现状不明的突出问题。全面加强戒毒治疗工作。

三是大力开展毒源截流战役，堵截境外毒品渗透能力明显提高。主要是在我国西南、西北地区、东南和东北地区开展堵源截流工作。

四是大力开展禁毒严打战役，制贩毒品的犯罪活动受到严厉打击。禁毒执法部门坚持严打方针不动摇，以打击制贩毒集团、网络和毒枭为重点，完善多警种参与破案的机制，组织开展了打击境外大毒枭的“拔钉子”行动、打击外流贩毒团伙的“天网行动”。

五是大力开展禁毒严管战役，易制毒化学品和麻醉药品、精神药品流失势头得到有效遏制。坚持从严管理方针，组织开展易制毒化学品和精麻类药品专项治理行动，规范和加强生产、销售、运输、储存、使用和进出口等环节管理，严厉打击走私、非法买卖易制毒化学品犯罪活动，有效遏制了易制毒化学品大量流失的势头。

六是大力开展禁毒国际合作，境外禁种除源工作取得明显成效。主要是与缅甸和老挝两国开展除外除源的工作，贯彻国务院《关于在缅甸、老挝北部开展罂粟替代种植发展替代产业的批复》精神，在缅甸、老挝累计投入替代发展资金1亿多元，替代种植面积超过100万亩，向禁种烟农提供1万吨粮食和药品援助，缓解其生计困难。“替代种植”是一种针对毒品原植物产区的经济政策，主要是以科技为依托，积极帮助周边国家和地区利用农经作物及其他产业替代罂粟种植、毒品生产，以逐步削弱这些地区对毒品经济的依赖。在金三角地区主要替代种植的作物是橡胶。

国家禁毒办自1998年以来，连续第20年公布中英文版的《中国禁毒报告》，并且会在当年6月发布《中国毒品形势报告》。

相关知识链接

2019年中国毒品形势报告（简报）

2020年6月，国家禁毒委员会办公室发布了《2019年中国毒品形势报告》，介绍了当前中国禁毒工作和毒品形势相关情况。报告指出，2019年，中国禁毒部门在党中央、国务院坚强领导下，按照国家禁毒委员会统一部署，认真贯彻习近平总书记关于禁毒工作重要指示精神，推动禁毒人民战争取得新成效。2019年，中国禁毒部门深入推进“禁毒2019两打两控”专项行动，深入开展“除冰肃毒”打击制毒犯罪专项行动，部署开展“净边”专项行动，集中打击网络涉毒违法犯罪活动，严厉打击制造合成毒品犯罪活动，全国共破获毒品犯罪案件8.3万起，抓获犯罪嫌疑人11.3万名，缴获各类毒品65.1吨；深入推进禁毒重点整治和示范城市创建等重点工作，深入实施青少年毒品预防教育工程，积极推进社区戒毒社区康复工程，查处吸毒人员61.7万人次，处置强制隔离戒毒22万人次，责令社区戒毒社区康复30万人次。

报告强调，中国禁毒斗争形势稳中有进、趋势向好，吸毒人数继续下降，规模性制毒活动大幅萎缩，制毒物品非法流失问题得到整治。当前，全球毒品问题继续呈恶化态势，“金三角”“金新月”“银三角”三大毒源地传统毒品产能依然巨大，并与冰毒等合成毒品和新精神活性物质形成三代毒品叠加供应态势。“金三角”地区在向我渗透海洛因、冰毒片剂的同时，冰毒晶体及氯胺酮输入量急剧上升，占据我国毒品市场主导地位，大麻、可卡因等毒品向我国渗透不断增多。世界范围毒品问题泛滥蔓延，特别是周边毒源地和国际贩毒集团对中国渗透毒品不断加剧，成为中国近年来毒品犯罪面临的外部威胁。

报告明确，2020年，中国禁毒部门将持续推进“两打两控”、重点整治、示范城市创建等重点工作，全力开展“净边2020”专项行动，着力构建全覆盖毒品预防教育、全环节管理服务吸毒人员、全链条打击毒品犯罪、全要素监管制毒物品、全方位监测毒情态势、全层级落实禁毒工作责任的“六全”中国特色毒品治理体系，从严从细从实抓好各项禁毒工作措施落实，进一步推动毒情形势持续好转，为实现全面建成小康社会的目标作出新贡献。

第三节　国际禁毒斗争概述

为全面禁绝毒品危害，联合国于1990年确立了“有效减少毒品需求”的禁毒战略。联合国毒品和犯罪问题办公室每年都会发布世界毒品报告，最新的《2020年世界毒品报告》在2020年6月25日发布。《2020年世界毒品报告》指出，全球目前有3500多万人吸毒成瘾，报告指出，2018年，全球约有2.69亿人滥用毒品，比2009年增长了30%。

虽然新冠肺炎疫情对非法毒品供给的影响还未能完全获知，但因疫情实施的边境管制已经造成市面上毒品短缺、纯度下降、价格飙升。同时，失业增加预计也将不成比例地影响最贫困的人，他们更可能使用毒品，从事毒品贩卖和培育，以获取金钱来谋生。

新冠大流行促使贩卖者寻求新的贩毒方法，通过所谓暗网和邮寄包裹进行的非法贩毒活动可能会增加。新冠大流行还会导致使人严重上瘾的阿片类药物短缺，人们可能会寻找更容易获得的物质，包括酒精、镇静剂或通过更有害的方法使用毒品，例如静脉注射。如果各国政府像应对 2008 年金融危机那样，减少有关毒品的政策介入、预防和治疗服务，那么抗击阿片上瘾的措施可能尤其会受到影响。

大麻使用趋势报告指出，在某些国家和地区，例如美国某些州，将大麻合法化的背景下，大麻越发被频繁使用，并且在某些市场上更高效力的大麻产品越来越多。根据来自 69 个国家的 2014 年至 2018 年期间的数据，在登记的所有与毒品有关的犯罪中，大麻占一半以上。

社会经济影响方面，虽然全球各地的医用阿片类药物的供应情况有所不同，但低收入国家仍然十分缺乏疼痛治疗和姑息治疗药物。2018 年，全球 90% 的医用阿片类药物为全球 12% 的人口使用，主要在高收入国家。其他 88% 生活在低收入和中等收入国家的人对医用阿片类药物的消费量不到 10%。立法、文化、卫生系统和开处方的做法都对医用阿片类药物的获取至关重要。同时，贫困、有限的教育和社会边缘化不仅增加了吸毒成瘾的风险，而且边缘化群体在获得有效治疗方面可能面临歧视和被污名化。

一、毒品的原料产地及生产中心

（一）毒品原料产地概述

目前，世界上流行的主要毒品有罂粟、鸦片、吗啡、可待因、海洛因和大麻、古柯、可卡因、冰毒等，各类毒品在世界毒品交易总额中所占的比重大致为阿片类毒品（鸦片、吗啡、海洛因等）约占 50%，大麻约占 20%，古柯和可卡因约占 20%，其他麻醉品占 10%。鸦片、吗啡、可待因、海洛因等类毒品都来源于罂粟，其主要种植地集中在亚洲，主要产地集中于南亚和东南亚。大麻是一种经济价值很高的半木本植物，野生或栽培的大麻几乎分布于世界各地。大麻主要的产地是拉丁美洲，其次为中亚、俄罗斯、东南亚、中亚半岛。古柯是一种热带绿色灌木，它的叶子主要用于提取可卡因。非洲、南美北部、亚洲东南部和中国台湾地区均有生长，尤以南美的秘鲁、玻利维亚和哥伦比亚等国种植最多。冰毒的主要原料麻黄素产地以中国为主，消费市场主要为日本、韩国、东南亚及我国台湾地区。目前，随着世界毒品消费需求的不断扩大，毒品生产活动遍及除南极洲以外的世界六大洲，老的毒品生产基地以外不断出现新兴的毒品生产基地，使毒品年产量保持了逐年递增的趋势。

（二）世界五大制毒中心

历史上，“金三角”“金新月”“银三角”是传统上公认的世界三大毒源地，后来又增加了一个毒源地，即黎巴嫩的贝卡谷地。这几个地区是目前国际上公认的四大毒源地。此外，正在非洲崛起的“黑三角”也逐渐引起世人的关注。

1.“金三角”

范围包括缅甸北部的掸邦、克钦邦，泰国的清莱府、清迈府北部及老挝的琅南塔省、丰沙里、乌多姆塞省，及琅勃拉邦省西部，共有大小村镇3000多个，总面积为19.4万平方千米。由于“金三角”地区大部分是在海拔千米以上的崇山峻岭，气候炎热、雨量充沛、土壤肥沃、极适宜罂粟的生长，再加上这里丛林密布、道路崎岖、交通闭塞，三国政府鞭长莫及，为种植罂粟提供了政治、经济以及地理、气候等方面得天独厚的条件，是罂粟种植、提炼、贩运和走私的黄金地带。“金三角”地区鸦片质量上乘，多被加工成精致海洛因（即“东南亚海洛因”）。

近年来，由于国际社会的多方干预，并帮助“金三角”地区开展替代种植工作，“金三角”地区的罂粟种植面积和产量已经大幅度下降，罂粟和海洛因产量已从过去的世界第一位降至现在的第二位，当地农民正陆续弃毒从农。据联合国报道，尽管东南亚地区的鸦片产量已经大幅下降，但该地区的毒品问题仍然十分严重。目前，在整个“金三角”地区中缅甸的毒品生产以缅北掸邦为主，该地区是罂粟、种植和海洛的主要因生产地，“金三角”地区泰国部分主要是种植罂粟、大麻和海洛因的加工制造，“金三角”地区的老挝部分过去一直种植和加工鸦片，近年来转向冰毒和易制毒化学品加工。

2.“金新月”

位于阿富汗、巴基斯坦和伊朗三国的交界地带，因地域形状近似新月，又因盛产利润极高的毒品鸦片，故被称为“金新月”。“金新月”地区包括巴基斯坦的西北边境省和俾路支省、伊朗的锡斯坦—俾路支斯坦省、阿富汗的雷吉斯坦和努里斯坦等地区。“金新月”地区人口稀少、交通不便、气候干燥。阿富汗、巴基斯坦和伊朗三国政府均未对其进行有效的行政管理，使该地区发展为世界范围内主要的鸦片产地。

在 20 世纪 70 年代末，由于天气干旱，东南亚“金三角”地区鸦片歉收，黑市上海洛因等毒品供不应求，价格暴涨。这时，“金新月”的罂粟种植者抓住了毒品价格上涨的好时机，扩大种植面积，打入“金三角”在海外的传统市场，使这一地区成为继“金三角”之后崛起的世界鸦片类毒品的重要产地。20 世纪末，由于民族冲突、宗教矛盾和战乱等原因，“金新月”毒品经济圈再度崛起，这时它取代了“金三角”，成为世界最大的鸦片类毒品产地。“金新月”虽然是国际海洛因市场的迟到者，但它一鸣惊人，由于它所生产的海洛因纯度高达 80% 以上，因此很快畅销于西方毒品市场。而且，“金新月”地处通往欧美的门户位置，从土耳其、巴基斯坦和伊朗，都可以将毒品运往欧美各地。

3.“银三角”

位于拉丁美洲毒品产量集中的哥伦比亚、秘鲁、玻利维亚和巴西所在的安第斯山脉和亚马孙地区。这一地带总面积在 20 万平方千米以上，由于合适的海拔、气温和湿度，安第斯山脉高原地区一直以来就是种植古柯的理想产地。“银三角”是世界最主要的可卡因产地。在毒品可卡因加工方面，哥伦比亚是世界第一大可卡因生产国，有世界毒品加工“厨房”之称。目前可卡因年产量约 560 吨，约占全世界总量的 62%。据统计，“银三角”地区的可卡因类毒品几乎占世界产量的 100%，大麻占世界产量的 80%，另外还生产一定量的鸦片。“银三角”生产的毒品主要销往美国，约占美国毒品市场的 3/4。

4. 黎巴嫩的贝卡谷地

位于黎巴嫩东部靠近叙利亚的边境地区，东、西黎巴嫩山脉之间，距首都贝鲁特约 30 千米。它是一块南北走向的高原谷地，地势起伏，南北长约 150 千米，平均宽度为 16 千米。这里气候温和、土地肥沃、是黎巴嫩最大的农业区。在黎巴嫩国内局势动荡的环境下，贝卡谷地开始种植罂粟，超额利润使黎巴嫩国内几乎所有的武装派别和民兵组织都卷入了毒品的交易之中。

黎巴嫩现已成为毒品大国，毒品交易成为国家的重要经济来源。长期以来，黎巴嫩贝卡谷地盛产罂粟和大麻。20 世纪 90 年代，在美国等方面的压力下，这里的罂粟和大麻种植少了，但转而开始进行海洛因和可卡因的加工，并通过各种渠道源源不断地运到外界，成为中东有名的毒品生产和集散地。以黎巴嫩贝卡谷地为中心的山区，不仅已经成为继“金三角”“金新月”和“银三角”之后的世界第四大毒品产区，而且还是海洛因制造与转口的重要中心。

5.“黑三角”

是非洲新崛起的一个毒品基地，包括尼日利亚、加纳、肯尼亚、苏丹和南非五国接壤的边境地带。它的主要产品是大麻。在非洲，大麻是种植、贩运和滥用的主要毒品。仅南非的大麻种植面积就超过了 82 万公顷。此外，非洲还是世界毒品贩运活动的主要中转站，摩洛哥则是从非洲将大麻运往欧洲毒品市场的主要集散地。据有关方面预测，非洲有可能成为新的国际毒品中心。跨国贩毒犯罪组织正在利用非洲在易制毒化学品管制上的漏洞，在该地区建立易制毒化学品贩运集散中心。

二、世界各国的禁毒情况

毒品问题一直受到国际社会的重视，近年来禁毒工作更是受到各国政府的极大关注，各国政府在法律制定、禁毒政策、禁毒方法等方面都各展身手，形成了强大的禁毒斗争声势。

（一）美国的禁毒斗争

1. 美国毒品问题的基本情况

鸦片是在 19 世纪早期传入美国，注射鸦片是在南北战争之后开始在美国流行开来。1920 年中期，静脉注射鸦片开始传播，由此引发犯罪率激增；20 世纪 50 年代中期，海洛因成瘾问题主要集中在黑人、波多黎各和墨西哥裔美国人中；20 世纪 60 年代后，年轻一代的中产阶级中开始出现吸食鸦片的问题；1970 年期间由于越战的影响，美军中流行吸食海洛因，约 42% 的美军士兵服用过海洛因；20 世纪 80 年代初，美国大约有 45 万海洛因成瘾者；20 世纪 90 年代美国的毒品问题呈现出以下特点：①青少年吸毒现象大幅度回升；②吸毒低龄化趋势迅速发展；③毒品合法化的呼声逐年加强。

2. 美国禁毒措施

美国司法部毒品管制局是美国主要缉毒机构，分设联邦调查局及缉毒局（DEA）的制度，各州市警察局均设有缉毒警察。美国国会通过了有关毒品控制法案，各州也在加大打击毒品犯罪的力度。与此同时，各级政府和社会团体还积极展开戒毒活动，组织反毒品运动。他们还对吸毒者进行戒毒治疗、戒瘾治疗等。

（1）重视打击毒品犯罪。毒品问题已成为美国公众最为关心的社会问题之一，近 90% 的人认为禁毒工作是美国在国际问题上面临的最重要的挑战之一（第一是与国际恐怖主义做斗争，其次是打击非法毒品进入美国）。自 20 世纪 60 年代末尼克松总统发动大规模的禁毒行动以来，美国历届政府在打击毒品走私、控制毒品泛滥方面进行了不懈的努力。美国缉毒人员和缉毒经费逐年上升，资金主要用于安全无毒学校、无毒社区、禁毒宣传及家庭禁毒等。美国反毒品计划包括将滥用毒品现象遏制在开始服用前、治疗吸毒者以及摧毁毒品市场三项目标。在禁毒政策方面，美国制定了全国禁毒策略，包括减少供应，减少需求，控制预防措施，社区结构，预算和评估系统。

（2）利用高科技进行缉毒工作。进入新世纪，国际贩毒犯罪的趋势发生了变化同时也带动了美国毒品犯罪发生了一些变化。为逃避打击，大量的高科技被运用到毒品走私。针对这种状况，一些科技含量极高的高新技术产品被引入缉毒中，如配备用于侦查的敏感度较高的电子鼻、电子眼等智能仪器。

（3）堵住毒源，给予主要毒品制造国或转运国提供援助。美国本身并非毒品或是原料的生产国，所有的毒品几乎都是由海外走私进口。为此，美国的缉毒援助项目包括：①援助毒源国并与毒源国合作调查并引渡将涉嫌贩毒的个人和组织；②实施新的反洗钱法；③通过销毁罂粟作物并为种植农民提供可替代的经济作物生产；④扩大毒源国在毒品管制项目中的地区领导作用；⑤在毒品生产及转运地区派驻缉毒联络官或成立办事处，就情报交换及案件侦查上经常联络。

（4）立足社区，全民动员创建无毒社区。为了有效地控制毒品问题的发展蔓延，美国开展了一系列减少毒品需求的工作，如实施创建无毒社区、创建无毒校园和创建无毒工作环境等项目。为了配合、保障无毒社区建设的顺利进行，联邦政府还制定实施了重要的“支持创建无毒社区计划”，主要从经济上予以支持。

（5）以学校为基础，做好防范、抵制毒品和戒毒工作。创建无毒校园的项目从20世纪80年代末期就开始实施，主要目标也是全民动员、全社会积极参与，以学校为主体，以青少年学生为对象，以预防教育为主要手段，努力防止和减少毒品在青少年学生中的滥用。针对吸毒人员低龄化的情况，美国毒品管制局把学校预防和治疗项目作为工作重点。近年来，DARE计划，即“使学校免于毒害及暴力，并能提供有助于学习的环境”，已成为第七项国家教育目标，以及全国全力以赴的重点工作。美国的禁毒教育在全世界可以说是最普及、最全面的。

（二）欧洲的禁毒情况

在20世纪中叶之前，欧洲不少国家对于禁毒是不积极的，甚至有点麻木不仁，有的国家是容忍毒品消费的，有的国家不主张积极的禁毒。随着时间的推移，毒品带来的各类社会问题，不得不使欧洲各国开始反思，至20世纪80年代，毒祸愈演愈烈，残酷的现实迫使欧洲各国开始醒悟。下面就以英国和荷兰为例进行简要叙述。

1. 英国的禁毒情况

（1）英国的禁毒历史。作为老牌的帝国主义国家，其吸毒历史可以追溯到19世纪，自1926年以来，英国对待海洛因上瘾的态度一直是更多地把他看作一个医疗问题，而不是犯罪问题。由于英国一度对毒品采取极为放开的态度，使得伊朗、中东地区的毒品大量流入英国。

英国在20世纪初确立以医生治疗为主要特点的禁毒体制，百年来英国的禁毒政策经历了不同的发展时期，其政府也根据时代的发展不断地调整其禁毒政策，大致可以分为四阶段：第一阶段（20世纪20年代至60年代）以医生治疗为主要特征；第二阶段（20世纪60年代至70年代）是政府加强对毒品的控制并初步发展公共卫生体系的时期；第三阶段（20世纪80年代至90年代）政府重视发展公共卫生体系，同时又在禁毒中加大司法力度；第四阶段（进入21世纪后）英国迈入完善禁毒管理模式，重点打击毒品犯罪的新时期。

（2）英国禁毒政策的特点。一是政策灵活多变。英国的禁毒政策不僵化守旧，主要侧重面是解决最主要的问题，并随着客观形势的变化作出相应的调整，以适应新情况、解决新问题。二是对毒品的控制不断加强。20世纪六七十年代削弱医生的处方权，加强政府对禁毒工作的控制；20世纪八九十年代又加大禁毒中司法打击力度；20世纪90年代后期更是建立了集中统一的毒品管理模式，将政策重心转向打击毒品犯罪。三是禁毒政策经历了一个从关注个人健康到强调公共卫生的演变过程。最初将成瘾者当作一种个人疾病来看待，关注其自身的身体健康，20世纪60年代以后将其作为社会性疾病来看待，重心转向发展公共卫生体系。

2. 荷兰的禁毒情况

（1）荷兰的禁毒历史。不同于其他大多数国家采用的“司法惩治”为导向的禁毒模式，荷兰的毒品政策经历了变迁之后，最终形成了“公共卫生”导向的“咖啡馆体制”，即政府批准咖啡馆合法地出售允许个人使用的哈希什和大麻，这已经成为荷兰国家毒品政策的“国际象征”和“最为显著的特征”。

20世纪初荷兰已经发展成为世界上最大的可卡因生产国，毒品生产贸易日渐成为荷兰原始资本积累的重要途径。迫于国际公约的影响和美国政府的压力，1919年荷兰议会通过《鸦片法》，为今后的荷兰的禁毒政策奠定的基础。20世纪20年代至60年代，国际社会要求管制大麻走私呼声日高，迫于压力1928年荷兰议会颁发《鸦片法》修正案，可卡因和大麻第一次被纳入管制物质之列。1953年荷兰议会再次修正《鸦片法》毒品的使用被界定为违法犯罪行为，荷兰的禁毒政策开始向“司法惩治模式”转向。1971年10月“赫尔斯曼委员会”完成《毒品政策的选择》，该理论拒绝承认大麻“门户理论”（即否认大麻的使用是引向使用更加危险的毒品的开端），1972年“班思委员会”也发布研究理论，该理论也拒绝承认大麻“门户理论”建议把毒品区分为“危害可以承受”的“软毒品”和“危害不能承受”的“硬毒品”，这些报告很大程度上决定了荷兰的毒品政策“公共卫生导向”的发展，1976年6月荷兰议会最终通过新《鸦片法》修正案，确立了新的毒品分类制度，强化了对硬毒品走私者的管制与处罚，弱化了对毒品持有和使用者的处罚力度，强化对成瘾者的治疗和帮助。值得注意的是，即便是所谓的“大麻合法”，荷兰咖啡馆对出售大麻有严格的数量控制，即每人每天出售不超过5克，而对于出售对象也明确将18岁以下的未成年人划分在外。可以说，大麻在荷兰法律中依然是处于非常严格的管控。

（2）荷兰以“公共卫生”为导向的禁毒模式的原因：①包容的社会文化传统，荷兰并不把吸毒人员当成罪犯或者异类来看待，而是当作病人或者不幸的人，对待这部分人的手段也是以治疗为主，而不是拘留，同时，荷兰政府对待毒品的暧昧态度上也体现出他们的容忍；②权力分散化与妥协的政治体制。政治权力分散化给了当地政府很大的施展空间，荷兰国内存在着很多各种各样的政治党派，国家权力非常分散，而各个势力之间也相互牵制，大家为了保证国内各个派别的团结，基本都会采用妥协的方式来制定国家政策；③经济利益。毒品生产与贸易在历史就是荷兰资本积累的重要途径之一，而后来不断发展中，以“黄赌毒”而带来的税收以及旅游收入依然不可小觑。

大麻在荷兰能够实现合法化，根本上在于其本身禁毒模式的差异，深受政治权力结构和其包容性的社会文化传统的影响，而且不可忽视的一点是经济利益，不论在历史上还是在如今，税收和旅游收入都非常可观。所以在看待荷兰的所谓“大麻合法”为例证时，需要了解荷兰模式背后的历史成因，并不是一句简单的“支持合法化”就能复制的。

（三）亚洲的禁毒斗争

亚洲地区一直受到毒品的困扰，多年来地跨缅甸、老挝、泰国边境的“金三角”地区，地跨阿富汗、巴基斯坦、伊朗三国交界的“金新月”地区，都是世界最大的两个毒品产地，每年都各自生产数千吨的毒品，直接危害在各自周边的国家以及威胁着全世界。面对毒品种植难以根绝，吸毒和贩毒不断蔓延、毒品问题日趋严重，亚洲国家都加大了禁毒的力度，并取得了一定的效果。

1.“金三角”地区各国禁毒情况

（1）缅甸。缅甸政府近年来采取了多种措施，禁止种植因素打击毒品犯罪。制定了多管齐下的战略措施：一是把禁毒作为政府工作的重要任务来抓。二是通过提高边远山区的少数民族的生活水平逐步消除罂粟种植。三是强化国际合作，已经与联合国、周边邻国和其他有关国家签订了双边或者多边的禁毒合作协议，美国也在1998年恢复了已经中断了几年的对缅甸的禁毒援助。2001年8月28日，中国、老挝、缅甸、泰国四国禁毒合作部长会议期间，中缅双方有关人士就联合打击在缅甸境内大毒枭一事再次进行磋商。同年，中缅双方签订了双边禁毒合作谅解备忘录，两国开始联合扫毒。

（2）老挝。20世纪90年代，老挝政府强化了国际禁毒组织的联系，建立了缉毒合作关系。为了从源头上禁绝毒品问题，近几年来，老挝与中国加强合作，除了联合执法共同打击制毒贩毒外，还有一项重要的措施，就是中国帮助老挝开展“替代种植和替代养殖”工作，中国政府派出专家和专业技术人员帮助老挝政府，并且无偿或低价向老挝提供各种粮食和经济作物，用种植各类经济苗木的方式替代多年的罂粟种植。老挝政府在加强缉毒与发展替代种植替代养殖产业的同时还十分重视禁毒宣传教育。

（3）泰国。泰国的禁毒工作的特点：①堵源截流，肃清毒源，摧毁毒品的生产地，杜绝毒品的源头；②实施改植计划，通过改植计划消除了毒品的生产源头，争取更多的外国扶持资金的流入，促进了经济发展；③制定严厉的禁毒法规；④开展禁毒宣传和强化强制戒毒工作，泰国的一些社会团体学校经常开展各类禁毒活动，利用新闻媒体、图片展览等方式向青少年学生和各界群众宣传毒品的危害性，教育大家自觉抵制毒品侵害；在泰国各府建立了约 215 个戒毒中心，开展强制戒毒工作，对吸毒的人员视情节轻重分别判处 6 个月至 10 年的有期徒刑；⑤注重开展国际禁毒合作，取得联合国以及周边邻国的支持。

2.“金新月”地区各国禁毒情况

（1）伊朗。伊朗地跨“金新月”，使它成为国际毒品贸易的直接受害者，也使其成为世界上打击毒品犯罪的主力和先锋国家。伊朗政府在禁毒行动中对毒贩进行严厉打击，对吸毒者进行治疗和教育改造，还开展国际合作共同打击贩毒。尽管伊朗的禁毒行动取得了一定的成效，但由于伊朗国内对毒品的内在需求短期内不会削减、伊阿边境管制难度大、阿富汗对毒品经济的依赖以及西方国家在国际禁毒合作上的不配合，伊朗难以从根本上解决毒品问题，未来伊朗的禁毒行动仍然面临诸多困境和挑战。

（2）巴基斯坦。目前是世界上受毒品危害最严重的国家之一，巴基斯坦近年来对巴基斯坦和阿富汗边境地区的毒品生产和走私活动严加缉查，采取了一系列切实可行的措施：①严厉打击毒品走私，成立了全国性的禁毒委员会，组建了由军方、警方和海关参与的“禁毒部队”，打击毒品走私；②采取强制手段铲除本国境内种植的罂粟；③加强与联合国以及其他一些国际组织合作支持和帮助这些地区的居民发展农业生产，以保障他们的经济收入；④加大舆论宣传力度提高国民禁毒意识。同时加强戒毒工作，巴基斯坦在全国建立了多家戒毒所，同时在一些规模大的医院也设立了戒毒服务中心。

（3）阿富汗。阿富汗现行的毒品政策是在美国的主导下制定的，主要涉及信息监控、替代经济支持、法律制度建设、强制禁止和最后根治。具体有以下8点：①建立强大的国家机构；②加强执法部门的建设和强化禁毒工作；③继续进行罂粟的铲除工作；④减少对麻醉品的需求和加强对毒品依赖者的治疗措施；⑤加强刑事立法打击毒品犯罪；⑥增强公民对毒品斗争的意识；⑦在国际和地区层面加强同相关国家之间的禁毒合作；⑧为农民发展可支撑的替代性农作物。

目前阿富汗毒品犯罪活动受本国局势的影响极大，可以说如果未来阿富汗政府仍然不能有效控制整个阿富汗领土的话，种植罂粟和生产毒品这一问题就不会得到有效的解决。

3. 亚洲其他国家的禁毒情况

（1）日本。日本预防毒品犯罪对策的重点可以概括为“一体两断两借”：“一体”，即政策和对应毒品方针等的一体化推进；“两断”，切断毒品的货源，切断毒品的客源；“两借”，即借助国际力量，借助他国力量。

为有效遏制毒品的攻势，强化对毒品的打击力度，日本首先制定了严厉的法规，特别是于1992年7月实施了《麻药二法》，目标是封锁毒品来源和打击黑道。其次，是各省厅多管齐下，成立以内阁总理大臣为总部长的“药物滥用对策推进本部”，并与有关机构和团体推进“有关防止药物滥用的指导”。再次，加强反毒宣传，增强人们主动拒绝滥用药物的规范意识。最后，学校、家庭、社区宣传一体化。

（2）越南。当前越南政府的主要禁毒措施有：一是完善立法体系，成立专门机构。二是政府大力倡导，减少种植面积。三是重视预防教育，推行全民参与。四是大力开展戒毒工作。五是加强国际合作，联手打击犯罪。长期以来，越南在打击毒品犯罪方面采取了一系列严厉措施，在禁毒立法、宣传预防、打击犯罪方面都取得了一定成效。但因经济落后、地缘复杂和问题多元等关系，使其禁毒形势不容乐观。

（3）菲律宾。菲律宾政府为了打击毒品犯罪，采取了一系列措施，1994年恢复了死刑。菲律宾军方和警方各宗教团体和民间都加入了禁毒行列。近年加强禁毒的国际合作，加入国际公约，特别与东盟国家的合作。

（4）马来西亚。马来西亚禁毒工作是比较严厉的，政府提出力争在25年内使该国成为一个没有毒品的国家的目标。该国在禁毒方面主要采取了“双管齐下”

的策略，即在努力控制吸毒的同时设法减少毒品的来源。在控制吸毒方面：一是加强禁毒宣传，使全民认识毒品的危害性。二是设立反毒、戒毒方面滴咨询机构。在减少毒品的来源方面：一是政府加大禁毒拨款。二是增加缉毒人员。三是立法。四是设立禁毒专门机构，成立由副总理担任领导的国家毒品理事会，作为国内最高反毒决策机构。

4. 美洲的禁毒情况

（1）哥伦比亚。哥伦比亚是目前世界上最大的可卡因加工国和贩运国。哥伦比亚政府在美国支持下多次推行农产品替代种植计划。同时，哥伦比亚为了自己古柯的种植，实施一项“缩小古柯种植面积改种其他经济作物的计划”，并第一次正式把停止种植古柯、罂粟和大麻的工作列入社会发展计划。

（2）秘鲁。秘鲁政府从 1981 年起就制订了减少古柯种植的“瓦亚加特殊计划”通过向农民提供贷款和技术帮助，让他们改种咖啡、可可、香蕉和豆类。对贩毒分子严厉惩处。设置了“防止滥用毒品信息和教育中心”，以此为平台经常开展各种宣传活动，教育青少年不要吸毒，多参加有益身心健康的活动。

（3）玻利维亚。玻利维亚经济困难，没有相应的设备和武装实力进行有效的肃毒斗争，该项工作行动进展缓慢，后求助于美国和巴西，求得他们的援助。同时玻利维亚政府为了加强反毒斗争，推行一项种植毒品替代作物运动，凡是自愿销毁毒品作物改种其他经济作物的，政府给予每户补偿。

（4）墨西哥。墨西哥的禁毒斗争开始于 20 世纪初，当时遵循美国模式，经历了以法规约束和警方行动为主的阶段。主要措施有：一是加强立法，健全的法制为增强扫毒力度提供了有力的武器。二是改组整顿缉毒机构成立了“国家公安署”全面负责协调全国的缉毒工作。三是积极开展以“让毒品离开生活”为主题的全国扫毒宣传运动，提高全民对毒品危害的认识自觉抵制毒品。四是政府加强了同联合国和美洲国家组织等国际组织的联系。

（5）阿根廷。由于毒品的不断涌入，阿根廷渐渐成为南美主要的毒品消费国。阿根廷政府实行“教育为主，使全社会认识毒品，自觉抵制毒品”的政策。其宣传教育计划针对性强，适应不同的社会阶层。形成了覆盖面宽广的宣传教育网络，专门宣传毒品危害，提供戒毒咨询，培训工作人员，贯彻国家禁毒计划。阿根廷政府还对反毒人员进行严格的培训，积极支持私人机构从事反毒宣传工作。

（6）哥斯达黎加。哥斯达黎加不是毒品的生产国，但是由于地缘关系成为国际贩毒集团的毒品转运站。为了控制毒品泛滥，哥斯达黎加采取众多措施加大打击毒品走私的力度。一是加强边境地区的堵截。二是政府在缉毒行动中加强同其他国家的合作。三是政府培训警察提高缉毒能力。四是在国内开展禁毒宣传教育，提高国民毒品的斗争意识。

（7）巴西。巴西不是毒品的生产国，但是由于地缘关系巴西也深受毒品的危害，其政府已采取一系列的反毒措施，加大监督力度。首先，加大对扫毒工作的预算投入。其次，为落实联合国反毒特别会议精神决定，设立全国禁毒委员会和全国禁毒秘书处，由总统本人直接领导，负责协调司法部、联邦警察局、卫生部和教育部等十几个政府机构的禁毒工作，并负责收集有关毒品走私的信息和制定反毒斗争的相关政策。政府还对全国1700家有能力生产化学试剂的企业进行监控，防止其产品作为生产毒品的原料。最后，巴西政府特别重视在全社会推广禁毒教育。巴西各大医院均设有戒毒病房，并对儿童实施免费戒毒。

5. 非洲的禁毒斗争

进入21世纪毒品种植走势和吸食等逐渐在非洲蔓延，这也是非洲大陆面临的一个复杂问题。非洲国家也针对上述情况展开了打击毒品犯罪活动。一是加强立法以法制度，非洲各成员国加快了禁毒立法步伐，形成了本国特色、相对完备的禁毒法律体系。禁毒法律包括行政处罚、刑事处罚、诉讼、管理、戒毒、预防教育和机构等形成一个整体。二是强化执法机构的建设，要求宣传人员既要掌握有关毒品的专业知识，又要具备良好的思想素质，做到严于律己，以身作则。为了更快和更准确地找出毒品，一方面在国内培训警察，另一方面选派一些警察到其他国家学习，以便掌握更先进的缉毒技术。三是开展毒品预防宣传教育工作，提高国民禁毒意识，加强禁毒宣传，使全体国民认清毒品的危害性。把防范毒品的重点放在青少年身上，教育他们远离毒品。通过举办展览会、座谈会等方式来提高人们对毒品危害的认识，自觉抵制毒品。使得每位公民、每个家庭、每家企业都认识到自身在禁毒斗争中获得可观的投资利润。四是加强非洲各国自身之间的合作，联合共同控制和解决毒品问题。五是强化国际间的合作，提升自身解决毒品问题的能力，加强与联合国、国际刑警组织的联系以及相关国际组织的合作，共同打击国际毒品犯罪问题。

相关知识链接

百年禁毒8部国际公约

（1）万国禁烟会。第一次国际性的禁毒会议于1909年2月1日在上海召开。由中国、日本、英国、法国、德国、俄国、美国、葡萄牙等13个国家参加。这次会议就限制用于正当目的的鸦片数量，对鸦片的进口实行管制，逐渐取缔吸食鸦片等问题，作出9条决议。这9条决议虽然属于建议性质，对签字国不具有约束力，但其确定的原则被纳入了以后的国际禁毒公约之中。

（2）第一个国际禁毒公约——《海牙禁止鸦片公约》。1912年1月，由中国、美国、日本、英国、德国等国家在海牙召开禁毒国际会议。签订了第一个国际禁毒公约《海牙禁止鸦片公约》。该公约的要点是：缔约国应当制定法律管制“生鸦片”的生产、销售和进口；逐渐禁止“熟鸦片”的制造、贩卖和吸食；切实管理吗啡、海洛因、古柯等麻醉品。

（3）《关于熟鸦片的制造、国内贸易及使用的协定》和《国际鸦片公约》。为了检验《海牙鸦片公约》的实施情况以及解决禁止贩运毒品问题，在国际毒品顾问委员会的提议下，召开了两次日内瓦国际禁毒会议，并于1924年12月11日签订了《关于熟鸦片的制造、国内贸易及使用的协定》，后又于1925年2月19日签订了《国际鸦片公约》。

（4）《限制制造及调节分配麻醉品公约》《远东管制吸食鸦片协定》和《禁止非法买卖麻醉品公约》。为了补充《海牙鸦片公约》和《国际鸦片公约》的内容，更加严格地限制麻醉药品的制造，1931年7月13日在日内瓦签订了《限制制造及调节分配麻醉品公约》。1931年11月27日，在曼谷签订了《远东管制吸食鸦片协定》。1936年6月26日，在日内瓦签订了《禁止非法买卖麻醉品公约》。第一次把非法制造、变造、提制、调制、持有、供给、兜售、分配、购买麻醉品等行为规定为国际犯罪，这是国际禁毒立法上的一项重大突破。

（5）《1961年麻醉品单一公约》。1961年6月30日，联合国大会通过《1961年麻醉品单一公约》。该公约不仅对过去的公约和协定进行了合并和修订，还把管制范围扩大到了天然麻醉品原料的种植等方面，并对有关刑事管辖权的问题做了规定。

（6）《经〈修正1961年麻醉品单一公约议定书〉修正的1961年麻醉品单一公约》。1972年，联合国在日内瓦召开会议，对《1961年麻醉品单一公约》进行了修订，于3月25日正式订立了《修正1961年麻醉品单一公约的议定书》，即1972年议定书。

（7）《1971年精神药物公约》。1971年联合国在维也纳签订了《1971年精神药物公约》，建议各国对精神药物实行管制。

（8）《联合国禁止非法贩运麻醉药品和精神药品公约》。1988年，联合国通过《联合国禁止非法贩运麻醉药品和精神药品公约》。

思考题

1. 简述清朝政府在禁毒斗争中所做的努力。
2. 简述国民党政府时期“两年禁毒，六年禁烟”运动的过程。
3. 中华人民共和国成立初期禁毒斗争取得胜利的启示有哪些？
4. 美国的禁毒措施有哪些？
5. 荷兰采用以“公共卫生”为导向的禁毒模式的原因有哪些？

本章导语
BENZHANG DAOYU

“毒难戒，毒能戒。”

—— 秦伯益　中国药理学家

第八章　立志戒毒

吸毒成瘾人员应当及时进行戒毒治疗。“戒毒”意为在躯体、心理上基本解决对毒品的依赖（成瘾治疗），并不再使用毒品，包括吸毒成瘾者的脱毒（detoxificaton）、康复（rehabilitation）和回归社会（social regression）三个组成部分，同时也可以将戒毒理解为“不复吸”。两者理解的出发点不同，前者是从医学角度出发，终止成瘾状态，不再使用毒品；后者是从行为学角度出发，将戒毒认为是长期的过程，最终是保证不再进行吸毒行为，只要没有进行吸毒行为，哪怕是心理记忆仍然存在，但是只要是没有再次吸毒，都认为是有效戒断。吸毒成瘾者只要及早戒毒，并使用科学正确的戒毒方法，就能顺利度过戒毒的反复期、稳定期和康复期。

第一节　从毒难戒到毒能戒

全世界吸毒成瘾人员生理脱毒后的复吸率居高不下，国内强制或自愿戒毒后半年内复吸率也高达 70% 以上。毒难戒、复吸率高是一道严重困扰世界各国的社会和公共卫生难题。

如何破解这道难题？世界各国不少专家、学者及实际工作者多有研究。毒难戒、复吸率高既有生理和心理的因素，也有个人情志与社会环境的复杂原因。唯有加以综合的考量，才能找出毒难戒，复吸率高的真正原因，进而有针对性地开展戒毒康复工作。

一、毒难戒的各方面因素

（一）毒难戒与吸毒成瘾有关

吸毒之所以会上瘾，与多巴胺的平衡问题有关。美国佛罗里达州立大学研究人员在美国《智力》杂志上发表报告表明，多巴胺与上瘾有关。多巴胺是大脑中的一种神经传递物质，主要负责大脑的情欲、感觉和兴奋等的情绪信息传递。专家指出："多巴胺就像血清一样，是一种神经传递素，将神经元的信息从大脑中的一个部分传递到另一个部分。血清素与情绪的悲伤和低沉有关，而多巴胺则与兴奋和欢快有密切联系。"吸毒，过度地消耗了大脑中的多巴胺神经传递物质，破坏了大脑中多巴胺本有的平衡，以致成瘾。所以，不吸毒就难受。只有再吸毒，才能达到短暂的"平衡"，即暂时消除身体的不安反应；但越吸毒则瘾越大，就越难"平衡"，从而更难受。如此恶性循环，故毒难戒。

（二）吸毒成瘾是一种慢性复发性脑疾病

吸毒一旦成瘾，就形成一种慢性复发性脑部疾病，这已被现代科学所证实。这种慢性复发性的脑部疾病，在临床上表现为对毒品强烈的心理渴求和反复的觅药行为，就是平常讲的心理和生理的依赖。吸毒成瘾人员的这种依赖根深蒂固，很难消除，甚至伴随吸毒人的终身。这是毒难戒、复吸率高的深层原因。

（三）毒难戒还与诸多复杂的个人与社会因素有关

其一，吸毒者的戒毒意愿是否坚定，是他们能否坚持戒毒康复的首要因素。戒毒是否成功又与其在康复中情志是否稳定有着直接的关系，特别是当其情志不稳引发心瘾或当其稽延性戒断症状出现后，能否自觉地坚持操守，自觉地求助危机干预或帮导者能否及时地施以危机干预，是其会否复吸的一种直接的情志因素。

其二，能否获得家庭与社会的关爱。任何戒断中的戒毒人员，他们的家庭和所处地区社会能不能给予他们亲人般的接纳、宽容和关爱——至少没有明显的社会歧视与排斥，是他们坚持操守还是复吸的重要社会因素。

其三，戒毒人员能否远离毒友，尤其能脱离那些以贩养吸的毒友，又能融入新的社会群体，是持戒与复吸的重要天平砝码。

其四，戒毒人员有没有相对安稳的生活环境，包括能否基本就业，对他们能否坚持戒毒同样十分重要。工作或劳务必然占据他们每天大部分的活动空间，减少他们无所事事，避免其无事生非、重蹈吸道。

二、复吸率高的各方面因素

尽管毒难戒是复吸率高的根源，但戒毒机构缺乏科学的戒毒方式，以及对戒毒人员在康复期间情志干预措施的无效，也是高复吸率的重要原因。无论是戒毒者个人或戒毒机构，如果缺乏互相支持的协同努力，其毒瘾是断然戒不了的。只有本人愿意戒毒，又有亲友及社会的支持与关爱，吸毒人才可能坚持戒毒，直至康复。

（一）复吸率高与单一的戒毒思维方式有关

长期以来，戒毒思维方式相对单一，表现在戒毒者个人及戒毒机构的戒毒过程之中。如戒毒者个人，总认为吸毒是自己的事，戒与不戒是个人的事情，与他人特别是与政府无关。而那些隐性吸（戒）毒者，常常怕其吸毒行为不光彩而瞒着家人和单位去戒毒，生怕被暴露。同样，一些戒毒机构包括自愿参与戒毒的医院，会按照自己的戒毒方式管控戒毒人员，把入住戒毒人员作为工作对象或入住病员，不希望他们的家人与社会工作者过多参与，生怕打乱了他们的工作秩序。这种工作思维与做法，虽然可以让吸毒人员在戒毒机构期间完成一定戒毒治疗或度过生理脱毒期，但其心瘾仍然存在，一旦离开戒毒机构而又无人“继续帮导”时，必然重蹈复吸泥潭。

（二）复吸率高与缺乏跟进干预有着直接关系

所谓情志不稳，是指戒毒人员的情绪与意志因受生活、情感或工作中的一些烦心事件的侵扰，而导致的思维混乱、精神恍惚。处在康复期间的戒毒人员，心智比较脆弱，而且很敏感。他们会碰到一系列的导致情志不稳定的因素，诸如与亲友、同事等关系紧张，工作不顺，婚姻受挫，身体疾病等不顺意又烦心的事件。这些事件在康复期出现，很容易想到“以毒解脱”，而诸如此类的状况总是不可避免地伴随人生，并不断地袭扰他们脆弱的心灵。此时此境，如果没有人及时地察觉并施以必要的关爱、帮助、疏导和干预，复吸是难以避免的。

三、我国现行的戒毒模式

2007年12月29日，第十届全国人民代表大会常务委员会第三十一次会议审议通过《中华人民共和国禁毒法》（以下简称《禁毒法》），并于2008年6月1日起施行。《禁毒法》的颁布实施，对预防和惩治毒品违法犯罪行为，保护公民身心健康，维护社会秩序，具有十分重要的作用。禁毒法将强制戒毒和劳动教养戒毒整合为强制隔离戒毒。《禁毒法》在总结之前戒毒体制经验和不足的基础上，建立了“以强制隔离戒毒为主，以社区戒毒和医疗机构戒毒为辅，以社区康复为补充”的综合戒毒模式。其中医疗机构戒毒、社区戒毒、强制隔离戒毒作为戒毒的三种基本模式，社区康复作为巩固戒毒效果的一种必要的补充，即构建了“三类模式、四种手段”的“3+1”戒毒体制。

《禁毒法》规定国家采取各种措施帮助吸毒人员戒除毒瘾，教育和挽救吸毒人员。强制隔离戒毒场所对有严重残疾或者疾病的戒毒人员，应当给予必要的看护和治疗，对患有传染病的戒毒人员，应当依法采取必要的隔离、治疗措施，对可能发生自伤、自残等情形的戒毒人员，可以采取相应的保护性约束措施；强制隔离戒毒场所管理人员不得体罚、虐待或者侮辱戒毒人员；戒毒人员的亲属和所在单位或者就读学校的工作人员，可以按照有关规定探访戒毒人员；戒毒人员经强制隔离戒毒场所批准，可以外出探视配偶、直系亲属；执行强制隔离戒毒1年后，经诊断评估，对于戒毒情况良好的戒毒人员，强制隔离戒毒场所可以提出提前解除强制隔离戒毒的意见，报强制隔离戒毒的决定机关批准；在检查邮件时，应当依法保护戒毒人员的通信自由和通信秘密。《禁毒法》还特别强调：戒毒人员在入学、就业和享受社会保障等方面不受歧视；有关部门、组织和人员应当在入学、就业和享受社会保障等方面对戒毒人员给予必要的指导和帮助。

2011年6月26日公布施行的《戒毒条例》对促进戒毒工作具有重要的积极意义，它包括建立戒毒保障机制、建立戒毒工作体系、细化戒毒法律责任和明确戒毒法规效力四个方面，其主要内容在于规定了自愿戒毒、社区戒毒、强制隔离戒毒和社区康复四种戒毒措施的执行问题，为每一项戒毒措施都规定了相应的具体制度，从而解决了《禁毒法》的具体理解和实际执行问题。这些规定在价值理念上体现了对戒毒人员的权利保障，注重戒毒政策的科学要求，加强了戒毒工作的社会联动。条例的施行推动我国新的戒毒制度发展，帮助“瘾君子”戒除毒瘾，更好地融入社会。

《戒毒条例》规定：国家鼓励吸毒成瘾人员自行戒除毒瘾。吸毒人员可以自行到戒毒医疗机构接受戒毒治疗。对自愿接受戒毒治疗的吸毒人员，公安机关对其原吸毒行为不予处罚。戒毒者具有病人、违法者、受害者三重属性。违法者要处罚，病人和受害者更应教育和救治，所以教育和救治应放在首位。正是从这一考虑出发，探索出了生理脱毒、心理康复、回归社会为一体的戒毒康复新模式。

司法部于 2018 年 11 月印发《关于建立全国统一的司法行政戒毒工作基本模式的意见》，明确建立以分期分区为基础、以专业中心为支撑、以科学戒治为核心、以衔接帮扶为延伸的全国统一的司法行政戒毒工作基本模式，统一设置生理脱毒区、教育适应区、康复巩固区和回归指导区，并建立戒毒医疗中心、教育矫正中心、心理矫治中心、康复训练中心和诊断评估中心 5 个专业机构。

四、戒毒新技术的应用现状

目前吸毒人员生理脱毒已非常成熟，吸毒的成瘾者只要及早戒毒，并使用科学正确的戒毒方法，成瘾者就能顺利度过戒毒的反复期、稳定期和康复期。医生对于吸毒人群医疗控制及治疗成效不错，但最难戒的是心瘾。除了药物治疗、物理治疗、心理社会治疗之外，国内近 3 年来也取得了几项较为成熟的技术成果，包括虚拟现实戒毒矫正（VR）、重复经颅磁治疗（rTMS）、智能心理矫治（EP）、脑波认知干预（CRT）、运动抑瘾训练（FMR）等，形成科学戒毒、智慧戒毒的“上海模式”。例如戒毒人员头戴模拟家居环境的 VR 眼罩，电子屏上随即显示佩戴者对虚拟现实中毒品的注视时长，从而检测其毒瘾程度。这是一种新的认知康复方法——虚拟现实 + 眼动跟踪毒瘾评估。认知神经康复平台包括步态平衡训练、智能动作稳定测试、多种认知矫正训练。依托 VR、rTMS、认知能力脑电分析、EP 综合心理训练等技术，这些测试训练能有效改善戒毒人员空间感知觉、情绪管理能力、注意力、记忆力等受损功能。

2018 年 4 月，江苏省成立戒毒技术重点实验室，主要任务将瞄准国际国内戒毒技术前沿、针对戒毒工作发展中的重大需求，开展应用基础研究、关键技术和共性技术研究，提高戒毒技术水平和自主创新能力；组织戒毒关键技术标准的研究制定；培养高层次戒毒研究和技术人才；加强戒毒技术合作与交流，推动戒毒技术应用和推广等。优先在经颅磁刺激、内观疗法、意志力训练、虚拟现（VR）等关键戒毒技术上进行探索研究，发挥示范和带动作用。

安徽省也积极探索“智慧戒毒”模式，突出大数据时代人机结合管理方式的运用，充分利用信息化技术手段，推动智慧戒毒。同时，安徽省戒毒系统还将加大新技术新方法及戒毒药物研发力度，积极引进科学戒毒方法。

山东省女子强制隔离戒毒所结合工作实际，丰富康复内涵，打造智慧体疗，全力建设规范、标准、实效的体疗康复中心，助力戒毒工作现代化、高效化、科学化发展。

2019 年以来，海南省琼山强制隔离戒毒所先后与海南人工智能学会、海南大学、中科院深圳先进技术研究院建立科研基地、联合实验室、签订合作协议，加强科研合作、技术交流。同年引进可视化、智能化运动康复系统，对运动器材和体测设备进行物联化改造，实时采集戒毒人员体质数据，进行运动风险分析评估并出具运动处方，建立起智能化的运动戒毒康复体系。联合科技公司研发的《康复训练大屏管理系统 V1.0》等两个软件荣获国家版权局计算机软件著作权认证。在推进运动戒毒智慧化的过程中，主持起草的《强制隔离戒毒人员身体康复训练规范》，成为海南司法行政系统康复训练工作方面首个省级标准，对推进戒治工作科学化、专业化、智慧化具里程碑式的意义。

国外以欧美国家为代表的戒毒模式多为“医疗模式”“社区自疗模式”，直至“整合模式”，国外学者也尝试用 rTMS 以及 tDCS 治疗成瘾性疾病，并取得了一定的进展。

今后，我国司法部将大力加强戒毒康复和教育矫治优势项目的研发和实施，加强戒毒新技术、新方法的研发、运用和推广，努力形成综合配套的戒毒技术标准和规范体系，实现科学精准戒毒。在衔接帮扶方面，通过采取出所衔接、出所调查、指导支持社区戒毒社区康复、办好戒毒康复场所等措施，力争打通戒毒工作的“最后一公里”。以全国统一的“智慧戒毒”标准体系为支撑，融合物联网技术，建设有效集成戒毒医疗、心理咨询、运动康复等各类戒治物联设施的智慧戒治物联平台。通过物联设施自动感知、自动采集、自动获取等非接触方式汇集整合戒毒人员日常行为、医疗、心理、运动康复、社会适应、劳动能力等基础数据，提高戒治工作数据采集效率和质量。要实现对智慧戒治物联设施设备状态、通信、数据传输、调用的管理，提升戒治设施设备和数据采集分析协同应用的智能化水平。

第二节　名人戒毒故事与成功案例

一、国内外名人戒毒故事

（一）张学良戒除鸦片烟

张学良由于在九一八事变中执行不抵抗政策，备受国人苛责。热河沦陷后，张学良引咎辞职。1933 年 3 月 12 日，张学良与夫人于凤至、女秘书赵四小姐等人悄然南下上海。他的第一站行程，就是住进上海一家德国医院，开始尝试再一次戒毒。很多年后回忆这件事，他还笑着回忆自己副官对大夫说的话——颇像如今古装剧里皇帝对太医的万能嘱咐："他要是死掉了，你可活不了了。"

其实之前，身在东北的"少帅"也尝试过戒除烟瘾。不幸的是，医官给他推荐的戒毒剂是吗啡。如今，人们都知道吗啡、海洛因是比鸦片毒性更大、更易成瘾的药物。很难想象，当它们初面世时，肩负的任务却是"戒大烟"。1805 年，一位德国药剂师从鸦片中分离纯化出吗啡，而之后很多年里，医学界对其毒性都莫衷一是。1874 年《申报》的广告栏里，可以见到这样的文字："由伦敦新到戒烟药莫啡散多箱，其药纯正而有力，故杜瘾之效较为速捷。"开始，张学良只是吸食鸦片，后来，诸事不顺，他的毒瘾越来越大。胳膊上全是针眼，连老烟枪杜月笙见了都为之骇然。他把自己力戒鸦片、毒瘾渐去、身体恢复健康的经过告诉张学良，希望他也能戒除毒瘾。张学良听后颇为动心。

张学良中毒太深了，平均每 15 ~ 20 分钟就得注射一针。想戒断，谈何容易？米勒医生提出，不但张学良要戒毒，他的夫人于凤至和女秘书赵四小姐一并戒毒。米勒还坚持由他来指挥张学良的卫队和亲随，并且赶走整天围在张学良身边想方设法为少帅减轻痛苦的张学良的私人医生。

少帅这次戒毒所遭受的痛苦可能不亚于在鬼门关前走一遭。外国医生没再为他提供特效药。一种说法是，张学良被绑在床上，无论如何呼喊挣扎都不能再接触吗啡。而张学良本人在接受采访时则表示，没法细细说那个过程，总之，"昏迷了一个礼拜差不多”。最终，张学良成功戒除了鸦片烟瘾。

（二）周恩来巧劝张自忠戒毒

张自忠因屡建战功，被委任为国民革命军第三十三集团军总司令后，有了吸毒的习惯，致使全军上行下效，严重影响全军战斗力。1939年李宗仁去张自忠所率部队视察时，曾劝其戒毒。张自忠也当着李宗仁及团以上军官的面销毁烟具，焚烧烟土，但后来还是难敌“阿芙蓉”鸦片的诱惑。

爱国民主人士胡秋原先生与张自忠私交深厚，他深为张自忠的健康和三十三集团军的军风忧虑，本想前去劝张自忠再次戒毒，但又想，张自忠连李宗仁长官的话都听不进去，自己劝他也未必奏效。这时，他忽然想起了周恩来，遂前去相商。周恩来得知胡秋原的来意后，沉思片刻，托胡秋原转赠一件礼物给张自忠。张自忠当着胡秋原的面将礼物打开一看，原来是一张中国地图，阁上标有侵华日军的蚕食情况。张自忠目睹此物，神色大变，激动地说：“值此国难当头，张某身为党国军人还吞云吐雾，致使军营风气日下，我还算个军人吗？”讲到这里，他停顿了一下，神色凝重地仰望着窗外的蓝天，宣誓道：“苍天在上，胡先生作证，我张自忠自即日起发誓戒毒，否则对不起生我养我的皇天后土，对不起天下百姓，对不起李长官的教诲，也对不起周将军的期望……”

张自忠真不愧为一言九鼎的男子汉，自从发誓戒毒后就再也没吸过毒。1940年5月任第五战区右翼兵团总司令，亲率两个团和集团军总部特务营直趋枣阳截击日军，陷入重围，负伤多处，但仍坚持指挥，不幸腰部又被机关枪子弹击中，他倒在地上浴血督战，鲜血染红了山岗上的碎石和沃土，直至为国捐躯。周恩来“金口”未开，巧劝张自忠戒毒一事，也一时被传为佳话，连蒋介石得知此事后，亦喟然长叹道：“一言未发胜李公，此时无声胜有声……”

1943年5月，在张自忠将军殉国3周年之际，周恩来特撰《追念张荩忱上将》一文，对他的尽忠报国精神再次给予高度评价，文中写道：“张上将是一方面的统帅，他的殉国，影响之大，绝非他人可比：张上将的抗战，远起喜峰口，十年回溯，令人深佩他的卓识超群；迨主津政，忍辱待时，张上将殆又为人之所不能；抗战既起，张上将奋起当先，所向无敌；而临沂之役，更成为台儿庄大捷之序幕。他的英勇坚毅，足为全国军人楷模。而感人最深的，乃是他的殉国之役。每读张上将于渡河前致前线将领及冯治安将军的两封遗书，深觉其忠义之志，壮烈之气，直可以为我国抗战军人之魂！”

（三）“球王”马拉多纳

要说球员中戒毒成功第一人，非马拉多纳（图 8–1）莫属。他就像一株浸泡在玻璃瓶中的标本，多年以来一直鲜活，瓶子上贴着两个标签——“球王”和“瘾君子”，浸泡着他的保鲜液不是福尔马林，而是海洛因溶解成的毒液——无论是哪个足球史学家为马拉多纳写传记，足球和毒品是永远无法避开的两个关键词。

图 8–1 马拉多纳

马拉多纳初涉毒品是在 1980 年 2 月 20 日，当时他加盟博卡青年队没多久，他在一场比赛中伤病发作，不得不下场休息，可是糖果盒球场里回荡着球迷对他的呼唤，马拉多纳一边向球迷挥手，一边坚定地说：“我不下场。”球迷如愿以偿地看到了一个神采焕发的迭戈（wiki），然而球迷不知道的是，在中场休息时，队医为马拉多纳注射了含有杜冷丁的强效止痛剂。

在“为了球迷”的名义下，马拉多纳开始依赖杜冷丁和大麻止疼。转会巴塞罗那之后，在与毕尔巴鄂竞技队的比赛中，对方球员恶意将马拉多纳踢伤，马拉多纳被迫休息了几个月，一般性的毒品已经难以疗伤，他所吸食的毒品上了一个档次。马拉多纳后来回忆说：“我第一次使用可卡因是 1982 年在巴塞罗那。当时，我只有 22 岁。”

结束了在西班牙 4 年的足球生活，马拉多纳来到那不勒斯之后马上被黑社会包围了，在这一个以黑手党闻名的国度，他只能是越陷越深。马拉多纳与那不勒斯最强大的黑社会团伙朱里亚诺家族建立联系，这个家族从事包括足球、香烟、妓院和毒品交易，每一样产品都对他的胃口。

然而，酒肉朋友是靠不住的，马拉多纳在 1990 年的意大利世界杯中率领阿根廷队击败了东道主队之后，马拉多纳吸毒的事件被曝光。1991 年 3 月 17 日，在意甲联赛药检中，马拉多纳第一次被查出服用毒品，于是被停赛 2 年，后改为 15 个月。第二次被查出是在 1994 年美国世界杯赛上，马拉多纳被逐出这届大赛。

对于马拉多纳来说，足球同样也是他的毒品，同样上瘾。禁赛期间，马拉多纳最想做的只有一件事就是踢球。“我想听到人们再一次说起，走啊，去看迭戈踢球！”1995 年，马拉多纳又回到了博卡，并在职业生涯的最后这段光阴里留下了 7 个进球。1997 年 10 月 25 日，马拉多纳踢了对抗河床俱乐部的比赛，这也是他职业生涯中的最后一场正式比赛。

告别足坛之后，马拉多纳只能用毒品来填补心灵上的空虚，过量的可卡因曾 2 次让马拉多纳吻到了死神的嘴唇：一次是在 2000 年 1 月 4 日，他在乌拉圭东方之角度假时，吸食过量毒品诱发心脏病；一次是在 2004 年 4 月 20 日，他在观看博卡青年队比赛时突然倒下，随即被送往医院抢救。随后马拉多纳多次赴古巴戒除毒瘾，并在老朋友卡斯特罗的帮助下戒毒成功。2008 年马拉多纳开始担任阿根廷国家队主教练。2020 年 11 月 25 日，马拉多纳在家中突发心脏病去世，享年 60 岁。

二、戒毒成功案例

（一）一名戒毒成功者的来信：交友谨慎，远离毒品

大千世界，芸芸众生，每个人都有不同的命运与使命。因此，我仅以“我”的亲身经历、我的微薄力量，来警示及告诫众人，交友需谨慎。

毒品是多少人既熟悉而又害怕的字眼。然而，这一切都曾发生在我自己身上，我的人生也因此而发生了天大的变化。

在我年轻时，不懂事，没好好读书，却跟着社会上的人混上了社会。那时，以为嘴上叼根烟，三五个人在一起喝酒，打打架什么的，是非常牛的事情。然而久之，进入酒吧次数多了，认识的人也多了，我在想“别人能吃能喝，我为什么不行”，在这种心态主导下，我慢慢接触到了毒品，摇头丸、K 粉，1999 年时这些是刚流行的新型毒品。

再后来，我到了广东打工，随着混社会的圈子越来越大，认识各种各样的人也越来越多。在 2003 年左右，我跟社会上有些“分量”的“哥们”学上了溜冰（猪肉）、溜麻果、喝神仙水、抽大麻。也就在此后，我开始越陷越深。那时候为了吸毒，有人带着“制毒方子”免费去吸，我们跟着“大哥”进入高档娱乐场所，参加各种饭局，哪里打架往哪里跑……那时啊，已经完全迷失了自我，忘了法律的存在，忘了父母和亲人的期待。跟着一大帮子的兄弟朋友，四处打打杀杀，干

着违法的事。后来随着法律的严治，很多“大哥级”人物被抓被判刑。这时，我自己也慢慢清醒过来：走歪门邪道，混黑社会，不是条好门路，只会误入歧途！

在我一二十年的小混混路上，我看到了许多，也看清了很多，更让我明白毒品对人、对社会、对国家所造成的严重危害。我的身边有太多这样的案例：有人因吸毒而沉迷于赌博（尤其是打鱼机），最后倾家荡产的；有人因没钱而走上以贩养吸的路；有人铤而走险去贩毒；有人因吸毒，使得所生小孩身患疾病；有人因吸毒，产生严重心理压力，导致幻觉，自残自杀、暴力等倾向。我知道广东佛山就有一起，2002 年，一吸毒男子将两名女孩致死的残忍血案，另外还有一起发生在我镇子，多年前一个杀父母而又自杀未果的悲剧（都有吸食冰毒、麻果历史）。毒品，不但把父母给予我们的健康身体赔了进去，更会把我们的人生也葬送进去。

事实上，我曾也因吸食毒品产生令人无法想象的幻觉，在公路上肆无忌惮地行走、砸车、用灭火器把租房搞得一片狼藉，更有自杀、引爆炸药的倾向。

亲爱的朋友们，毒品，并不是传言中说的那样，可以飘飘欲仙、提神、醒酒、减肥、助性。你要知道，为什么它会称作毒品，正因为那是实实在在的毒，有依赖性的毒。吸食毒品只会损伤我们的大脑、刺激中枢神经。吸毒长久后，就会出现很明显的特征，如记忆力下降，反应迟钝。

我现在是个平凡的人，过着平凡的生活，也在用我的经历来告诫众人。也许你们会觉得有太多从来没有想过的事情会发生在我的身上，但是事情确实发生了，我只有选择接受。人生中只有父母不能选择，因为他们赋予我们生命，之前的事情我是不能选择了，但是之后的人生我会选择，我会选择平平凡凡的人生。以前的我走了很多的弯路，我只是想之后的我，重新开始我的人生，同时我也希望我的经历可以改变更多的人，还身在其中的人也就此收手，没有身在其中的人能够控制好自己的欲望，不要让自己深陷其中。始终记住一点：生活平平淡淡才是真。我就是走过了这些弯路使我彻底觉悟。亲爱的朋友们，珍爱生命，远离毒品。

XXX

2016.05.05

（二）“最好的戒毒是永不吸一口”

对于现年36岁的张辉来说，沾染上毒品的原因是因为要“报恩”。2009年，从部队退伍两年的张辉在河北经营着一家装饰公司。由于讲求诚信，干活认真，装饰公司的口碑和生意一直很好，而在当地的生意场上，张辉也是出了名的守信誉，因此经常有公司在进行借贷时，请求张辉的公司做担保。

2009年6月，张辉为一家公司担保借款，借贷双方产生纠纷，债主找张辉要账。“那段时间，天天有人来公司闹事、要钱。”6月底的一天，张辉在一家歌厅碰到了讨债的人，当时，张辉被七八个人围了起来。正在张辉面临被打时，有一个叫“二哥”的人出手相助，化解了张辉的危机。“其实我跟这个‘二哥’并不熟，只是认识，那时觉得他就是自己的大恩人。”张辉告诉记者，困扰着自己近半年的事情，被这位“二哥”解决了，当时他心里十分感激。第二天，张辉打算对“二哥”表示感谢，托朋友打听对方的喜好。一个朋友告诉张辉，“二哥”吸毒，可以买点冰毒孝敬他。于是张辉出钱，让朋友买了2克的冰毒，中午摆宴请“二哥”喝酒。酒桌上，张辉提出有事先走，但“二哥”硬拉着张辉再待一会儿。“二哥”拿出冰毒，用吸食工具深深地吸了一口，并将工具和毒品递给了张辉，“来，尝尝。”“我不沾这些东西。”张辉起初拒绝了对方。“你看，我能害你吗？这个真是好东西，来，少来一点，没事的。”说着，“二哥”便将吸管递到了张辉面前。张辉看了一眼矿泉水瓶，又看了一眼“二哥”，想了半秒钟，模仿着“二哥”的动作，在吸管上浅浅地嘬了一口。1分钟左右，张辉开始泛起了恶心，满脸涨得通红。“那是第一次吸毒，感觉就是恶心，味道很怪，有一种说不出来的感觉，想吐。”张辉向记者介绍，当时就是出于感恩才迎合“二哥”，本想就此与他套套近乎，但没想到却害了自己的一生。

“后来，我又吸了一口，这个时候，脑子就已经完全麻木了。”张辉告诉记者，那天，原本要出去办事，但吸了第一口之后，脑子里就一片空白，什么也想不起来了，一直与“二哥”在一起，看着他们吸，自己也不时地来上一口。“什么都忘了，但我并没有在吸毒中找到快乐或者幻觉，当时我想着，就这一次，一定能戒掉。”那天，张辉一宿没睡，眼睛发直，呆呆地看着天花板。第二天中午，“二哥”等人拿出存货再次吸毒时，又给张辉吸了几口，一连3天，张辉一直和“二哥”等人在一起吸毒。

为购买毒品，张辉花掉了多年积攒的几十万积蓄，公司也无暇打理，还拖欠了很多工人的薪水。2010 年的夏天，本应是装修旺季，但张辉的公司却很少接到订单，很快，公司就关门了。那年秋天，张辉在父亲的陪伴下走进了河北一家自愿戒毒所。在最初的两周中，张辉几乎天天都会犯瘾，“浑身酸痛，不舒服。”张辉介绍，就感觉自己的生命被人夺走一样，只是魂还在。“一天到晚都没有精神，魂不守舍的，犯瘾的时候，自己就是生扛。”之后度过了近 1 个月的生理脱毒期，张辉不再犯瘾，又经过两个月的心理辅导，张辉感觉自己完全能够脱离毒品了。“在那里几乎与外界隔离。”张辉说，虽然不是强制戒毒，但为了能够让戒毒人员完全与毒品“绝缘”，戒毒所很少允许在戒人员外出。也正是经过在那里的 3 个月，张辉完全没有接触到毒品，之后，张辉“康复”，重新回归社会。“其实，戒毒主要戒的是心瘾。”张辉称，毒品使吸食者有一种很强的依赖感，一旦沾染上，就不能自拔。首次戒毒后的张辉，有两年多的时间没有复吸，生活进入了正轨。张辉找了女朋友，不久，两人结婚了。2012 年底，张辉突然接到一个电话，当时整个人都傻了。“曾经多次来戒毒所鼓励我的一位朋友，在车祸中遇难了。”张辉告诉记者，这位发小就像自己的精神支柱，一直为自己提供正能量，这个噩耗给他以沉重打击。“一时间，我不知道找谁倾诉了。”张辉称，他又开始找到以前的毒友，购买冰毒再次吸食，“那会儿就好像在逃避人生。”

2013 年春节前，张辉开房在宾馆内吸毒。刚刚吸完，门就被踹开了，几个警察冲进来把张辉带走了。“可能是警方把卖冰毒的人抓了，我就被‘点’了出来。”张辉猜测。因尿检呈阳性，张辉被拘留了 15 天。“在那里，犯毒瘾的时候真是百爪挠心。”张辉称，每次犯毒瘾他就用手挠墙，以至于指甲盖都脱落了。张辉说，第一次戒毒失败后，他就处于破罐子破摔的状态。“很多时候，我一边吸毒，一边看着电脑上关于毒品危害的介绍。”张辉称，当清醒的时候，自己曾想过早晚有一天会吸死。2015 年，张辉吸毒时被父亲发现，张父将儿子骗到戒毒所。

“当时父亲说是去北京看望一个亲戚，到了才发现，又是戒毒所。”张辉称，那天他吸食了很多的冰毒，在后来的 9 天内，他都没有睡过觉。张辉一直存在着幻觉，感觉自己就是一名特种兵。因为吸食毒品被父亲骗了进来。在进入戒毒所的第一天，张辉便开始注意观察地形。晚上临睡前，张辉打开窗户，试图掰弯窗户外的铁栅栏，但没有成功。“最初的几天，我每天晚上 12 点都在楼道里踢正步。”

张辉说。在进入戒毒所大约一周后，张辉渐渐清醒。父亲为了张辉能彻底戒掉毒瘾，亲自在戒毒所陪床。“后来做心理辅导的时候，我看见父亲已经满头白发，突然意识到，自己这么多年让家人操碎了心。”张辉说，那天课上，他“扑通”一声给父亲跪下了，痛哭流涕地请父亲原谅自己。一天，当李林在台上代表戒毒人员发表戒毒感言后，张辉站起身，默默退出会场，走到窗边凝神眺望着家的方向……

（三）一封父母写给戒毒儿子的信：爱恨交加，字字滴血

亲爱的儿子，你还好吗？

请原谅我们这个月的不来探视，我们其实很想见你，同时也很不想去戒毒所探望你！

你失去自由，可亲人们的内心深处依旧时刻担忧着你的性命安危啊——“吸毒之人都不得善终，不得好死”的事实，正不断地被证明，我们能不为你提心吊胆吗？毕竟你是我们身上掉下来的肉啊！

冷不丁，哪天又听到了“在某个角落里、在某个屋檐下，又发现了一具尸体，好像又是一个吸毒者”的小道消息，他们都会心惊肉跳地猜疑半天，是不是自己的儿子啊？惶恐不安的心要到确认那具尸体的真实身份之后才能落下！

在你极其排斥家人管教、家人也管不了你的时候，你终于又再一次地被法律给管住了！一如往常那样，每到这种时候，你又想起家人来，三番五次的托人带信给家人，让我们去探望你，再次哀求家人管管你、救救你——你说自己很可怜！被打挨饿！还有说了 N 遍的一句话：你这一次是彻彻底底的“后悔”啦！无论如何哀求、祈求我们家人再管你，再“救”你这“最后”的一次！

孩子啊！儿呀！你早知今日，又何必当初呢？儿啊！孩子呀！你扪心自问，你这次是第几个“最后”一次了？孩子啊！儿呀！你难道不知道前几次为了救你，家里已经债台高筑、难以度日了，我们拿什么去“救”你？还有什么办法“救”你啊！

儿啊！你在“坐牢”，爸爸、妈妈的心也在随你“坐牢”啊！你难受，我们同样痛苦！你一个人痛苦，我们可是几代人痛苦啊！儿啊！我们家已经无能为力再去“救”你了，假若法律允许的话，爸爸妈妈替你“坐牢”，你看行吗？

再说了，儿啊，爸爸妈妈即便还有这个能力和财力再“救”你一次，那救你出来后又干吗呢？难道救你出来好让你再去吸毒吗？难道救你出来，又让我们家人、父母整日为神出鬼没、脚不着家的你，在提心吊胆的惊恐中苦苦度日吗！儿啊！你知道吗，你在外面神游的日子，也是父母和家人，恐惧你暴尸街头的日子！

我们人老了，不再像你想象中的那么坚强，我们甚至还担心——在你这种无休不止的痛苦折磨中我们会先你而去，以后无人替你收尸呢！即便不这样，我们也害怕真轮到你暴尸街头，噩耗传来的时候，我们会不会承受不了这个沉痛的打击，而紧接着随你而去呢！

现在好了，我们终于得知了你“身在何处”的消息了！我们虽然也像你前几次被抓时一样的难过与悲伤，但我们多少还是放心了！

孩子啊！你知道这是为什么吗？那是因为我们知道了你在何处，少了许多对你性命担忧的恐惧和不安，不用再担心你会不知何时何地就死啦！现在好了，你虽然身陷囹圄、失去自由，但你至少是安全的，你虽然可能会挨饿，但我们知道你肯定不会被饿死的，上几次你不也没被饿死吗？你虽然可能会挨打，而且打得还不轻，但你也肯定不会被打死，上几次你不也没被打死吗？

再说了，退一万步，你即便真的死了，我们也能知道你如何死的？在什么地方死的？是什么原因死的？无论如何也会有人站出来对你的死亡有个交代、有个说法吧！总比你在外面，不知何时莫名其妙死掉好一点吧！

而且你人在戒毒所里，你也因此可以不再为“毒”所困了，不必整天提心吊胆筹集毒资购买毒品了！能把毒瘾戒掉，无论对你本人，对家庭，还是对社会，对国家，都是一件天大的好事啊！普天下除了千刀万剐的毒贩子，是没有人不想你戒毒的。你就安安心心地戒毒吧！

现在你没有别的路可走，确实已经到了认真悔过与反省的时候了！不戒毒，死路一条，并且绝对不得好死！戒了毒，你就会有生的希望与机会，多活上好几十年呢！而且，自你吸毒之日起，你带给我们父母、我们家庭的，全是无穷无尽的伤害，我们为了你，无论是在物质财物上，还是在精神心理上都已经恶性透支，精疲力竭，一贫如洗！

你若有良心发现的话，就让这片暂时的宁静永远地延续下去，出来之后永远不要再复吸毒品了，好吗？这样我们全家人都会永远感激你的，知道吗？

唉，少了为你恐惧、为你担心、为你提心吊胆的日子，尽管依旧是苦涩难熬的，但真的好难得啊！儿呀，你就算以这种特殊的方式，献一点点悲哀苦涩的“孝心”给我们两个行将就木的老人吧！不要责怪二老铁石心肠，是你的铁石心肠造就了我们的“铁石心肠”；不要埋怨我们对你无情，是你的无情制造了我们的“无情”！

其实我们内心深处还是爱你的，无时无刻不牵挂着你的！但请原谅以后我们不再来探望你，原谅我们不再去想办法“救”你！在屡次“救”你之后，家庭也因不可救药的你，而从富裕变到了贫穷，到如今也已经贫穷得无可救药了。

说真的，我们也好想来看看你，可是我们却又不敢去见你！好矛盾、好痛苦啊！究竟怎么回事呢？爸爸妈妈是担心因为去看你而害了你呀！爸爸妈妈真的拿不出多余的钱来看你了！去见你一面，我们就连饭都吃不上了！儿啊，难道你就忍心让我们为了看你而饿死吗？最低五十块钱起住，这五十块钱可够我们吃上十天半月的啊！

更何况，即便我们真的省出这五十块钱，去和你见面了又能如何？还不是两眼泪汪汪四目相对，能说的都是一些于事无补的后话，和一些我们双方谁也无法再去实现的诺言！你每一次在这种时刻都会信誓旦旦发誓说你这次绝对是“最后一次”，可是你从来就没有实现过！反倒是我们每一次都对你实现了“最后一次救你”的诺言！

直到“弹尽粮绝”的今天，当我们付尽了带血带泪的巨大代价之后，才突然明白过来——吸毒的你从来就不可能实现你“最后一次”的诺言的，你所说的“最后一次”从来就是欺骗我们的谎言！甚至是连你自己也不相信的谎言！

儿子，就让我们大家都从梦境中找寻到些许悲凉的安慰吧！你永远记住：爸爸妈妈和家人是永远爱着你的！不来看你，也是因为爱你！你自己就多多保重……

你的父母
XXXX 年 XX 月 XX 日

（四）是“禁毒明星”，也是戒毒人员口中的“胡师兄”

他叫胡新刚，是湖南省衡阳市石鼓区同伴教育戒毒服务中心（湖南省第一家同伴教育戒毒服务中心）主任和发起人，至今线上线下帮扶戒毒人员已超过千人次。曾经，来自民警、社工、社会公益组织的帮教，让他逐渐走出了毒霾，重获新生，同时他不忘将这份帮教的力量继续传递下去……

20世纪80年代末，未满16岁的胡新刚染上了毒瘾，一生中最美好的20年时光耗费在吸毒上。2009年的一天，他因吸毒致幻从5楼跳下，全身7处骨折，右脚落下终身残疾。“连死神都拒绝我那污秽的灵魂！”死后余生，胡新刚决心与毒品决裂。之后的几年，他信守戒毒誓言，坚决抵制住了毒友的一次次诱惑和嘲弄，靠用摩托车拉客、卖烤红薯维持生计。“靠劳动挣钱，我心里很踏实！”胡新刚说。

2013年，胡新刚来到衡阳市仁德关爱中心，开始接受戒毒帮教。在这里，他感受到了公益组织对艾滋病人员以及戒毒人员的关爱和帮助，同时，他也在组织的感召下加入了这里的志愿者小组，“从那时起，我感受到自己的人生也有了价值，并且有了想要帮助他人的想法。”其间，胡新刚靠开摩托车拉客维持生活，常常要熬通宵，有时就会碰到吸毒人员搭乘他的车购买毒品，吸毒人员的一些体貌特征，他一眼就能看出来。借此机会，他也会用自己的亲身经历去告诉他们吸毒的危害，劝他们早日迷途知返。

为了方便向群众宣传禁毒，在当地政府和禁毒部门的资助下，胡新刚花2万余元购入了一台流动宣传车。每天，在闹市区内，他一边卖着街头小吃，一边通过禁毒宣传车滚动播放禁毒视频、向路人发放禁毒宣传资料……胡新刚的红马甲和小黄车成了繁华街区中一道特别的风景线。

2015年5月，衡阳市首部禁毒纪实微电影《母爱唤醒吸毒20年瘾君子重生回归》开拍，作为故事原型的胡新刚亲自实名出演，他将自己作为“活范本”宣传毒品之害，微电影上线后点击量达到数百万人次。然而，在参演之前，姐姐曾对他说：“你要是同意的话，我就和你断绝关系，难道你要让大家指着你儿子的后背，说他父亲是名吸毒人员吗？”胡新刚当时也曾考虑过姐姐的话，但他觉得自己的过去并不能抹掉，直视自己，改过自新，同时通过媒体的辐射把毒品危害告诉给更多的人，才是真正勇敢的人生。

与政府和戒毒所的支持不同的是，社会上大多数人对吸毒人员还是抱着歧视和怀疑的态度。“戒毒需要戒毒人员自身有决心、家庭有耐心、社会有爱心，我站出来，就是希望释放一种戒毒正能量，让大家对戒毒有信心！”怀着这种初衷，

2016年初，“胡新刚社区戒毒工作室”在雁峰街道社区戒毒康复工作站正式挂牌，每天他都会到工作站义务工作半天，协助民警开展社区戒毒社区康复人员帮教劝诫工作。

2017年11月9日，在市、区禁毒办的全力支持下，胡新刚注册成立了全省首个以“同伴教育”命名的禁毒劝诫公益组织——衡阳市石鼓区同伴教育戒毒服务中心（以下简称“中心”），从此，他的人生进入了一个崭新阶段。其间，胡新刚建立了“湖南戒毒交流”QQ群和“大爱无疆、日行一善”微信群，群成员达500余人，受益人数已逾千人。该中心先后在石鼓区6个社区建立“同伴教育工作室”，线上线下帮扶戒毒人员超过千人次。

胡新刚还创办了“同伴读书会”，至今已举办了40期。谈起创办初衷，胡新刚说，他希望戒毒人员能有一个平台可以聚在一起读书、学习，因为读书让人进步和成长，让今天的自己优于昨天的自己。“读书会里有戒毒人员，有家属，有律师，也有社会工作者等人员参加，我也希望通过读书会能够重建戒毒人员的朋友圈，让他们远离毒友圈，真正地融入社会。”读书会总是不断地有新成员加入，一些社会爱心人士对参加这一活动也有很高的兴趣，“同伴读书会”协助吸毒人员逐渐远离毒品，让胡新刚感到由衷地欣慰。

2018年，中心在团中央权益部申报的“百校、千社、万户”毒品预防教育项目获得通过，同年11月至12月，胡新刚组织禁毒宣讲团在祁东县34所学校开展宣讲，受众师生近10万人次。胡新刚宣传禁毒、开展同伴教育的做法得到了各级主流媒体的广泛关注，中央电视台《社会与法》栏目先后两次采访报道他的事迹，他也受邀参与拍摄《执法为民科学戒毒》宣传片。衡阳召开全市3年禁毒大行动总结暨新一轮禁毒人民战争部署会，胡新刚作为唯一的先进个人代表发言，会上受到衡阳市委书记、市禁毒委名誉主任的多次表扬。

胡新刚介绍，成立中心的初衷是帮助吸毒人员戒毒，同时鼓励戒毒成功者将这份帮教传递下去，继续帮助其他吸毒人员戒毒。“从深陷毒海到彻底戒毒，让我比其他人群更容易体悟戒毒人员心理，更容易和他们沟通，因此我想通过这种同伴帮教同伴的方式，让更多人早日走出毒霾。”胡新刚说，毕竟一个人的力量有限，如果能有更多像他一样的戒毒同伴站出来，就会进一步壮大戒毒帮教力量。

谈到中心未来的发展，胡新刚表示，将进一步拓宽思路开办“家属课堂”，培训戒毒人员家属成为协助社区戒毒社区康复的好帮手，为孵化更多戒毒同伴奉献力量。胡新刚说，不但戒毒人员可以当同伴辅导员，其家属同样可以担任这一角色，因为他们同戒毒人员有着血浓于水的亲情，戒毒路上离不开家庭的支持和鼓励，家属更是戒毒人员并肩对战毒魔的“同伴”。“我希望借同伴帮教同伴，用生命影响生命，陪伴是最长情的告白，同伴是最好的老师，希望中心能够给更多戒毒人员和家庭带来希望！”胡新刚如是说。

（五）海南省琼山强制隔离戒毒所衔接帮扶工作：暖阳帮扶工程

根据全国统一的司法行政戒毒工作基本模式的要求，为延伸司法行政戒毒工作职能，打通戒毒工作“最后一公里”，海南省琼山戒毒所积极发挥专业优势和资源优势，实施“暖阳帮扶工程”（图 8–2），承担衔接帮扶工作任务，开展回归指导、出所衔接和后续帮扶等工作，加强场所和社会资源的对接，实现教育戒治工作的社会化延伸。

图 8–2　暖阳帮扶工程

2017 年以来，先后在海口城西镇、万宁后安镇、万宁长丰镇挂牌设立社区戒毒（康复）工作指导站，组建专职民警、专职帮扶、禁毒宣传、社会义工、家庭帮教队伍，形成“五位一体”的工作格局，与省妇联“妈妈帮教团”联合成立戒毒人员家属学校，针对家庭贫困的社戒社康人员，向其提供就业致富信息、法律政策咨询等服务，在重要节假日开展走访慰问活动，帮助解决生活、就业困难，构建其稳固的家庭和社会支持系统。2018 年以来，共走访慰问困难家庭 152 户，提供物质资助近 10 万元，资助子女上学 108 户，协助办理低保 18 户，帮助 32 名社戒社康人员实现就业，最大限度降低社戒社康人员融入社会的难度。每月派出民警入驻指导站，协助当地禁毒专干开展社戒社康人员的心理调适、职业技能培训等工作，为驻地提供专业化的指导，受到当地政府和社康社戒人员的广泛认可和好评。

为准确掌握戒毒人员出所后保持操守的情况，了解回归社会后面临的问题及困难。2018 年以来，琼山所共派出警力 114 人次，到访 57 个乡镇禁毒办，跟踪回访 4253 名社区康复人员，发放调查问卷 3865 份，进行家访 176 户，电话回访 212 户，并及时将回访数据进行分析研究汇总，形成科学的调查研究报告，为进一步巩固所内教育戒治效果、不断改进司法行政戒毒工作方式方法提供事实依据和参考。

相关知识链接

“暖阳帮扶工程”成功典型个案

卓某，男，汉族，1970 年 7 月出生，海南省万宁市人，初中文化程度。1999 年开始吸毒， 2007 年 9 月，因复吸被万宁市公安局送往海南省琼山强制隔离戒毒所执行劳动教养，于 2009 年 9 月解教。现已成功戒毒近 12 年。

坚守不碰毒品的底线。解除回归社会的卓某，和大多数吸毒人员一样面临难于融入社会的情况，虽然他已决心戒毒，但依然不被身边人相信，经常被歧视的眼光看待，交不到正能量的朋友、找不到正当的工作，甚至连基本生活需要的买件衣服、喝个茶的钱都没有。因为长期吸毒欺骗了所有的亲朋好友，每当生活所需借钱时，包括家人在内的亲朋好友都想当然地认为他又故技重施要去购买毒品，分文不给。在这种情况下，卓某多次感到绝望，曾产生过再去找以前毒友的念头，他觉得自己好像真的只属于那个吸毒群体，但每次有这种恶念产生时，他都会想起琼山强制隔离戒毒所六大队陈友军警官对自己的谆谆教诲——祸福无门，唯人自召，一切恶果都是自己造成，要改变现状，只能是通过长时间的比别人付出更多的努力去证明自己，来改变别人。卓某说，当时陈警官对包房多进官学员都有“特殊”对待，经常找他谈心，对他进行教育和感化，并力所能及地帮助解决一些基本生活需要。直到现在，陈友军警官的话犹在耳边回响：“教育、帮助你和其他学员，是我们警官的职责，回归社会后，能戒断毒瘾就是对我最大的感激。”

珍惜来之不易的持戒机会。正当卓某徘徊在坚守底线与生存需要之间而一筹莫展时，同镇戒毒成功人员卓祥辉主动找到他，向他介绍了其槟榔加工厂的情况，特别是还有在岗的成功戒毒人员工作，表示给其提供工作岗位时，卓某想都没想立马答应上岗。据卓祥辉介绍，卓某上岗以来，工作纪律、工作责任心很强，融入工厂这个团体很快，主动地向戒毒成功人员请教融入社会、戒除毒瘾的经验。第一个月的工资领到的当天，卓某除留下基本的生活费处，其余的都交给了家人。有了工作，能挣钱养活自己，身边有了戒毒成功的学习的榜样，能不断地鞭策自己，日常交往有工友提醒自己，工作之余有带头人卓祥辉带着做一些公益工作，渐渐地卓某从获得工友的信任，延伸到家人、亲朋好友、邻居、村民、社会的信任。卓某说，他非常珍惜这来之不易的工作岗位，每年收入3万元虽然不多，但通过自己的努力，融入社会，不断地得到他人的认可，希望自己曾经被毒魔折磨的痛苦经历和戒除毒瘾的良好生活状态，能够帮助一些人远离毒品，珍惜美好的生活。

本章导语
BENZHANG DAOYU

“禁毒工作事关国家安危、民族兴衰、人民福祉，毒品一日不除，禁毒斗争就一日不能松懈。要依法严厉打击毒品违法犯罪，加大重点地区整治力度，坚决摧毁制贩毒团伙网络，深挖涉毒黑恶势力及其‘保护伞’，铲除毒品问题滋生蔓延的土壤。要坚持关口前移、预防为先，重点针对青少年等群体，深入开展毒品预防宣传教育，在全社会形成自觉抵制毒品的浓厚氛围。”

——习近平就禁毒工作作出重要指示（2018 年 6 月）

第九章　预防教育

我们要以习近平新时代中国特色社会主义思想为指导，认真贯彻落实习近平总书记关于禁毒工作的系列重要指示精神和党中央决策部署，自觉践行以人民为中心的发展思想，进一步严厉打击毒品犯罪、完善毒品治理体系、落实禁毒工作责任，持之以恒抓好禁毒斗争各项措施的落实，坚决打赢新时代禁毒人民战争。

目前我国青少年吸毒涉毒的情况还不容乐观，虽然经过持续开展禁毒人民斗争，中国毒情形势保持稳定，毒品蔓延势头总体可控，没有发展成为影响社会大局稳定和人民群众安居乐业的重大社会问题。但是，中国面临的国际国内毒品形势仍然严峻、复杂。

作为一名青少年，应当思考自己可以为禁毒工作做些什么？比如主动学习禁毒相关知识，积极向身边的同学朋友亲人传播禁毒知识；加入禁毒志愿者，在社区学校积极参与一些禁毒公益活动；主动远离迪厅、酒吧等毒品可能出现的成人娱乐场所；举报违法犯罪行为等。详细内容可以参阅《中国禁毒志愿者手册》，该手册围绕如何开展禁毒志愿服务等基本知识和技能，设计了 100 个问题，进行深入浅出的阐释，书中还收录了禁毒志愿服务政策规定、相关网站网址等实用信息，是热心禁毒事业的个人和禁毒志愿服务组织更好开展禁毒志愿服务工作的重要指导性手册。

第一节　青少年毒品预防教育

国内外大量的调查研究表明，随着毒品的泛滥，当前青少年毒品违法犯罪日趋严重，受毒品之害的青少年人数也越来越多，比例越来越高。青少年群体已经日益成为最容易受毒品侵害的高危人群之一。由于青少年正处于生理、心理从不成熟逐步向成熟的发展时期，好奇性与模仿性都很强，而同时他们自制力和分辨力又较差，加上目前社会在禁毒教育方面存在着不足，因而，很多毒品犯罪分子往往将青少年作为主要目标拉其下水，“白色的恶魔”已经悄悄伸进了无邪的校园，伸向了中小学生。

在青少年中发生吸毒涉毒行为和相关案件是十分让人痛心的。如何才能杜绝青少年吸毒和涉毒行为和案件，最好的办法就是教育他们“不涉毒、不吸毒”，即做好各项预防措施，以预防为主。如何做好青少年的毒品预防教育？下面我们将从传统方式、基于人生目标、掌握技能、对自由的寻求、对自然亢奋体验的寻求等五个方面进行阐述。

一、讲道理举例子——传统的常规教育方式

通过对文字、图片或是多媒体载体，充分展示毒品的危害性，使受众（特别是青少年们）对毒品引起恐惧感，继而不愿去接触和使用毒品，从而达到戒毒预防的教育目的，这是较为常见的预防教育方式，也是目前普及率较高的常规方式。这种教育方式主要是针对青少年为什么会被诱惑而吸食毒品方面展开教育，从心理方面进行分析。青少年的这个时间段正是处于身体和心理快速发展的青春期，青春期的青少年一个显著的特点就是对新生事物的好奇，倾向于挑战各种既定规则，寻求冒险和刺激，不考虑其行为可能带来的长期后果，并且相信自己不会受到严重的伤害等，这些倾向对其尝试毒品起到了思想上的鼓励和推动。不少成年人可能觉得毒品离青少年是遥远的，但现实并非如此，青少年的好奇心远超想象，

如果没有进行正确的引导，接触香烟、酒精是比较容易的，随着交友圈的无定向扩大，接触毒品类物品也不是没有可能的。

毒品对于任何人都充满了未知的诱惑，对于青少年更是如此。虽然并非所有青少年都不知道染上毒瘾的后果，但在幼稚单纯的好奇心驱使下，还是有可能试图尝试一番。尽管初次吸毒的原因极其复杂，但我们却发现出于好奇心的驱使而吸毒所占比重居然超过了三分之二。青少年情感的冲动性、爆发性特征也决定了他们在接触毒品的时候，根本就不会冷静地考虑它对自身造成的危害，而只想满足一时的体验。

与人合群是人类社会的普遍现象，而合群对于处在特定时期的青少年意义就更为重大。美国社会心理学家拉尔森在研究中就发现，除了睡眠，青少年有 74% 的时间与他人相处，这个比例甚至高出成年人。显而易见，归属是正常的、不可或缺的需求，然而它有时也会将青少年引入毒品的世界。

如今社会的社会快速发展，竞争加剧，青少年面临的各种压力也随之增加，失落、受挫、压抑感、无助的消极形态弥漫在一部分人当中，甚至为人生而苦恼。有调查表明，15 ~ 19 岁的青少年中几乎有 90% 的人有各种烦恼；一部分人因升学和就业问题而烦恼，有为朋友、伙伴而烦恼，有为自己的性格、长相而烦恼，甚至有的还因为异性问题、金钱问题烦恼。青少年的感情较脆弱，遇到突发性的压力与冲突，受到外界伤害，精神极易被摧垮。精神痛苦，无计排解，便尝试用毒品消愁。

大众媒体传播的流行文化也带来了尝试毒品的另一种诱惑，音乐界和娱乐界的明星也被爆料服用毒品，让人唏嘘不已的同时，也会营造出一种“异化的行为是具有魅力并且是正当的”扭曲观念，导致某些青少年看到他们喜爱的明星服用毒品，将毒品与名望和时尚错误地联系起来。

为了弱化或是减少“好奇心、寻求刺激、合群以及逃避等心理”的影响力（吸引力），最为直接传统的预防毒品的教育方式——宣传毒品的危害性应运而生。吸毒的三种危害，危害身体、危害家庭、危害社会成为当时常见的说法和教育手段。在具体实施过程中，这种方式对于一部分青少年来说已经足够了，但是也会有一部分青少年可能会认为这些信息不过是学校管理他们的手段，是一种“恐吓”而将其忽略掉（因为他们不能立即看到或是感受到吸食毒品对其带来的各种不良的负面影响，反而可能会激起青少年的好奇心）。同时，就毒品危害而讲解毒品危害是非常肤浅的，这并不能揭示人们为何会吸食毒品的更深层次的、根本的原因。

传统的毒品预防教育，不能仅停留在只讲危害的教育方式，要透过青少年吸食毒品的这一现象，折射出青少年青春期心理状态和如何应对出现的心理波动和现实问题。青少年本身不是问题，相反，他们是解决毒品滥用问题的关键，他们应该得到机会表达他们的观点和看法，并且这些观点和看法应该受到重视。在毒品预防项目开发的所有阶段，青少年都应该参与进来。预防的重点不仅限于毒品，还应该倡导更广义的健康，注意对于包括香烟、酒精和吸入剂等在内的一般物质的滥用问题。传统方式中的“恐吓战术”可能会显著降低青少年对于成人忠告的信任程度，在某些情况下甚至可能会鼓励危险的行为。我们应该努力教给青少年一整套具体的技能，帮助他们抵抗来自同伴的强迫使用毒品的压力，强化他们反对使用毒品的意识，提高其社会能力（例如与同伴沟通和相处的能力）。另外，为青少年提供便捷的、成本较低的接触艺术、体育运动及其他有助于发展自信的挑战性活动，培养这些兴趣的机会也是很重要的。这样做的目的是教导孩子们在面临毒品的诱惑之前就作出健康的选择。有研究表明，青少年开始接触任何一种非法毒品的年龄越低，就越可能会尝试其他种类的毒品并更为频繁地使用。

目前可以通过以下这些方法六个方面帮助青少年：①教导他们如何抵制消极的同伴压力；②建立健康的同伴交往圈；③提供建设性的消遣活动；④弱化大众传媒的负面影响；⑤介绍正面的行为榜样；⑥教授决策技能。

二、找方向定目标——构建人生目标的方式

青少年吸毒不仅仅是出于好奇，沉沦于毒品也并非全是家庭的问题，毒品危害教育（包括视频和图片）也并不能完全阻止青少年接触毒品。其实毒品滥用的根源与人类对于幸福和愉悦抑制不住的追求有着相当大的联系，而传统的毒品预防教育方式并没有注意到这一点。我们在满足了某些人生目标时会感到幸福，这些人生目标包括达到个人的成熟，建立爱的关系，对社会作出贡献等。实现这些人生目标是体验能力、幸福和愉悦的关键，对于真正的愉悦、自由、爱、创造力和技能掌握的寻求需要一生的努力。不少青少年失去（迷失）了人生的目标，在生活中失去了方向或面临重大选择的人（特别是青少年）极有可能会求助于毒品，

希望能够借此填补内心的空虚，满足内心的需求。因为毒品可以提供毫不费力的愉悦，尽管人们明知这种感觉是虚假的、暂时的，但是它能模仿大脑产生的化学反应，制造出欣快感和满足感，在短时间内，吸食人员可以体验到成功或是幸福的生活所带来的典型的情绪反应。这些都是靠毒品的“药物效果”制造出来的虚幻的东西，在这种感觉消失之后，人们为了再次追求此类感觉便会再次服用更多的毒品，以求找回那种“愉悦”的感觉。这是一般毒品成瘾的过程，由此，青少年在生理上和心理上都会逐渐上瘾。人生是不断进行选择的过程，一种选择可能会带来一生的欢乐、自由、爱和创造性的技能，而另一种选择则可能会带来暂时的、虚假的幸福，直至跌入深渊。

三、有动力有成就——获取技能，真正动机的选择

人生的基本目标之一是利用创造力和所掌握的技能为社会作出贡献。青少年渴望在某些方面胜过他人，比如在学业、创造性的活动、体育运动、在职业方面，等等，他们渴望成功所带来的激励和声望。这要求他们通过充分发挥自身的才智、身体或技艺能力来创造出此类的价值。通过取得实实在在的成就，他们能够得到同龄人和长辈的认可和赞赏。更重要的是，这些追求是伴随着个体成功和给他人带来影响的内在满足感。

个体需要不断学习、训练和精力集中才能真正精通某种技能。一个人想掌握某种技能的愿望来自内心深处，当这一愿望落空的时候，如何释怀？这就需要青少年能够真正理解为何要掌握这项技能？

当青少年把精力集中于培养自己的创造力和发展技能，那么他被毒品诱惑的可能性就会小得多。阻碍青少年发展技能和创造力的社会因素也可能会成为毒品滥用的危险因素。我们要时刻注意，在出现逆境或是暂时的失败时，青少年很有可能会转向毒品，以逃避其绝望感，希望借此获得一些成就感。

社会和学校应提供合格的、足够的职业机会和各种创造性、消遣性的娱乐活动。如果青少年因为其在某一方面的才能被认可，他会更有动力去提高技能、追求更高的目标。体育运动、音乐、戏剧、艺术和服务活动都有助于创造力和各项技能的发展。所有的这些都可以用来把青少年的精力引向对于技能的追求。如果人们都在忙着磨炼自己的技能，争取成功，他们是不太可能被毒品所吸引的。

四、有约束有自由——对自由内涵的真正理解和寻求

人类天生有对自由的渴望，这种渴望只有在凭借我们全部的智力、情感、精神和生理资源来达成时才能满足。使用毒品破坏了人们作为自由的、有意识的人进行自主活动的能力，难以达成人生目标。远离毒品使我们能够面对人生的挑战，体验真正的幸福。

自由就是选择。我们不是被编程的机器人，我们需要正确的信息和道德引导，进行道德抉择，辨别好与坏，这是我们的自由。我们有作出健康、负责任的选择的自由，负责任的选择会将我们引向真正的自由和成功的人生，而真正的自由使我们能够发挥潜能并实现很多价值。

如果自由脱离了道德的引导和责任，一味地追求享受，那它就会被曲解为放纵。被毒品控制了行动和反应的人有多自由？处于毒品控制之下的人失去了享受正常生活的自由，他们抛弃了人类值得赞美和与众不同的品质。各个国家制定法律也是为限制一部分人实施犯罪行为、伤害自己和他人的自由。

吸毒行为真的是属于个人自由吗？如果一个人认为自由就是任何他想做的事情，他可能就会鲁莽地为了一些短暂的愉悦拿自己的生命冒险，并沉迷于毒瘾。个人自由，应该建立在不会给其他人造成伤害的前提下，同时还可以让人选择接受和拒绝，而吸毒无法满足任何一条。一旦上瘾，青少年们已经不能选择主动地拒绝它了。它就像是一个狰狞的恶魔，在身体里牢牢扎根，纠缠不休。真正的自由既是独立于外部限制的自主权，也是追求更高目标的自由权。它不是回避自然法则和普遍法则，而是建立在自然法则和道德伦理准则之上。如今，人类掌握了先进的航空技术，我们体验到飞翔的自由；伟大的钢琴家经过多年的练习取得的精湛技艺，以及他们对于其艺术形式的规律和准则的遵守，才拥有了运用钢琴表达自己情感的自由。真正的自由还赋予了我们完成某件有意义的事情的职责。年轻人希望能够成为自己命运的主人，而他们对于自主权的渴望需要引导和支持。具备良好品质的人选择的是承担责任、重视道德价值、依照自己的理想去生活。

最后，真正的自由赋予人们力量，能够为了理想和卓越的目标投入大量的时间和精力。精神性毒品可以制造兴奋和陶醉感，给吸食人员以一种幻觉，以为自己已经超越了自我，从各种限制中解放出来，但是，这是一种虚幻的自由，虚假的愉悦。真正的自由能够将个体提升到更高的层次，带来真正的欢乐和满足感。

五、善探索有激励——对自然亢奋体验的寻求

人类是有思维会思考有情感的高级生命体，大多数人都渴望生活中的亢奋体验或向往令人激动的时刻，这些可以称为自然的亢奋体验。

自然的亢奋体验是我们自身价值实现的一种强烈的令人愉快的体验。它们不需要依赖于毒品，是生理上、情感上和精神上的由内而外自发的精神上的振奋，青少年的自然亢奋体验主要有两方面：一方面是对青少年在努力过程中所取得的各项成就的有效回报，促使我们确信自己正在成熟，在爱和技能掌握的轨道上前进。当我们为自己设定了挑战性的目标并达到目标，我们就会拥有自然的亢奋体验。例如，大学生在进行了四年的勤奋学习，完成学业毕业时就会体验到一种自然的亢奋。所有为通过考试和取得好的成绩所投入的努力，在毕业典礼上都得到了赞赏和认可，家庭和朋友都为毕业生的成就感到骄傲，并给予他们深情赞美。另一方面自然的亢奋体验是青少年通过身体能力挑战而获得的。例如，登山运动员经历了各种各样的困难登上山顶之后，就会体验到一种愉悦和胜利的感觉。在体育运动当中，这样的愉悦可能是因为进球得分、赢得一场比赛、捧得奖杯等。

这些自然的亢奋体验强化了将人引向成功和创造力的积极行为，而毒品导致亢奋陶醉感却不会。毒品导致的“陶醉感”是一种不健康的替代物，其具有欺骗性，服用毒品是要为短暂的愉悦付出终身代价。这种陶醉只能强化一件事，就是毒品滥用并最终成瘾。自然的亢奋体验有利于青少年健全品质的发展和成熟，而毒品却会扭曲并阻碍其成长；自然的亢奋体验带来的是更加健康和幸福的生活，而毒品导致的亢奋体验会破坏生理与精神的健康和幸福。

第二节　青少年毒品预防对策

青少年的毒品预防教育工作已经在社会、校园和家庭中展开，如何能够做到有的放矢、精准预防？本节我们从青少年吸毒倾向的早期发现和预防教育的内容及方法两部分，来谈谈青少年毒品预防的对策。

一、青少年吸毒倾向的早期发现

青少年是毒品预防教育的主要年龄段，目前国外有些地区的小学的高年级段

就已经有小学生开始涉及毒品案件的记录，其中吸食毒品案例的也不再是传说。为此作为家长、教师和同学，不但要警惕自己的子女、学生或是同学被毒品所诱惑，还要在常规的禁毒教育之外，做一个有心人，学会观察，学会预判，尽早尽快地识别出他们是否具有吸毒倾向，从而作出相应的对策。

根据多年的工作经验，我们摸索出青少年可能具有吸毒倾向的异常变化特征，以期尽早发现，尽早干预。本节中介绍的方式只是进行一个初步的筛查，若要判断一个人是否真的存在吸毒情况，最终还是要由专业机构采用科学规范的手段进行检测。

（一）行为变化

绝大多数青少年是学生，学习占据了绝大多数时间和生活事项，因此学习中的行为表现异化是最为容易出现“端倪”的。如突然出现学习兴趣减低，学习能力、学习效率短时间内明显减弱，学习成绩下降，不求上进，爱说谎话，喜欢独处怕见人，经常一个人长时间待在卧室或卫生间，经常向父母要钱、偷钱，向他人借钱、骗钱，不参加集体活动，常与几个固定的伙伴暗中相聚，旷课或逃课现象增多，经常光顾舞厅、歌厅、酒吧等娱乐场所，不讲卫生，不修边幅，身体不适又不愿向家长求助，更不愿去医院看病，对周围的人或事漠不关心，不负责任，经常猜疑他人等。

（二）身体变化

一旦吸食毒品，身体必然会出现异常情况，如脸色惨白、目光呆滞，嘴唇发紫、精神不振、不思饮食、营养不良，惰性增强，经常发生无名的皮肤痛痒症状等。与长期吸烟的人较类似，无论吸食传统毒品还是新型毒品，对牙齿的损害都非常大，但毒品对牙齿的损害更为严重，速度更快。长期使用毒品会导致牙齿大面积变黑或是缺损脱落（特别是门牙），另外，吸毒者还会出现的鼻腔处红肿，不明原因的呕吐，不自主的肌肉抽动，抽筋，皮肤起疱疹、溃烂，出虚汗，体重明显减轻等，性格也会发生改变（包括性格由外向转变为内向，或是内向转为外向，感情脆弱或是心存绝望、有厌世弃世的自杀倾向等）。多数吸毒者还不敢在盛夏时节穿短袖上衣或裙子。这是由于注射感染和化学性反应，导致上臂、大腿、腹部、肩部、胸部、手等处的皮肤上有注射针眼、条索和瘢痕或皮肤脓肿、感染、溃疡及坏疽，由于害怕被人发现，故坚持穿长衣长裤进行遮盖。

（三）经济变化

毒品售价高，要获得毒品总得花钱去买，但是青少年属于“纯消费者”群体，无法支撑这笔消费开支。毕竟吸毒这是一件违法的事情，所以青少年不会明目张胆地问父母要钱，他们会想尽办法编扯一些理由，诸如“补课”“购买教辅材料”“参加活动”等，一旦这些“理由”频率出现时，就应该引起家长足够的重视了。同时，同学之间有人开始频繁地向其他同学借零钱但又不能及时还钱时，也要引起同学的注意。

（四）作息变化

吸食毒品会改变个人正常的作息时间和生活规律。如吸食抑制或致幻类的毒品（海洛因、大麻等）后，因其强烈的镇定作用，会导致贪睡，起床比平日晚很多，甚至到了中午或下午才勉强起床，晚上又很晚入睡，要到十二点前后或凌晨一两点钟，且喜欢昼伏夜出。吸食兴奋类的毒品（冰毒、麻古等）后，亢奋的状态会导致出现昼夜颠倒的情况，身体实际上已经被透支，但在毒品的作用下却浑然不知，出现长时间兴奋，精神饱满，信心十足，注意力集中，情绪高昂，反应敏捷且敏感多疑。这种情况会使吸食者保持数天高涨的情绪而不用睡眠，可是药效一过之后又会陷入长时间的低迷状态，长此以往，身心都受到巨大损害。

（五）社交变化

“物以类聚，人以群分”，青少年一旦吸食毒品，其社交群体必然发生变化，原有的社交群体已经无法与其“达成共识”，他也无法融入原有的群体，只能寻找能和他有“共同语言”的吸毒者群体，最终吸毒的青少年会加入吸毒者群体。某青少年突然更换原先的社交群体加入另一个截然不同的群体，如果这个新群体中有人吸毒，那么这名青少年出现吸毒情况的概率非常大。仔细观察可以发现，在一些吸毒者身边，经常有一些吸毒器具，如烤得发黄的锡纸、用纸卷起来的“烟枪”或一些用过的注射器等，有时，也会发现一些戒毒药物或毒品代用品，以及一些成分不明的中药。若您发现家里的垃圾桶或是某个角落出现了针筒、针头、锡纸、冰壶或是改装过的饮料瓶（双吸管），小包装的晶体状物质，彩色有图案的小药片等物品，很有可能是有人在使用毒品。

（六）精神状态变化

多数情况下，毒品会导致吸毒者精神状态发生变化，由原先的热情、温和，变得懒散、孤僻、自私，甚至对自己的父母、朋友都不关心，有些人则动不动就大发脾气。传统毒品和新型毒品的表现又有明显的不同，传统毒品的使用人群出现的异常状态会较多，如人显得消瘦、无精神；眼皮和鼻头发红，瞳孔变小，眼神飘忽不定；情绪起伏极大，时而懒散、沮丧和退缩，时而吵闹、歇斯底里和神经质，身体感觉忽冷忽热，严重时三伏天也会想要盖被子。由于海洛因代谢时间较短，成瘾者的生理戒断症状更为明显，以上出现的异常状况可能一两天内反复出现多次。使用新型毒品则完全不同，一般是突然兴奋、胡言乱语，有时出现强迫性擦地板、擦玻璃等刻板行为，根本停不下来，或是出现“脑中听到有人在说话”“我的朋友背叛了我”“有人要杀我”等幻觉及妄想；连续几天几夜不睡觉，打游戏、打麻将，彻夜不归；药性过后极度疲惫，有时会昏睡几天几夜，常常记不清吸毒的这几天自己都做了什么。此外，K 粉（氯胺酮）的表现与其他毒品有明显不同，K 粉主要是通过鼻吸，鼻黏膜会受到伤害，很容易出现鼻涕流不停，鼻黏膜出血等状况；K 粉还会造成泌尿系统伤害，如果一个人突然出现了尿频，尿痛，血尿的状况，去医院泌尿科检查治疗无果的话，很有可能是吸食 K 粉造成的。

（七）戒断反应出现

吸食传统毒品的成瘾者，一旦停止使用相关毒品（通常在停药 8 ~ 12 小时）会出现一组特征性的戒断综合征。最初表现为哈欠、流泪、流涕、出汗等类似流行性感冒的症状，随后陆续出现其他各种症状，包括瞳孔扩大（怕光）、打喷嚏、起鸡皮疙瘩、寒战、厌食、恶心呕吐、腹绞痛、腹泻、全身骨骼和肌肉酸、肌肉抽动、软弱无力、失眠易醒、心搏加快、血压升高、情绪恶劣、动辄发脾气、烦躁不安、情绪低落，甚至出现攻击性行为。以上症状伴有强烈的心理渴求，会在 36 ~ 72 小时达到高峰。

二、青少年毒品预防教育的主要内容和方法

（一）树立正确的人生观、价值观

一个人的成长道路，不会只有坦途，还会有磨难和挫折，青少年如不具备良好的心理素质和自我调节、排解的能力，就会处处面临困境，丧失生活的信心，

加之受不良环境的影响，就有可能借助毒品寻求一种暂时的解脱和情感满足。

1. 亚文化

又称集体文化或副文化，指与主文化相对应的那些非主流的、局部的文化现象。我们说，一方面，亚文化受主流文化的影响和制约，起到丰富和补充主流文化的作用，另一方面，亚文化又具有“反文化”性质，即对主流文化的脱离、疏远，甚至消解、反抗和破坏，这些也被称为“不良亚文化”。随着社会的发展，不良亚文化在青少年中的传播趋势愈发严重，有些令人担忧的不良亚文化也在逐步对那些人生观、价值观尚不成熟的青少年产生深刻的负面影响，诸如“腐文化”“网络暴力亚文化”，以及被扭曲的“文身文化”，等等。如何看待及抵御不良亚文化的侵袭，需要全社会的参与。

2. 毒品亚文化

毒品亚文化或称吸毒亚文化，属于“不良亚文化”，涵盖了毒品问题在文化领域所有的表现形态，如“毒品文化”、跨文化毒品问题以及与毒品相关的其他文化现象，等等。毒品亚文化的要素包括海洛因、冰毒、K 粉、摇头丸等具体的毒品，特定的吸食工具，吸食场所，吸食情景，以及与吸食毒品相关的特定语言、动作和行为表现。

受西方流行文化的影响，当下中国的部分青少年被潜移默化地渗透了消费主义和享乐主义价值观，新型毒品被他们当作流行文化和前卫文化以供娱乐。调查显示，青少年涉足新型毒品大多是在酒吧等特殊场景环境中，这一场景环境显然构成了以新型毒品为重要基础的亚文化氛围，并且塑造了一个所谓的“新型毒品亚文化群”。当青少年进入这种亚文化群，无论在态度、观念还是行为上均可能以群内成员为参照体系，来认识、判断和选择事物，并有意或无意地效仿同伴（群内成员）行为。如果长期沉浸在这种亚文化群体当中，个体会被嵌入诸如群体所共享的价值、观念和行为，并且会感到有一种“文化压力”在无形之中规制着自己，即如果不愿意尝试或者反对尝试新型毒品，那么就会被视作叛逆，最终受到其他成员的疏远或者其他方式的排斥与惩罚。

毒品亚文化作为一种不良亚文化，会与社会主流文化相对抗，一旦在青少年意识形态中占据主导地位，会使世界观、价值观缺失的青少年迷失正确的方向，进而导致犯罪行为的发生。

（二）做好“四个自”：即自尊、自爱、自立、自强

人只有自尊、自爱才能自立、自强，戒毒的人在康复阶段要重铸自我，重要的一点是自己看重自己，切莫自暴自弃，破罐破摔。戒毒人员由于昔日成瘾后的不轨行为或屡戒屡吸的声名狼藉，会受到社会上某些人的歧视。一是由于有些人的不理解，二是由于自己吸毒给亲人、朋友、社会造成的危害所致，戒毒者一定要经得起某些冷漠现实的考验，改过不怕疼，戒毒有恒心。一旦成瘾，不应怨天尤人，也不应有逆反心理，要反思自己，对毒品有更深刻的认识，要杜绝蛊惑、杜绝复吸、杜绝染指，其中最重要的一条在于远离毒品，要学会自尊、自爱、自立、自强，独善其身，做出个好的榜样让人看。

（三）树立远大理想

如果青少年树立了远大理想，就不会觉得学习是一件苦差事，而是把它当作一种乐趣，就会抓紧时间努力学习或工作，不会觉得生活空虚无聊，反而会觉得充实有趣。在远大理想的激励下，青少年会觉得自己有好多的事要做，根本没有多余的精力与兴趣去沾染包括吸毒在内的不良习气，自然会对摧垮身体、夺走灵魂、浪费生命、破坏事业、毁灭理想的毒品产生免疫。在远大理想的激励下，能够拥有充实而有意义的人生，远大理想使人珍惜光阴，珍惜美好年华，不会因虚度时光、误入歧途而悔恨。

（四）培养有益的兴趣爱好

青少年的接收能力比较强，容易对新鲜事物产生兴趣，有时在一段时间内迷上一件事情，甚至达到忘我的程度，这时对其他事物的兴趣会相应地降低，因为注意力是局限的，已经集中在自己感兴趣的事物上，就不容易分散在其他事物上。如果爱好能够促进学习，开阔视野，增长知识，就应当继续保持这个爱好。事实证明，有些学生时代的爱好与志趣会对青少年的人生道路产生深远影响，使青少年沿着这条路发展，成为某个领域里的人才。如果是不良嗜好，不仅对青少年的成长没有帮助，反而会把青少年引入歧途，成为不良嗜好的牺牲品。

（五）养成良好的生活习惯

青少年应当养成良好的生活习惯，包括艰苦朴素，不贪图享受，热爱劳动，鄙视不劳而获，不随便品尝陌生人的食物等。好的生活习惯有助于避免染上吸毒

恶习的机会。

（六）从远离烟酒做起

烟酒也是成瘾性物质，使用后能改变人的情绪，随着使用时间的延长，使用者会对它们会产生强烈的依赖。烟草中的尼古丁对人体的损害也早已得到充分的证实，世界卫生组织把每年的 5 月 31 日确定为“世界无烟日”。

烟草中的尼古丁和酒精中的乙醇在进入人体后均可作用于大脑中产生兴奋感的部位，这一作用与毒品（如海洛因、吗啡、冰毒、摇头丸等）进入体内后的作用过程基本相似，只是毒品在大脑中作用的范围更大，效应更强。青少年应该清醒地认识到抵制成瘾物质，应当从常见的烟酒做起。

（七）磨炼顽强的意志

磨炼顽强的意志有很多好处。一个意志顽强的青少年不会因为一些轻微的挫折而借助于毒品解愁，不会因为难以克制心中的渴望和好奇而斗胆尝试毒品。有了顽强的意志做后盾，青少年朋友在前进的道路就会增添成功的动力，无往不胜。

青少年在日常生活中要逐步磨炼自己的意志，有意识地给自己增加压力，创造磨炼顽强意志的机会。顽强的意志并不一定都是在艰苦卓绝的环境里产生的，对青少年学生而言，也有许多磨炼意志的机会。我们应铭记这样一句话“每一次战胜自我的怯懦，就是一次新的进步”。

（八）谨慎交友

假如我们身边有了吸食毒品的朋友，我们一定要尽可能少与之交往或不与之交往，失掉这样的朋友没有什么可惜的。如果与之纠缠不清，就可能带来十分可悲的结局，要学会对他（她）的教唆、引诱说“不”！特别是他们以朋友的面目出现时，劝诱你“尝一口”，并向你吹嘘吸毒可以解脱烦忧、享受极乐时，你更要当心，切不可抱着“尝一口没关系”的侥幸心理，要坚决地、毫不犹豫加以拒绝，只有这样，才能避免走向自我毁灭的道路。

要做到这一切，就要求广大青少年积极参与社会或学校组织的各项禁毒戒毒的宣传活动，充分认识毒品的危害，提高法治意识和对毒品的识别抵制能力，从而坚决拒绝毒品，决不心存侥幸尝试毒品。本书主张通过“RRT”即“认清毒品 + 拒绝毒品 + 技能训练”体系，来系统地树立青少年正确的“毒品观”。

慎重交友，方可防止后患。西方有一句俗语“朋友是另一个自己”，如果你的朋友有恶习你也跟着模仿，如果你的朋友炫耀自己抽过白粉见过世面，你也不甘示弱；如果你的朋友向你描述吸毒的妙处，你经不住诱惑也要尝尝；那么最后必然的结局是，你和你的朋友一起毁灭！谨慎啊，青少年朋友，对不值得称为朋友的人要像远离毒品一样远离他们！

（九）避免涉足复杂场所

所谓复杂场所是指社会上各种各样的人都有可能聚集的地方，如歌舞厅、赌场、游戏室等。由于青少年朋友处于活力旺盛的年龄阶段，有较强的好奇心，一有机会就想踏进社会上的复杂场所去看个究竟，体味一下成年人的生活方式。其实，这样做极危险，当一个青少年出现在与他年龄不相称的复杂场所时，不但容易被一些光怪陆离的表面现象所迷惑，而且很可能成为一些居心不良的人攻击和下手的目标。

复杂场所之所以复杂，不仅仅在于里面的喧闹嘈杂，人声鼎沸，还在于充斥其中的人群，三教九流，无所不包。复杂场所难免藏污纳垢，如果年少的朋友因为好奇进入这些地方，就有可能交上或者被迫结交坏朋友，染上吸毒恶习。

有的青少年朋友可能对自己抵制毒害的能力十分自信，自我感觉“抵抗力”很强，认为出入复杂场所又不等于违法犯罪，为什么不能去“体验”呢？问题在于毒贩的“奸诈”，他们为了拖人下水，培养团伙新成员，会采用许多狡猾的手段。他们经常寻找出入复杂公共场所的青少年下手，原因是相比之下青少年毕竟社会阅历少，容易“上钩”，一旦吸毒就很难戒断毒瘾，而一旦上瘾，就可以任他们随意摆布了。

（十）克服过分的好奇心

好奇心应该有一个限度，正常限度之内的好奇心可以理解，也是人之常情。但是好奇心超过了一定限度，就可能转化成为一种不健康的心理。青少年在一些场合接触到毒品之后，肯定会有两种不同的心态交织在一起：一种是对毒品的厌恶情绪，告诫自己要远离这白色的粉末或其他毒品，否则就会改写自己的命运，至少要走一段人生弯路；另一种心态是难以抑制的好奇心理，就这么一包东西能够使人畏之如虎，使戒毒人员求之不得？这么一点东西就价值百余元，一个月下来也要好几千，真是不可思议！

好奇心理往往导致了一种行为，就是大胆品尝一下，反正第一次不会上瘾的！这些朋友却不曾想到，如果第一次不会上瘾，怎么会有第二次和以后的若干次呢？又何来那么多害人害己的吸毒者和毒贩呢？其实在你壮起胆子品尝第一口毒品，开始非正式的“吸”毒时，你就已经逾越了一道心理屏障，自此突破了对它的警惕心理，那么当你有机会再次得到它时，自然会伸出双手接受它……那你就已经不可救药地成为吸毒大军里的一名“新兵”了！

由此可见，青少年朋友应该把握住分寸，不要让自己的好奇心泛滥。否则，在作出失去理性的事情之后，后悔就来不及了，付出的代价将十分惨重。这代价是吸毒以后家人、师长的焦虑，是身体健康状况的日益恶化，是美好前程向无底深渊的坠落！

（十一）克服逆反心理

青少年时期心理不是很成熟，容易激动和出现逆反心理。在对吸毒青少年的调查中发现，有很大部分吸毒人员是出于赌气心理而沾染上吸毒恶习并愈陷愈深的。逆反心理并不可怕，只要认识到赌气行事是愚蠢的，并冷静地思考，理智地行事，就不会有问题了。最怕的是青少年朋友刚愎自用，出现逆反心理并受逆反心理影响而作出错误选择，这才是最危险的情形。青少年在了解了这一性格特征后要注意加以预防，防止被不成熟的逆反心理牵着鼻子走，避免由于赌气而失去对是非善恶的判断标准，葬送自己的青春年华。

（十二）教师和家长要做好青少年的禁毒教育工作

教师和家长是同青少年接触最为密切的两类人群，在青少年的成长过程中发挥着重要作用。教师在学生面前、家长在孩子面前应该树立良好的形象，同时，应该具备有关吸毒的知识，掌握一些吸毒的早期发现和预防方法，还应该了解和理解青少年，将自己的知识和经验传授给他们，帮助他们解决成长过程中遇到的种种问题和困难，帮助他们树立正确的价值观，培养良好的生活习惯，建立健康的心理平衡机制和心理应付方式。

（十三）学法、知法、守法，学会保护自己

每个青少年都应该树立法治观念，让法律成为自己的“防护罩”。怎样树立法治观念呢？首先要学法，其次要模范遵守法律，再次是能够以法律为武器，对付生活中出现的意外。青少年朋友学习法律可以通过课内、课外两种途径，双管齐下。首先，要学好校内开设的法律课，因为法律种类繁多，学科庞大，青少年不可能都学下来，只能有重点、有针对性地选学，而学校开设的法律课在这方面都做了较好的安排。其次，如果学校没有开设法律课，或讲授的内容较少，青少年也可以自学一些法律知识，例如，有关青少年权益保护、青少年违法犯罪方面的法律，当前要特别学好关于禁毒的法律。通过学习就会明白，哪些行为是属于违法犯罪的范畴，哪些行为是要承担刑事责任的，毒品犯罪方面有哪些罪名，哪些毒品犯罪可以判处死刑等。

学法的目的不是为了逃避法律，而是为了遵守法律。只有人人遵纪守法，社会才能稳定，经济才能发展，国家才能富强。因此，每个青少年都应该成为遵纪守法的公民，并且积极地向身边人宣传法律，让大家都来认识法律、遵守法律，并学会运用法律武器与违法犯罪做斗争。

青少年朋友在面临毒品诱惑时要牢记法律的规定，被强迫吸食毒品或者被强迫实施其他与毒品犯罪有关的行为时，应当学会用法律的武器来保护自己，一旦摆脱毒贩或吸毒人员的纠缠就立即报案，若个人有把柄被贩毒分子掌握，也千万不要在他们的威逼利诱下屈服，作出贩毒或吸毒的行为。要知道，自己的小错误只要改正了就还是好少年、好青年、好学生、好伙伴，而一旦陷入“吸毒”“贩毒”漩涡，则会毁灭自己。

思考题

1. 简要概述当前青少年毒品预防教育的五大类型。
2. 青少年出现吸毒行为时，其早期有何特殊变化？
3. 青少年毒品预防教育的主要内容有哪些？
4. 怎样正确看待“亚文化”？如何抵制“毒品亚文化”？

附　录

中华人民共和国禁毒法

（2007 年 12 月 29 日第十届全国人民代表大会常务委员会第三十一次会议通过）

目录

第一章　总则

第二章　禁毒宣传教育

第三章　毒品管制

第四章　戒毒措施

第五章　禁毒国际合作

第六章　法律责任

第七章　附则

第一章　总　则

第一条　为了预防和惩治毒品违法犯罪行为，保护公民身心健康，维护社会秩序，制定本法。

第二条　本法所称毒品，是指鸦片、海洛因、甲基苯丙胺（冰毒）、吗啡、大麻、可卡因，以及国家规定管制的其他能够使人形成瘾癖的麻醉药品和精神药品。

根据医疗、教学、科研的需要，依法可以生产、经营、使用、储存、运输麻醉药品和精神药品。

第三条　禁毒是全社会的共同责任。国家机关、社会团体、企业事业单位以及其他组织和公民，应当依照本法和有关法律的规定，履行禁毒职责或者义务。

第四条　禁毒工作实行预防为主，综合治理，禁种、禁制、禁贩、禁吸并举的方针。

禁毒工作实行政府统一领导，有关部门各负其责，社会广泛参与的工作机制。

第五条　国务院设立国家禁毒委员会，负责组织、协调、指导全国的禁毒工作。

县级以上地方各级人民政府根据禁毒工作的需要，可以设立禁毒委员会，负责组织、协调、指导本行政区域内的禁毒工作。

第六条　县级以上各级人民政府应当将禁毒工作纳入国民经济和社会发展规划，并将禁毒经费列入本级财政预算。

第七条　国家鼓励对禁毒工作的社会捐赠，并依法给予税收优惠。

第八条　国家鼓励开展禁毒科学技术研究，推广先进的缉毒技术、装备和戒毒方法。

第九条　国家鼓励公民举报毒品违法犯罪行为。各级人民政府和有关部门应当对举报人予以保护，对举报有功人员以及在禁毒工作中有突出贡献的单位和个人，给予表彰和奖励。

第十条　国家鼓励志愿人员参与禁毒宣传教育和戒毒社会服务工作。地方各级人民政府应当对志愿人员进行指导、培训，并提供必要的工作条件。

第二章　禁毒宣传教育

第十一条　国家采取各种形式开展全民禁毒宣传教育，普及毒品预防知识，增强公民的禁毒意识，提高公民自觉抵制毒品的能力。

国家鼓励公民、组织开展公益性的禁毒宣传活动。

第十二条　各级人民政府应当经常组织开展多种形式的禁毒宣传教育。

工会、共产主义青年团、妇女联合会应当结合各自工作对象的特点，组织开展禁毒宣传教育。

第十三条　教育行政部门、学校应当将禁毒知识纳入教育、教学内容，对学生进行禁毒宣传教育。公安机关、司法行政部门和卫生行政部门应当予以协助。

第十四条　新闻、出版、文化、广播、电影、电视等有关单位，应当有针对性地面向社会进行禁毒宣传教育。

第十五条　飞机场、火车站、长途汽车站、码头以及旅店、娱乐场所等公共场所的经营者、管理者，负责本场所的禁毒宣传教育，落实禁毒防范措施，预防毒品违法犯罪行为在本场所内发生。

第十六条　国家机关、社会团体、企业事业单位以及其他组织，应当加强对本单位人员的禁毒宣传教育。

第十七条　居民委员会、村民委员会应当协助人民政府以及公安机关等部门，加强禁毒宣传教育，落实禁毒防范措施。

第十八条　未成年人的父母或者其他监护人应当对未成年人进行毒品危害的教育，防止其吸食、注射毒品或者进行其他毒品违法犯罪活动。

第三章　毒品管制

第十九条　国家对麻醉药品药用原植物种植实行管制。禁止非法种植罂粟、古柯植物、大麻植物以及国家规定管制的可以用于提炼加工毒品的其他原植物。禁止走私或者非法买卖、运输、携带、持有未经灭活的毒品原植物种子或者幼苗。

地方各级人民政府发现非法种植毒品原植物的，应当立即采取措施予以制止、铲除。村民委员会、居民委员会发现非法种植毒品原植物的，应当及时予以制止、铲除，并向当地公安机关报告。

第二十条　国家确定的麻醉药品药用原植物种植企业，必须按照国家有关规定种植麻醉药品药用原植物。

国家确定的麻醉药品药用原植物种植企业的提取加工场所，以及国家设立的麻醉药品储存仓库，列为国家重点警戒目标。

未经许可，擅自进入国家确定的麻醉药品药用原植物种植企业的提取加工场所或者国家设立的麻醉药品储存仓库等警戒区域的，由警戒人员责令其立即离开；拒不离开的，强行带离现场。

第二十一条　国家对麻醉药品和精神药品实行管制，对麻醉药品和精神药品的实验研究、生产、经营、使用、储存、运输实行许可和查验制度。

国家对易制毒化学品的生产、经营、购买、运输实行许可制度。

禁止非法生产、买卖、运输、储存、提供、持有、使用麻醉药品、精神药品和易制毒化学品。

第二十二条　国家对麻醉药品、精神药品和易制毒化学品的进口、出口实行许可制度。国务院有关部门应当按照规定的职责，对进口、出口麻醉药品、精神药品和易制毒化学品依法进行管理。禁止走私麻醉药品、精神药品和易制毒化学品。

第二十三条　发生麻醉药品、精神药品和易制毒化学品被盗、被抢、丢失或者其他流入非法渠道的情形，案发单位应当立即采取必要的控制措施，并立即向公安机关报告，同时依照规定向有关主管部门报告。

公安机关接到报告后，或者有证据证明麻醉药品、精神药品和易制毒化学品可能流入非法渠道的，应当及时开展调查，并可以对相关单位采取必要的控制措施。药品监督管理部门、卫生行政部门以及其他有关部门应当配合公安机关开展工作。

第二十四条　禁止非法传授麻醉药品、精神药品和易制毒化学品的制造方法。公安机关接到举报或者发现非法传授麻醉药品、精神药品和易制毒化学品制造方法的，应当及时依法查处。

第二十五条　麻醉药品、精神药品和易制毒化学品管理的具体办法，由国务院规定。

第二十六条　公安机关根据查缉毒品的需要，可以在边境地区、交通要道、口岸以及飞机场、火车站、长途汽车站、码头对来往人员、物品、货物以及交通工具进行毒品和易制毒化学品检查，民航、铁路、交通部门应当予以配合。

海关应当依法加强对进出口岸的人员、物品、货物和运输工具的检查，防止走私毒品和易制毒化学品。

邮政企业应当依法加强对邮件的检查，防止邮寄毒品和非法邮寄易制毒化学品。

第二十七条　娱乐场所应当建立巡察制度，发现娱乐场所内有毒品违法犯罪活动的，应当立即向公安机关报告。

第二十八条　对依法查获的毒品，吸食、注射毒品的用具，毒品违法犯罪的非法所得及其收益，以及直接用于实施毒品违法犯罪行为的本人所有的工具、设备、资金，应当收缴，依照规定处理。

第二十九条　反洗钱行政主管部门应当依法加强对可疑毒品犯罪资金的监测。反洗钱行政主管部门和其他依法负有反洗钱监督管理职责的部门、机构发现涉嫌毒品犯罪的资金流动情况，应当及时向侦查机关报告，并配合侦查机关做好侦查、调查工作。

第三十条　国家建立健全毒品监测和禁毒信息系统，开展毒品监测和禁毒信息的收集、分析、使用、交流工作。

第四章 戒毒措施

第三十一条 国家采取各种措施帮助吸毒人员戒除毒瘾，教育和挽救吸毒人员。

吸毒成瘾人员应当进行戒毒治疗。

吸毒成瘾的认定办法，由国务院卫生行政部门、药品监督管理部门、公安部门规定。

第三十二条 公安机关可以对涉嫌吸毒的人员进行必要的检测，被检测人员应当予以配合；对拒绝接受检测的，经县级以上人民政府公安机关或者其派出机构负责人批准，可以强制检测。

公安机关应当对吸毒人员进行登记。

第三十三条 对吸毒成瘾人员，公安机关可以责令其接受社区戒毒，同时通知吸毒人员户籍所在地或者现居住地的城市街道办事处、乡镇人民政府。社区戒毒的期限为三年。

戒毒人员应当在户籍所在地接受社区戒毒；在户籍所在地以外的现居住地有固定住所的，可以在现居住地接受社区戒毒。

第三十四条 城市街道办事处、乡镇人民政府负责社区戒毒工作。城市街道办事处、乡镇人民政府可以指定有关基层组织，根据戒毒人员本人和家庭情况，与戒毒人员签订社区戒毒协议，落实有针对性的社区戒毒措施。公安机关和司法行政、卫生行政、民政等部门应当对社区戒毒工作提供指导和协助。

城市街道办事处、乡镇人民政府，以及县级人民政府劳动行政部门对无职业且缺乏就业能力的戒毒人员，应当提供必要的职业技能培训、就业指导和就业援助。

第三十五条 接受社区戒毒的戒毒人员应当遵守法律、法规，自觉履行社区戒毒协议，并根据公安机关的要求，定期接受检测。

对违反社区戒毒协议的戒毒人员，参与社区戒毒的工作人员应当进行批评、教育；对严重违反社区戒毒协议或者在社区戒毒期间又吸食、注射毒品的，应当及时向公安机关报告。

第三十六条 吸毒人员可以自行到具有戒毒治疗资质的医疗机构接受戒毒治疗。

设置戒毒医疗机构或者医疗机构从事戒毒治疗业务的，应当符合国务院卫生行政部门规定的条件，报所在地的省、自治区、直辖市人民政府卫生行政部门批准，并报同级公安机关备案。戒毒治疗应当遵守国务院卫生行政部门制定的戒毒治疗规范，接受卫生行政部门的监督检查。

戒毒治疗不得以营利为目的。戒毒治疗的药品、医疗器械和治疗方法不得做广告。戒毒治疗收取费用的，应当按照省、自治区、直辖市人民政府价格主管部门会同卫生行政部门制定的收费标准执行。

第三十七条　医疗机构根据戒毒治疗的需要，可以对接受戒毒治疗的戒毒人员进行身体和所携带物品的检查；对在治疗期间有人身危险的，可以采取必要的临时保护性约束措施。

发现接受戒毒治疗的戒毒人员在治疗期间吸食、注射毒品的，医疗机构应当及时向公安机关报告。

第三十八条　吸毒成瘾人员有下列情形之一的，由县级以上人民政府公安机关作出强制隔离戒毒的决定：

（一）拒绝接受社区戒毒的；

（二）在社区戒毒期间吸食、注射毒品的；

（三）严重违反社区戒毒协议的；

（四）经社区戒毒、强制隔离戒毒后再次吸食、注射毒品的。

对于吸毒成瘾严重，通过社区戒毒难以戒除毒瘾的人员，公安机关可以直接作出强制隔离戒毒的决定。

吸毒成瘾人员自愿接受强制隔离戒毒的，经公安机关同意，可以进入强制隔离戒毒场所戒毒。

第三十九条　怀孕或者正在哺乳自己不满一周岁婴儿的妇女吸毒成瘾的，不适用强制隔离戒毒。不满十六周岁的未成年人吸毒成瘾的，可以不适用强制隔离戒毒。

对依照前款规定不适用强制隔离戒毒的吸毒成瘾人员，依照本法规定进行社区戒毒，由负责社区戒毒工作的城市街道办事处、乡镇人民政府加强帮助、教育和监督，督促落实社区戒毒措施。

第四十条　公安机关对吸毒成瘾人员决定予以强制隔离戒毒的，应当制作强制隔离戒毒决定书，在执行强制隔离戒毒前送达被决定人，并在送达后二十四小时以内通知被决定人的家属、所在单位和户籍所在地公安派出所；被决定人不讲真实姓名、住址，身份不明的，公安机关应当自查清其身份后通知。

被决定人对公安机关作出的强制隔离戒毒决定不服的，可以依法申请行政复议或者提起行政诉讼。

第四十一条　对被决定予以强制隔离戒毒的人员，由作出决定的公安机关送强制隔离戒毒场所执行。

强制隔离戒毒场所的设置、管理体制和经费保障，由国务院规定。

第四十二条　戒毒人员进入强制隔离戒毒场所戒毒时，应当接受对其身体和所携带物品的检查。

第四十三条　强制隔离戒毒场所应当根据戒毒人员吸食、注射毒品的种类及成瘾程度等，对戒毒人员进行有针对性的生理、心理治疗和身体康复训练。

根据戒毒的需要，强制隔离戒毒场所可以组织戒毒人员参加必要的生产劳动，对戒毒人员进行职业技能培训。组织戒毒人员参加生产劳动的，应当支付劳动报酬。

第四十四条　强制隔离戒毒场所应当根据戒毒人员的性别、年龄、患病等情况，对戒毒人员实行分别管理。

强制隔离戒毒场所对有严重残疾或者疾病的戒毒人员，应当给予必要的看护和治疗；对患有传染病的戒毒人员，应当依法采取必要的隔离、治疗措施；对可能发生自伤、自残等情形的戒毒人员，可以采取相应的保护性约束措施。

强制隔离戒毒场所管理人员不得体罚、虐待或者侮辱戒毒人员。

第四十五条　强制隔离戒毒场所应当根据戒毒治疗的需要配备执业医师。强制隔离戒毒场所的执业医师具有麻醉药品和精神药品处方权的，可以按照有关技术规范对戒毒人员使用麻醉药品、精神药品。

卫生行政部门应当加强对强制隔离戒毒场所执业医师的业务指导和监督管理。

第四十六条　戒毒人员的亲属和所在单位或者就读学校的工作人员，可以按照有关规定探访戒毒人员。戒毒人员经强制隔离戒毒场所批准，可以外出探视配偶、直系亲属。

强制隔离戒毒场所管理人员应当对强制隔离戒毒场所以外的人员交给戒毒人员的物品和邮件进行检查，防止夹带毒品。在检查邮件时，应当依法保护戒毒人员的通信自由和通信秘密。

第四十七条　强制隔离戒毒的期限为二年。

执行强制隔离戒毒一年后，经诊断评估，对于戒毒情况良好的戒毒人员，强制隔离戒毒场所可以提出提前解除强制隔离戒毒的意见，报强制隔离戒毒的决定机关批准。

强制隔离戒毒期满前，经诊断评估，对于需要延长戒毒期限的戒毒人员，由强制隔离戒毒场所提出延长戒毒期限的意见，报强制隔离戒毒的决定机关批准。强制隔离戒毒的期限最长可以延长一年。

第四十八条　对于被解除强制隔离戒毒的人员，强制隔离戒毒的决定机关可以责令其接受不超过三年的社区康复。

社区康复参照本法关于社区戒毒的规定实施。

第四十九条　县级以上地方各级人民政府根据戒毒工作的需要，可以开办戒毒康复场所；对社会力量依法开办的公益性戒毒康复场所应当给予扶持，提供必要的便利和帮助。

戒毒人员可以自愿在戒毒康复场所生活、劳动。戒毒康复场所组织戒毒人员参加生产劳动的，应当参照国家劳动用工制度的规定支付劳动报酬。

第五十条　公安机关、司法行政部门对被依法拘留、逮捕、收监执行刑罚以及被依法采取强制性教育措施的吸毒人员，应当给予必要的戒毒治疗。

第五十一条　省、自治区、直辖市人民政府卫生行政部门会同公安机关、药品监督管理部门依照国家有关规定，根据巩固戒毒成果的需要和本行政区域艾滋病流行情况，可以组织开展戒毒药物维持治疗工作。

第五十二条　戒毒人员在入学、就业、享受社会保障等方面不受歧视。有关部门、组织和人员应当在入学、就业、享受社会保障等方面对戒毒人员给予必要的指导和帮助。

第五章　禁毒国际合作

第五十三条　中华人民共和国根据缔结或者参加的国际条 约或者按照对等

原则，开展禁毒国际合作。

第五十四条　国家禁毒委员会根据国务院授权，负责组织开展禁毒国际合作，履行国际禁毒公约义务。

第五十五条　涉及追究毒品犯罪的司法协助，由司法机关依照有关法律的规定办理。

第五十六条　国务院有关部门应当按照各自职责，加强与有关国家或者地区执法机关以及国际组织的禁毒情报信息交流，依法开展禁毒执法合作。

经国务院公安部门批准，边境地区县级以上人民政府公安机关可以与有关国家或者地区的执法机关开展执法合作。

第五十七条　通过禁毒国际合作破获毒品犯罪案件的，中华人民共和国政府可以与有关国家分享查获的非法所得、由非法所得获得的收益以及供毒品犯罪使用的财物或者财物变卖所得的款项。

第五十八条　国务院有关部门根据国务院授权，可以通过对外援助等渠道，支持有关国家实施毒品原植物替代种植、发展替代产业。

第六章　法律责任

第五十九条　有下列行为之一，构成犯罪的，依法追究刑事责任；尚不构成犯罪的，依法给予治安管理处罚：

（一）走私、贩卖、运输、制造毒品的；

（二）非法持有毒品的；

（三）非法种植毒品原植物的；

（四）非法买卖、运输、携带、持有未经灭活的毒品原植物种子或者幼苗的；

（五）非法传授麻醉药品、精神药品或者易制毒化学品制造方法的；

（六）强迫、引诱、教唆、欺骗他人吸食、注射毒品的；

（七）向他人提供毒品的。

第六十条　有下列行为之一，构成犯罪的，依法追究刑事责任；尚不构成犯罪的，依法给予治安管理处罚：

（一）包庇走私、贩卖、运输、制造毒品的犯罪分子，以及为犯罪分子窝藏、转移、隐瞒毒品或者犯罪所得财物的；

（二）在公安机关查处毒品违法犯罪活动时为违法犯罪行为人通风报信的；

（三）阻碍依法进行毒品检查的；

（四）隐藏、转移、变卖或者损毁司法机关、行政执法机关依法扣押、查封、冻结的涉及毒品违法犯罪活动的财物的。

第六十一条　容留他人吸食、注射毒品或者介绍买卖毒品，构成犯罪的，依法追究刑事责任；尚不构成犯罪的，由公安机关处十日以上十五日以下拘留，可以并处三千元以下罚款；情节较轻的，处五日以下拘留或者五百元以下罚款。

第六十二条　吸食、注射毒品的，依法给予治安管理处罚。吸毒人员主动到公安机关登记或者到有资质的医疗机构接受戒毒治疗的，不予处罚。

第六十三条　在麻醉药品、精神药品的实验研究、生产、经营、使用、储存、运输、进口、出口以及麻醉药品药用原植物种植活动中，违反国家规定，致使麻醉药品、精神药品或者麻醉药品药用原植物流入非法渠道，构成犯罪的，依法追究刑事责任；尚不构成犯罪的，依照有关法律、行政法规的规定给予处罚。

第六十四条　在易制毒化学品的生产、经营、购买、运输或者进口、出口活动中，违反国家规定，致使易制毒化学品流入非法渠道，构成犯罪的，依法追究刑事责任；尚不构成犯罪的，依照有关法律、行政法规的规定给予处罚。

第六十五条　娱乐场所及其从业人员实施毒品违法犯罪行为，或者为进入娱乐场所的人员实施毒品违法犯罪行为提供条件，构成犯罪的，依法追究刑事责任；尚不构成犯罪的，依照有关法律、行政法规的规定给予处罚。

娱乐场所经营管理人员明知场所内发生聚众吸食、注射毒品或者贩毒活动，不向公安机关报告的，依照前款的规定给予处罚。

第六十六条　未经批准，擅自从事戒毒治疗业务的，由卫生行政部门责令停止违法业务活动，没收违法所得和使用的药品、医疗器械等物品；构成犯罪的，依法追究刑事责任。

第六十七条　戒毒医疗机构发现接受戒毒治疗的戒毒人员在治疗期间吸食、注射毒品，不向公安机关报告的，由卫生行政部门责令改正；情节严重的，责令停业整顿。

第六十八条　强制隔离戒毒场所、医疗机构、医师违反规定使用麻醉药品、精神药品，构成犯罪的，依法追究刑事责任；尚不构成犯罪的，依照有关法律、行政法规的规定给予处罚。

第六十九条　公安机关、司法行政部门或者其他有关主管部门的工作人员在禁毒工作中有下列行为之一，构成犯罪的，依法追究刑事责任；尚不构成犯罪的，依法给予处分：

（一）包庇、纵容毒品违法犯罪人员的；

（二）对戒毒人员有体罚、虐待、侮辱等行为的；

（三）挪用、截留、克扣禁毒经费的；

（四）擅自处分查获的毒品和扣押、查封、冻结的涉及毒品违法犯罪活动的财物的。

第七十条　有关单位及其工作人员在入学、就业、享受社会保障等方面歧视戒毒人员的，由教育行政部门、劳动行政部门责令改正；给当事人造成损失的，依法承担赔偿责任。

第七章　附则

第七十一条　本法自 2008 年 6 月 1 日起施行。《全国人民代表大会常务委员会关于禁毒的决定》同时废止。

戒毒条例

第一章 总则

第一条 为了规范戒毒工作，帮助吸毒成瘾人员戒除毒瘾，维护社会秩序，根据《中华人民共和国禁毒法》，制定本条例。

第二条 县级以上人民政府应当建立政府统一领导，禁毒委员会组织、协调、指导，有关部门各负其责，社会力量广泛参与的戒毒工作体制。

戒毒工作坚持以人为本、科学戒毒、综合矫治、关怀救助的原则，采取自愿戒毒、社区戒毒、强制隔离戒毒、社区康复等多种措施，建立戒毒治疗、康复指导、救助服务兼备的工作体系。

第三条 县级以上人民政府应当按照国家有关规定将戒毒工作所需经费列入本级财政预算。

第四条 县级以上地方人民政府设立的禁毒委员会可以组织公安机关、卫生行政和药品监督管理部门开展吸毒监测、调查，并向社会公开监测、调查结果。

县级以上地方人民政府公安机关负责对涉嫌吸毒人员进行检测，对吸毒人员进行登记并依法实行动态管控，依法责令社区戒毒、决定强制隔离戒毒、责令社区康复，管理公安机关的强制隔离戒毒场所、戒毒康复场所，对社区戒毒、社区康复工作提供指导和支持。

设区的市级以上地方人民政府司法行政部门负责管理司法行政部门的强制隔离戒毒场所、戒毒康复场所，对社区戒毒、社区康复工作提供指导和支持。

县级以上地方人民政府卫生行政部门负责戒毒医疗机构的监督管理，会同公安机关、司法行政等部门制定戒毒医疗机构设置规划，对戒毒医疗服务提供指导和支持。

县级以上地方人民政府民政、人力资源社会保障、教育等部门依据各自的职责，对社区戒毒、社区康复工作提供康复和职业技能培训等指导和支持。

第五条 乡（镇）人民政府、城市街道办事处负责社区戒毒、社区康复工作。

第六条 县级、设区的市级人民政府需要设置强制隔离戒毒场所、戒毒康复场所的，应当合理布局，报省、自治区、直辖市人民政府批准，并纳入当地国民经济和社会发展规划。

强制隔离戒毒场所、戒毒康复场所的建设标准，由国务院建设部门、发展改革部门会同国务院公安部门、司法行政部门制定。

第七条　戒毒人员在入学、就业、享受社会保障等方面不受歧视。

对戒毒人员戒毒的个人信息应当依法予以保密。对戒断 3 年未复吸的人员，不再实行动态管控。

第八条　国家鼓励、扶持社会组织、企业、事业单位和个人参与戒毒科研、戒毒社会服务和戒毒社会公益事业。

对在戒毒工作中有显著成绩和突出贡献的，按照国家有关规定给予表彰、奖励。

第二章　自愿戒毒

第九条　国家鼓励吸毒成瘾人员自行戒除毒瘾。吸毒人员可以自行到戒毒医疗机构接受戒毒治疗。对自愿接受戒毒治疗的吸毒人员，公安机关对其原吸毒行为不予处罚。

第十条　戒毒医疗机构应当与自愿戒毒人员或者其监护人签订自愿戒毒协议，就戒毒方法、戒毒期限、戒毒的个人信息保密、戒毒人员应当遵守的规章制度、终止戒毒治疗的情形等作出约定，并应当载明戒毒疗效、戒毒治疗风险。

第十一条　戒毒医疗机构应当履行下列义务：

（一）对自愿戒毒人员开展艾滋病等传染病的预防、咨询教育；

（二）对自愿戒毒人员采取脱毒治疗、心理康复、行为矫治等多种治疗措施，并应当符合国务院卫生行政部门制定的戒毒治疗规范；

（三）采用科学、规范的诊疗技术和方法，使用的药物、医院制剂、医疗器械应当符合国家有关规定；

（四）依法加强药品管理，防止麻醉药品、精神药品流失滥用。

第十二条　符合参加戒毒药物维持治疗条件的戒毒人员，由本人申请，并经登记，可以参加戒毒药物维持治疗。登记参加戒毒药物维持治疗的戒毒人员的信息应当及时报公安机关备案。

戒毒药物维持治疗的管理办法，由国务院卫生行政部门会同国务院公安部门、药品监督管理部门制定。

第三章　社区戒毒

第十三条　对吸毒成瘾人员，县级、设区的市级人民政府公安机关可以责令其接受社区戒毒，并出具责令社区戒毒决定书，送达本人及其家属，通知本人户籍所在地或者现居住地乡（镇）人民政府、城市街道办事处。

第十四条　社区戒毒人员应当自收到责令社区戒毒决定书之日起15日内到社区戒毒执行地乡（镇）人民政府、城市街道办事处报到，无正当理由逾期不报到的，视为拒绝接受社区戒毒。

社区戒毒的期限为3年，自报到之日起计算。

第十五条　乡（镇）人民政府、城市街道办事处应当根据工作需要成立社区戒毒工作领导小组，配备社区戒毒专职工作人员，制定社区戒毒工作计划，落实社区戒毒措施。

第十六条　乡（镇）人民政府、城市街道办事处，应当在社区戒毒人员报到后及时与其签订社区戒毒协议，明确社区戒毒的具体措施、社区戒毒人员应当遵守的规定以及违反社区戒毒协议应承担的责任。

第十七条　社区戒毒专职工作人员、社区民警、社区医务人员、社区戒毒人员的家庭成员以及禁毒志愿者共同组成社区戒毒工作小组具体实施社区戒毒。

第十八条　乡（镇）人民政府、城市街道办事处和社区戒毒工作小组应当采取下列措施管理、帮助社区戒毒人员：

（一）戒毒知识辅导；

（二）教育、劝诫；

（三）职业技能培训，职业指导，就学、就业、就医援助；

（四）帮助戒毒人员戒除毒瘾的其他措施。

第十九条　社区戒毒人员应当遵守下列规定：

（一）履行社区戒毒协议；

（二）根据公安机关的要求，定期接受检测；

（三）离开社区戒毒执行地所在县（市、区）3日以上的，须书面报告。

第二十条　社区戒毒人员在社区戒毒期间，逃避或者拒绝接受检测3次以上，擅自离开社区戒毒执行地所在县（市、区）3次以上或者累计超过30日的，属于《中华人民共和国禁毒法》规定的“严重违反社区戒毒协议”。

第二十一条　社区戒毒人员拒绝接受社区戒毒，在社区戒毒期间又吸食、注射毒品，以及严重违反社区戒毒协议的，社区戒毒专职工作人员应当及时向当地公安机关报告。

第二十二条　社区戒毒人员的户籍所在地或者现居住地发生变化，需要变更社区戒毒执行地的，社区戒毒执行地乡（镇）人民政府、城市街道办事处应当将有关材料转送至变更后的乡（镇）人民政府、城市街道办事处。

社区戒毒人员应当自社区戒毒执行地变更之日起15日内前往变更后的乡（镇）人民政府、城市街道办事处报到，社区戒毒时间自报到之日起连续计算。

变更后的乡（镇）人民政府、城市街道办事处，应当按照本条例第十六条的规定，与社区戒毒人员签订新的社区戒毒协议，继续执行社区戒毒。

第二十三条　社区戒毒自期满之日起解除。社区戒毒执行地公安机关应当出具解除社区戒毒通知书送达社区戒毒人员本人及其家属，并在7日内通知社区戒毒执行地乡（镇）人民政府、城市街道办事处。

第二十四条　社区戒毒人员被依法收监执行刑罚、采取强制性教育措施的，社区戒毒终止。

社区戒毒人员被依法拘留、逮捕的，社区戒毒中止，由羁押场所给予必要的戒毒治疗，释放后继续接受社区戒毒。

第四章　强制隔离戒毒

第二十五条　吸毒成瘾人员有《中华人民共和国禁毒法》第三十八条第一款所列情形之一的，由县级、设区的市级人民政府公安机关作出强制隔离戒毒的决定。

对于吸毒成瘾严重，通过社区戒毒难以戒除毒瘾的人员，县级、设区的市级人民政府公安机关可以直接作出强制隔离戒毒的决定。

吸毒成瘾人员自愿接受强制隔离戒毒的，经强制隔离戒毒场所所在地县级、设区的市级人民政府公安机关同意，可以进入强制隔离戒毒场所戒毒。强制隔离戒毒场所应当与其就戒毒治疗期限、戒毒治疗措施等作出约定。

第二十六条　对依照《中华人民共和国禁毒法》第三十九条第一款规定不适用强制隔离戒毒的吸毒成瘾人员，县级、设区的市级人民政府公安机关应当作出社区戒毒的决定，依照本条例第三章的规定进行社区戒毒。

第二十七条　强制隔离戒毒的期限为 2 年，自作出强制隔离戒毒决定之日起计算。

被强制隔离戒毒的人员在公安机关的强制隔离戒毒场所执行强制隔离戒毒 3 个月至6个月后，转至司法行政部门的强制隔离戒毒场所继续执行强制隔离戒毒。

执行前款规定不具备条件的省、自治区、直辖市，由公安机关和司法行政部门共同提出意见报省、自治区、直辖市人民政府决定具体执行方案，但在公安机关的强制隔离戒毒场所执行强制隔离戒毒的时间不得超过 12 个月。

第二十八条　强制隔离戒毒场所对强制隔离戒毒人员的身体和携带物品进行检查时发现的毒品等违禁品，应当依法处理；对生活必需品以外的其他物品，由强制隔离戒毒场所代为保管。

女性强制隔离戒毒人员的身体检查，应当由女性工作人员进行。

第二十九条　强制隔离戒毒场所设立戒毒医疗机构应当经所在地省、自治区、直辖市人民政府卫生行政部门批准。强制隔离戒毒场所应当配备设施设备及必要的管理人员，依法为强制隔离戒毒人员提供科学规范的戒毒治疗、心理治疗、身体康复训练和卫生、道德、法制教育，开展职业技能培训。

第三十条　强制隔离戒毒场所应当根据强制隔离戒毒人员的性别、年龄、患病等情况对强制隔离戒毒人员实行分别管理；对吸食不同种类毒品的，应当有针对性地采取必要的治疗措施；根据戒毒治疗的不同阶段和强制隔离戒毒人员的表现，实行逐步适应社会的分级管理。

第三十一条　强制隔离戒毒人员患严重疾病，不出所治疗可能危及生命的，经强制隔离戒毒场所主管机关批准，并报强制隔离戒毒决定机关备案，强制隔离戒毒场所可以允许其所外就医。所外就医的费用由强制隔离戒毒人员本人承担。

所外就医期间，强制隔离戒毒期限连续计算。对于健康状况不再适宜回所执行强制隔离戒毒的，强制隔离戒毒场所应当向强制隔离戒毒决定机关提出变更为社区戒毒的建议，强制隔离戒毒决定机关应当自收到建议之日起 7 日内，作出是否批准的决定。经批准变更为社区戒毒的，已执行的强制隔离戒毒期限折抵社区戒毒期限。

第三十二条　强制隔离戒毒人员脱逃的，强制隔离戒毒场所应当立即通知所在地县级人民政府公安机关，并配合公安机关追回脱逃人员。被追回的强制隔离戒毒人员应当继续执行强制隔离戒毒，脱逃期间不计入强制隔离戒毒期限。被追回的强制隔离戒毒人员不得提前解除强制隔离戒毒。

第三十三条　对强制隔离戒毒场所依照《中华人民共和国禁毒法》第四十七条第二款、第三款规定提出的提前解除强制隔离戒毒、延长戒毒期限的意见，强制隔离戒毒决定机关应当自收到意见之日起 7 日内，作出是否批准的决定。对提前解除强制隔离戒毒或者延长强制隔离戒毒期限的，批准机关应当出具提前解除强制隔离戒毒决定书或者延长强制隔离戒毒期限决定书，送达被决定人，并在送达后 24 小时以内通知被决定人的家属、所在单位以及其户籍所在地或者现居住地公安派出所。

第三十四条　解除强制隔离戒毒的，强制隔离戒毒场所应当在解除强制隔离戒毒 3 日前通知强制隔离戒毒决定机关，出具解除强制隔离戒毒证明书送达戒毒人员本人，并通知其家属、所在单位、其户籍所在地或者现居住地公安派出所将其领回。

第三十五条　强制隔离戒毒诊断评估办法由国务院公安部门、司法行政部门会同国务院卫生行政部门制定。

第三十六条　强制隔离戒毒人员被依法收监执行刑罚、采取强制性教育措施或者被依法拘留、逮捕的，由监管场所、羁押场所给予必要的戒毒治疗，强制隔离戒毒的时间连续计算；刑罚执行完毕时、解除强制性教育措施时或者释放时强制隔离戒毒尚未期满的，继续执行强制隔离戒毒。

第五章　社区康复

第三十七条　对解除强制隔离戒毒的人员，强制隔离戒毒的决定机关可以责令其接受不超过 3 年的社区康复。

社区康复在当事人户籍所在地或者现居住地乡（镇）人民政府、城市街道办事处执行，经当事人同意，也可以在戒毒康复场所中执行。

第三十八条　被责令接受社区康复的人员，应当自收到责令社区康复决定书之日起 15 日内到户籍所在地或者现居住地乡（镇）人民政府、城市街道办事处报到，签订社区康复协议。

被责令接受社区康复的人员拒绝接受社区康复或者严重违反社区康复协议，并再次吸食、注射毒品被决定强制隔离戒毒的，强制隔离戒毒不得提前解除。

第三十九条　负责社区康复工作的人员应当为社区康复人员提供必要的心理治疗和辅导、职业技能培训、职业指导以及就学、就业、就医援助。

第四十条　社区康复自期满之日起解除。社区康复执行地公安机关出具解除社区康复通知书送达社区康复人员本人及其家属，并在 7 日内通知社区康复执行地乡（镇）人民政府、城市街道办事处。

第四十一条　自愿戒毒人员、社区戒毒、社区康复的人员可以自愿与戒毒康复场所签订协议，到戒毒康复场所戒毒康复、生活和劳动。

戒毒康复场所应当配备必要的管理人员和医务人员，为戒毒人员提供戒毒康复、职业技能培训和生产劳动条件。

第四十二条　戒毒康复场所应当加强管理，严禁毒品流入，并建立戒毒康复人员自我管理、自我教育、自我服务的机制。

戒毒康复场所组织戒毒人员参加生产劳动，应当参照国家劳动用工制度的规定支付劳动报酬。

第六章　法律责任

第四十三条　公安、司法行政、卫生行政等有关部门工作人员泄露戒毒人员个人信息的，依法给予处分；构成犯罪的，依法追究刑事责任。

第四十四条　乡（镇）人民政府、城市街道办事处负责社区戒毒、社区康复工作的人员有下列行为之一的，依法给予处分：

（一）未与社区戒毒、社区康复人员签订社区戒毒、社区康复协议，不落实社区戒毒、社区康复措施的；

（二）不履行本条例第二十一条规定的报告义务的；

（三）其他不履行社区戒毒、社区康复监督职责的行为。

第四十五条　强制隔离戒毒场所的工作人员有下列行为之一的，依法给予处分；构成犯罪的，依法追究刑事责任：

（一）侮辱、虐待、体罚强制隔离戒毒人员的；

（二）收受、索要财物的；

（三）擅自使用、损毁、处理没收或者代为保管的财物的；

（四）为强制隔离戒毒人员提供麻醉药品、精神药品或者违反规定传递其他物品的；

（五）在强制隔离戒毒诊断评估工作中弄虚作假的；

（六）私放强制隔离戒毒人员的；

（七）其他徇私舞弊、玩忽职守、不履行法定职责的行为。

第七章 附则

第四十六条 本条例自公布之日起施行。1995 年 1 月 12 日国务院发布的《强制戒毒办法》同时废止。

国际禁毒日主题与禁毒经典语录

一、国际禁毒日主题

1987年6月12日至26日，联合国在维也纳召开由138个国家的3000多名代表参加的麻醉品滥用和非法贩运问题部长级会议，会议提出了“爱生命，不吸毒”的口号，并与会代表一致同意6月26日定为“国际禁毒日”，以引起世界各国对毒品问题的重视，同时号召全球人民共同来解决毒品问题。

国际禁毒日（international day against drug abuse and illicit trafficking），全称是禁止药物滥用和非法贩运国际日。1987年6月，在奥地利首都维也纳举行了联合国部长级禁毒国际会议，有138个国家的3000多名代表参加了这次国际禁毒会议。这次会议通过了禁毒活动的《综合性多学科纲要》。26日会议结束时，与会代表一致通过决议，从1988年开始，将每年的6月26日定为“国际禁毒日”，以引起世界全国各地对毒品问题的重视，同时号召全球人民共同来解决毒品问题。

1990年2月，在纽约召开的联合国第17届禁毒特别会议通过了《政治宣言》和《全球行动纲领》，并郑重宣布将20世纪最后10年（1991－2000）定为“国际禁毒十年”。要求各国立即开展有效而持续的禁毒斗争，促进《全球行动纲领》的实施。1998年6月，联合国第二次禁毒特别联大通过的《政治宣言》《减少毒品需求指导原则宣言》《在处理毒品问题上加强国际合作》等文件，就加强国际司法合作、控制兴奋剂、减少毒品需求、打击洗钱、铲除非法毒品作物，为全世界建立一个“无毒品世界”制定了跨世纪战略。

世界范围的毒品蔓延泛滥，已成为严重的国际人民的威胁。据联合国统计，全世界每年毒品交易额高达5000亿美元以上，是仅次于军火交易的世界第二大宗买卖。20世纪80年代，全世界因吸毒造成了10万人死亡。毒品不仅严重摧残人类健康，危害民族素质，助长暴力和犯罪，而且吞噬巨额社会财富。对于发展中的国家来说，毒品造成的损失和扫毒所需要的巨额经费更是沉重的负担。

从1992年起，国际禁毒日都确定有一个主题口号，以达到国际社会关注和共同参与的效果。

1992 年国际禁毒日的主题是：“毒品，全球问题，需要全球解决”。

1993 年国际禁毒日的主题是：“实施教育，抵制毒品”。

1994 年国际禁毒日的主题是：“女性，吸毒，抵制毒品”。

1995 年国际禁毒日的主题是：“国际合作禁毒，联合国 90 年代中禁毒回顾”。

1996 年国际禁毒日的主题是：“滥用毒品与非法贩运带来的社会和经济后果”。

1997 年国际禁毒日的主题是：“让大众远离毒品”。

1998 年国际禁毒日的主题是：“无毒世界我们能做到”。

1999 年国际禁毒日的主题是：“亲近音乐，远离毒品”。

2000 年国际禁毒日的主题是：“Facing Reality：Denial，Corruption and Violence。（面对现实，拒绝堕落和暴力）”。

2001 年国际禁毒日的主题是：“体育拒绝毒品”。

2002 年国际禁毒日的主题是：“吸毒与艾滋病”。

2003 年国际禁毒日的主题是：“让我们讨论毒品问题”（2003 年我国的宣传主题为“远离毒品，关爱未来”）。

2004 年国际禁毒日的主题是：“抵制毒品，参与禁毒”。

2005 年国际禁毒日的主题是：“珍惜自我，健康选择”。

2006 年国际禁毒日的主题是：“毒品不是儿戏”。

2007 年国际禁毒日的主题是：“抵制毒品，参与禁毒”。

2008 年国际禁毒日的主题是：“控制毒品”。

2009 年国际禁毒日的主题是：“毒品控制了你的生活吗？你的生活，你的社区，拒绝毒品”。

2010 年国际禁毒日的主题是：“健康是禁毒运动永恒的主题”。

2011 年国际禁毒日的主题是：“青少年与合成毒品”。

2012 年国际禁毒日的主题是：“全球行动共建无毒品安全社区”。

2013 年国际禁毒日的主题是：“让健康而不是毒品成为你生命中‘新的快感’”。

2014 年国际禁毒日的主题是：“希望的信息：药物使用障碍是可以预防和

治疗的”。

2015 年国际禁毒日的主题是：“抵制毒品，参与禁毒”。

2016 年国际禁毒日的主题是：“无毒青春，健康生活”。

2017 年国际禁毒日的主题是：“无毒青春，健康生活”。

2018 年国际禁毒日的主题是：“抵制毒品，参与禁毒”。（2018 年我国的宣传主题是“健康人生，绿色无毒”）

2019 国际禁毒日宣传主题是：“禁绝毒品，人人有责”。

2020 国际禁毒日宣传主题是：“健康人生，绿色无毒”。

二、禁毒经典语录

“打下毒贩威风，是更能教育人民的事情。”

——毛泽东

“开放以后，一些腐朽的东西也跟着进来了，中国的一些地方也出现了丑恶的现象，如吸毒、嫖娼、经济犯罪等。要注意很好地抓，坚决取缔和打击，决不能任其发展。”

——邓小平

“现在不把贩毒、吸毒问题解决掉，从某种意义上说是涉及中华民族兴亡的问题，这不是危言耸听，必须提到这样的高度来认识。”

——江泽民

“禁毒工作事关人民群众的身心健康和安居乐业，事关社会主义精神文明建设，事关经济社会协调发展，事关全面建设成小康社会宏伟目标的顺利实现，事关国家安危和民族兴衰。禁毒工作必须全社会共同参与，各部门通力合作，综合治理。”

——胡锦涛

“鸦片之危害，甚于洪水猛兽，即尧舜在今日，亦不能不为驱除。……天下万世之人，亦断无以鸦片为不必禁之理。”

“若鸦片一日未绝，本大臣一日不回，誓与此事相始终，断无中止之理。”

——林则徐

“毒品在吞噬我们整个社会，毒品在酝酿犯罪，毒品在传播疾病，毒品在毁掉我们的青年和未来。”

——科菲·安南

“滥用毒品与以前若干世纪瘟疫在世界许多地区恶性泛滥一样，对人类的现在和未来存在同样的威胁，若不加制止，其后果比瘟疫的祸害更为严重和可怕。”

——哈维尔·佩雷斯·德奎利亚尔

全国青少年毒品预防教育规划（2016—2018）

为保护和促进青少年健康成长，遏制和减少新吸毒人员滋生，尽快扭转涉毒人群快速增长的势头，根据《禁毒法》《中共中央国务院关于加强禁毒工作的意见》（中发〔2014〕6号），制定本规划。

一、指导思想

以党的十八大和十八届三中、四中全会精神为指导，认真贯彻落实《禁毒法》和《中共中央国务院关于加强禁毒工作的意见》，按照习近平总书记等中央领导同志对禁毒工作的一系列重要指示要求，根据青少年生理和心理特点，遵循和把握教育规律，以校园为重要阵地，发动社会各方共同参与，有效净化青少年成长的社会环境，通过禁毒知识的普及、青少年抵御毒品能力的增强，实现青少年毒品预防教育与科学文化教育、思想道德教育、生命健康教育和法治教育的有机融合，进一步降低毒品的社会危害，为平安中国、法治中国建设做出新的贡献。

二、总体目标

本规划以10岁至25岁青少年为重点，力争通过三年努力，构建完善的青少年毒品预防教育工作体系，形成分工明确、协作有效、监督到位、评估科学的工作机制；青少年毒品预防教育方式更加新颖、方法更加多样，师资力量配置齐全，教育基地布局合理，宣传资料规范充实，禁毒社会氛围更加浓厚；青少年识毒、拒毒、防毒意识和能力明显增强，18岁以下未成年人涉毒违法犯罪人数占涉毒违法犯罪总人数比例不高于0.3%，人民群众对青少年毒品预防教育工作满意率达到95%以上，新滋生吸毒人数大幅减少，毒品问题综合治理取得阶段性成效。

三、任务要求

（一）提升学校毒品预防教育工作水平

1. 落实毒品预防专题教育课时。小学五年级至高中二年级每学年至少安排1课时毒品预防教育专题课程。毒情严重地区学校，要在2016年秋季开学前将毒品预防教育纳入常规课程，每学年至少安排2课时的毒品预防教育专题课程。要将禁毒元素有机融入语文、历史、化学、生物、思想品德等课程，发挥渗透教学作用。中等职业学校和高等院校要在新生入学后和毕业生毕业前各开展一次毒品预防教育。

2. 建立毒品预防教育师资队伍。教育部门要把毒品预防教育列入教师培训内容，依托高等院校和科研机构建立毒品预防教育师资培养基地，师范院校要通过开设相关课程、邀请专家举办讲座等多种形式，提高师范生毒品预防教育意识和能力。要加强学校毒品预防教育兼职老师、法制副校长队伍建设，毒情严重地区每个学校至少配备一名校外禁毒辅导员。

3. 丰富学校毒品预防教育资料。2015 年 9 月底前，国家禁毒委员会办公室、教育部将制作小学、初中、高中和中等职业学校毒品预防教育专题片和优秀禁毒课件，在国家禁毒委员会办公室和教育部网站推出，供各地下载。省级、地市级教育和禁毒部门要结合本地区毒品问题特点，在 2016 年秋季开学前，将毒品预防教育内容纳入地方课程教材中。

（二）实现各类青少年群体毒品预防教育全覆盖

1. 将就业青年毒品预防教育列入职业培训范围。各级工会组织要充分依托各类工会宣传文化活动阵地，以“职工拒绝毒品‘零计划’”活动为中心，以青年职工为重点，突出禁毒宣传教育工作内容，多途径、多渠道开展禁毒宣传教育活动，提高广大职工拒绝毒品、珍惜健康、尊重生命的意识和识毒、拒毒、防毒的能力。要指导企业把毒品预防教育列入职工入职教育和在职培训内容，作为企业对职工日常教育管理的基本要求。

2. 落实城市社区青少年毒品预防教育责任。各级共青团组织要会同公安、禁毒、民政等部门，将处于失学、失业、失管状态的城市社区青少年纳入网格化管理，依托青少年事务社会工作专业队伍等社会力量，为他们提供就业帮助、心理咨询和毒品预防教育服务，防止其游离于社会管理边缘，误入毒品歧途。要在由团中央牵头起草的《关于进一步深化预防青少年违法犯罪工作意见》中对青少年毒品预防教育工作提出指导意见。

3. 关注农村留守儿童和外出务工青年毒品预防教育。禁毒部门要把辍学、失学的留守儿童和外出务工青年毒品预防教育作为农村禁毒工作的重点，将毒品预防教育与打击外流贩毒、社会治安综合治理、发展地方经济等结合起来，提高农村青少年和外出务工人员的禁毒意识，彻底改变因贫涉毒、因毒致乱的局面，将毒品预防教育纳入农村社区建设试点任务。

（三）拓展应用毒品预防教育社会资源

1. 建设禁毒教育基地、园地。要以青少年为主要服务人群，逐步建成中央和省级、地市级、县级四级禁毒教育基地。2016 年年底前，要建立 1 所国家级、32 所省级禁毒教育基地；2017 年底前，全国 300 万人口以上大城市各建 1 所禁毒教育基地；2018 年底前，毒情严重、登记吸毒人员超过 5000 人的地市州和超过 1000 人的重点县市均要建立禁毒教育基地。各地禁毒、科技、文化部门要利用科技馆、文化宫、少年宫、会展中心等人流集中的场馆，建设禁毒教育园地。街道、乡镇要因地制宜，利用社区文化中心（站）、宣传栏等建立小型禁毒教育园地。鼓励各级各类学校建立禁毒宣传教育橱窗、长廊。

2. 建立网上禁毒展览馆。根据青少年多以互联网和新媒体为获取信息渠道的特点，2016 年底前，国家禁毒委员会办公室要升级改造“中国禁毒数字展览馆”，实现实时参观、互动和测评。2016 年上半年，国家禁毒委员会办公室将完善中国禁毒微信、禁毒政务微博和中国禁毒手机报功能，发布禁毒消息、线上咨询答疑、接受群众举报。国家禁毒委员会办公室、中宣部、中央网信办、教育部、国家新闻出版广电总局、共青团中央等要支持禁毒部门、教育部门开展网上禁毒知识竞赛、禁毒微电影征集、网络征文、禁毒 H5 游戏等活动。

3. 开展禁毒直观教育。各级各类学校每年要组织青少年学生就近参观禁毒教育基地（展览馆、园地、戒毒场所）。各级禁毒部门要通过流动宣传车，开展流动禁毒宣传。禁毒、教育部门要通过组织戒毒康复人员、优秀禁毒工作者进学校现身说法、以案说法等形式，提高禁毒宣传教育的效果。

4. 组织禁毒社会实践和志愿服务活动。共青团组织、禁毒部门要利用寒假、暑假，组织开展禁毒夏令营、冬令营以及“禁毒志愿者进家庭、进社区、进农村”等禁毒社会实践活动，讲解禁毒政策，传播禁毒知识。要加强青年禁毒志愿服务项目建设，广泛征集有创意、易操作、可复制的优秀项目，积极推广。要把毒品预防教育纳入全国大中专学生志愿者暑期文化科技卫生“三下乡”社会实践活动。

5. 重视家庭禁毒宣传教育。妇联组织要以“平安家庭”创建为依托，深入开展“无毒家庭”创建工作，深化“不让毒品进我家”活动。要利用“妇女之家”“家长学校”等阵地，组织家长和青少年参加毒品预防教育群众性活动。要树立一批以青少年毒品预防教育为主的家庭和妇女典范。

6. 营造浓厚的禁毒舆论氛围。禁毒部门、党委宣传和新闻出版广电部门要充分利用报刊、期刊、广播电台、电视台以及重点新闻网站宣传禁毒工作，建立工作机制。要组织记者深入禁毒一线实地报道，加强对新闻采编人员和相关编创人员的专业培训，增强禁毒宣传的感染力、传播力。要组织禁毒公益广告比赛，征集优秀作品，扩大宣传效果。中央和各级电视台、广播电台、相关报纸和期刊、网络媒体及其微博、微信等移动客户端，每年要刊播一批优秀禁毒公益广告。火车、飞机、长途汽车、机场、码头、城市繁华街道和中心广场、公共娱乐服务场所要利用各种公共平台定期推出禁毒公益宣传。各级文化部门要积极鼓励和支持禁毒文艺作品创作和演出，加强公共娱乐服务场所从业人员毒品预防教育。2018年底前，所有营业性公共娱乐服务场所都应有固定的禁毒警示语和点歌屏保禁毒提示影像。

（四）完善青少年涉毒问题监测处理机制

1. 建立青少年涉毒问题日常监测制度。禁毒部门要联合教育部门认真开展在校学生吸毒监测工作，2016年秋季开学前，摸清在校学生涉毒人数、原因以及帮教跟踪措施，上报国家禁毒委员会办公室和教育部。

2. 制定学生涉毒事件处置预案。2016年秋季开学前，各级禁毒、教育部门要出台《青少年涉毒问题处置意见》，对于首次吸毒或被引诱、欺骗而吸毒的学生，要按照《禁毒法》《未成年人保护法》等法律法规，坚持教育挽救为主。

3. 做好涉毒青少年帮教保护工作。2016年秋季开学前，各级教育、禁毒部门要建立涉毒青少年心理干预和帮教服务团队，对涉毒青少年提供一对一心理服务。禁毒部门要建立涉毒青少年数据库，实行分类管理、另库存放，未经公安机关或禁毒部门批准，任何单位和个人不得擅自查询和使用。

（五）加强青少年毒品预防教育工作保障

1. 健全青少年毒品预防教育工作队伍。省级禁毒委员会办公室专门从事毒品预防教育工作的在编人员不得少于本部门在编总人数的15%，地市和县级禁毒委员会办公室应配备毒品预防教育专职人员。各级教育部门和其他相关单位要明确毒品预防教育主管机构，确定负责人员。2016年底前，国家禁毒委员会办公室、省级禁毒委员会办公室均要建立毒品预防教育专家库，发挥专家在毒品预防教育科研、教学等方面的作用。

2. 动员社会力量参与青少年毒品预防教育工作。从事禁毒工作的相关政府部门要通过财政转移支付、职能委托、政府购买服务等方式，支持和鼓励社会力量参与青少年毒品预防教育和涉毒青少年教育帮扶工作。要充分发挥群团组织作用，加强对相关社会组织的支持力度，通过多种方式鼓励个人志愿者、企业和社会工作服务机构等其他组织广泛参与、发挥作用。2016 年至 2018 年，各地专门从事毒品预防教育的禁毒社会力量要分别占当地常住人口的 1‰、1.5‰和 2‰，各地注册禁毒志愿者人数占本地常住人口的比例大幅增加。

3. 建立青少年毒品预防教育经费保障机制。完善以政府投入为主、多渠道筹措资金的经费筹措机制。各地财政部门要加大学生毒品预防教育投入。

4. 开展青少年毒品预防教育效果评估。各级教育督导机构要将学校毒品预防教育纳入督导范围。各级公安机关要将人民群众对青少年毒品预防教育工作满意率调查纳入公安机关满意度调查范围。各地禁毒部门要借助统计部门、科研机构等第三方力量开展全民禁毒宣传教育效果评估，2016 年年底前，将青少年毒品预防教育工作纳入平安创建、精神文明创建体系和禁毒挂牌整治范畴，作为《全国禁毒工作考评办法》的重要内容之一。

5. 建立青少年毒品预防教育责任追究制度。国家禁毒委员会办公室要定期将青少年毒品预防教育工作开展情况通报各地禁毒委员会主任和禁毒委员会成员单位主要领导。对因工作不重视、责任不落实、措施不得力，导致青少年新增吸毒人员蔓延加速、问题泛滥的地区，要按照《禁毒工作责任制》相关规定严肃追究责任。

参考文献

[1] 冼波 . 烟毒的历史 [M]. 北京：中国文史出版社， 2005.
[2] 高鹏程 . 青少年吸毒原因分析及其对毒品预防教育的启示 [J]. 科教文汇，2016（31）：132–133.
[3] 石玉新，徐俊元，李秉新 . 近代中国烟毒写真 [M]. 河北：河北人民出版社， 1997.
[4] 张泽灵， 黄进弟 . 戒毒医生数百问 [M]. 北京：中国协和医科大学出版社，2003.
[5] 童韵，潘东海 . 社会工作介入青少年社区戒毒探索与实践 [J]. 中国药物依赖性杂志，2016，25（05）：454–458.
[6] 毕鸿玉，任桂秋 . 青少年涉毒风险因素及预防教育研究 [J]. 辽宁公安司法管理干部学院学报，2018（04）：37–41.
[7] 张绍民， 石竣淏， 张翔鹰 . 禁毒大视角：中国禁毒历史概况 [M]. 北京：中国人民公安大学出版社， 2004.
[8] 贾东明，郭崧 . 试论戒毒人员心理及行为与青少年毒品亚文化的关系 [J]. 健康教育与健康促进，2018，13（04）：362–365.
[9] 杜新忠 . 实用戒毒医学 [M]. 北京：人民卫生出版社， 2014.
[10] 香港社会服务发展研究中心 . 禁毒社会工作实务手册 [M]. 广州：中山大学出版社，2013.
[11] 王祎，刘汝宽 . 禁毒实务 [M]. 杭州：浙江科学技术出版社， 2008.
[12] 夏国美， 杨秀石 . 社会学视野下的新型毒品 [M]. 上海：上海社会科学院出版社，2017.
[13] 李燕，陆林 . 艾滋病与药物滥用 [M]. 昆明：云南人民出版社， 2010.
[14] 牛何兰，王建伟，骆寒青，等 . 中外禁毒史 [M]. 昆明：云南人民出版社， 2012.
[15] 朱志华，王祎，杜新忠 . 禁毒百问 [M]. 杭州：浙江工商大学出版社，2012.
[16] 齐霁 . 中国共产党禁毒史 [M]. 北京：中共党史出版社，2013.
[17] 周永明 .20 世纪中国禁毒史 [M]. 北京：商务印书馆，2016.
[18] 黄华锋，陈进婉，江象郁，等 . 人造瘟疫冰毒 [M]. 广州：广东科技出版社，2016.
[19] 王娜 . 戒毒学 [M]. 北京：中国人民公安大学出版社，2016.
[20] 翟远锦 . 论当前我国青少年涉毒违法犯罪 [J]. 云南警官学院学报， 2014（5）：41–44.
[21] 张慧，陈洁 . 青少年良好习惯养成教育何以可能 [J]. 才智，2017（29）：75.
[22] 史蒂芬・柯维 . 培养高效能人士七个习惯的方法 [M]. 北京：中国青年出版社， 2005.
网络资料：中国禁毒网，毒言毒语，东明的小站，廖佐芹，云戒科技，深蓝禁毒文化